Abgrenzung durch die Definition der eigenen kulturellen Identität hat wieder Konjunktur. So werden weltweit neue Feindbilder geschaffen und Konflikte geschürt. Gemeinsam entlarven der Autor Ilija Trojanow und der indische Dichter und Kulturkritiker Ranjit Hoskote die Unsinnigkeit dieser entstehenden Haltung und rücken den selbsterkorenen Propheten eines kulturellen Weltkriegs die Köpfe zurecht. Trojanow und Hoskote zeigen in ihrer Streitschrift, dass das Zusammenfließen von Kulturen kulturelle Identität und Zivilisation überhaupt erst möglich macht – ein ermutigender Appell an unsere Vernunft und an ein neues Verständnis unserer Gemeinsamkeiten.

Ranjit Hoskote, geboren 1969 in Mumbai, ist Redakteur bei »The Hindu«, Dichter und Sekretär des indischen PEN-Clubs. Als weltweit anerkannter Kurator verantwortete er unter anderem die Biennale in Gwangju sowie den indischen Stand bei der Biennale in Venedig.

Ilija Trojanow, geboren 1965 in Sofia, floh mit seiner Familie 1971 über Jugoslawien und Italien nach Deutschland. 1972 zog die Familie weiter nach Kenia. Studium der Rechtswissenschaften und Ethnologie in München. Zunächst Verleger und Übersetzer, dann Romancier und Publizist. Zuletzt erschien bei S. Fischer sein großer Roman ›Macht und Widerstand‹ und sein Sachbuch-Bestseller ›Meine Olympiade: Ein Amateur, vier Jahre, 80 Disziplinen‹. Seine Bücher sind in 30 Sprachen übersetzt.

Weitere Informationen finden Sie auf www.fischerverlage.de

Ilija Trojanow
Ranjit Hoskote

Kampfabsage

Kulturen bekämpfen sich nicht, sie fließen zusammen

Mit einem Nachwort
von Pankaj Mishra

FISCHER Taschenbuch

MIX
Papier aus verantwortungsvollen Quellen
FSC® C083411

2. Auflage: Januar 2017

Erschienen bei FISCHER Taschenbuch
Frankfurt am Main, Januar 2017

Aus dem Englischen von Heike Schlatterer

Vorwort und Nachwort aus dem Englischen von Susann Urban

Die Erstausgabe ist 2007 im Blessing Verlag, München,
in der Verlagsgruppe Random House, erschienen.

Satz: Pinkuin Satz und Datentechnik, Berlin
Druck und Bindung: CPI books GmbH, Leck
Printed in Germany
ISBN 978-3-596-29610-1

To the Inhabitants of the In-between
Für jene, die das Dazwischen bewohnen

Beachte nun folgendes:
Kein sterbliches Ding hat einen Anfang,
und es findet auch kein Ende in Tod und Vernichtung;
was einzig existiert, ist die Vermischung
und das Trennen des Vermischten.
Aber die Sterblichen
nennen diese Prozesse Anfänge.
EMPEDOKLES

Inhaltsverzeichnis

Die Gaben der Weisen

Das Ghetto des Geistes

Vorwort zur Neuausgabe

1. Kultur: Wesen oder Wandel?

Auf der ganzen Welt, ob bei politischen Demonstrationen auf großen Plätzen, ob im Fernsehen oder im Internet hören wir wüstes Gebrüll, »unsere Kultur« sei in Gefahr, uns bedrohe das Andere: *xenos*, das Fremde, ganz konkret der Fremde. Stets wird diese Kreatur, gelegentlich als Schmarotzer und Versager dargestellt, manchmal der Übertragung des Terrorvirus verdächtig, mit groben Strichen als Bedrohung der bestehenden Ordnung verteufelt. Die Verunsicherung gegenüber dem Anderen zu schüren, gehört zu einer Identitätspolitik, die sich aus der rhetorischen Übertreibung eines eindimensionalen, angeblich von Anbeginn der Zeiten reinen und unverfälschten eigenen Wesens speist. Diese Politik lässt sich schlichtweg auf »Entweder die oder wir« eindampfen.

Die Logik dieser Dichotomie verlangt nach einem konstruierten »Wir«, aus dem jede noch so kleine Spur des »Anderen« ausgemerzt wurde.

Das reichhaltige Erbe, das aus den Begegnungen mit anderen Kulturwelten in vergangenen Jahrhunderten herrührt, wird entweder kleingeredet oder aus den Annalen getilgt, ein immer wiederkehrender Vorgang in der Menschheitsgeschichte. Die derzeitige Flüchtlingshysterie ist so alt wie der

Turmbau zu Babel, bei dem die Sprachvielfalt angeblich zu Zank, Hader und Chaos führte. Manchmal verankert sich eine Orthodoxie mit wörtlichem Koranverständnis (der Aufstieg der wahhabitischen Dynastie der Saud in Saudi-Arabien), manchmal wird die Vielschichtigkeit der Begegnung auf eine liturgische Schilderung von Opferrolle und gewalttätiger Selbsterlösung reduziert (wie die politisierte Religiosität der Hindutva in Indien derzeit). Und gelegentlich behauptet die vorherrschende Meinung verschlagen, zum Schutz von Vielfalt und Multikulti müssten die Grenzen dichtgemacht und fremde Bedrohungen vertrieben werden (Europa Anfang des 21. Jahrhunderts).

In solchen Zeiten werden Erzählungen, die von Pluralität und gemischten Ursprüngen künden, von den Zusammenflüssen, die zur Entstehung eines großen Stroms beitragen, von den unterschiedlichen Vergangenheiten, die unser kostbarstes Erbe bilden, misstrauisch beäugt. Ihnen verwehrt man den Zugang zum Kanon, tilgt sie aus Geschichtsbüchern und nationalstaatlichen Darstellungen. Dabei gehen uns Geschichten verloren, deren Ideen, Gedanken und Vorstellungen uns von anderswo zuwanderten, Bilder, die über Pilgerwege, Fluchtpfade, durch Krieg und Handel zu uns fanden, über Grenzen, die sich beliebig verschoben, statt ihre Zaunpfähle in den Boden zu rammen. Sobald einmal jene Geschichten langsam, aber stetig getilgt werden, in denen das Fremde eine zentrale Rolle spielt, ist die allmähliche Vernichtung des Anderen nicht mehr fern. Diese Vision der Vernichtung geht von einem Kulturbegriff aus, der Kultur als Erstarrung versteht. Als unveränderliches Wesen aus tradierten Gebräuchen und Vorschriften, sämtlicher historischer Begegnungen und Vermischungen beraubt, durch ein dogmatisches System verteidigt, dem wir uns in Namen einer unter allen Umständen zu bewahrenden ewig gültigen Identität beugen.

Dieser eingrenzende Blick schränkt zugleich die kreativen Möglichkeiten der Menschen ein. Wir möchten die Vision einer Kultur dagegenhalten, die wir alle im Hier und Jetzt kontinuierlich erschaffen und verändern. Sie entspringt dem dynamischen Wandel und dem unvorhersehbaren Zusammenspiel von Ideen und Gedanken, Werten und Techniken sowie den unterschiedlichen Veranlagungen und Gedankenwelten, aus der sich unsere Gesellschaft formt. Diese Vorstellung bezeichnen wir hier als Kultur der Zusammenflüsse.

2. Gegen die Zwangsjacke der Identität

Man hat uns vorgeworfen, wir idealisierten bestimmte Phasen der Geschichte, gewisse Gesellschaften oder soziokulturelle Verflechtungen, redeten einer utopischen Weltsicht das Wort. Wir möchten klarstellen, dass wir keineswegs eine bestimmte Tradition, eine bestimmte Religion für moralisch überlegen halten. Jedes Zeitalter bestätigt das Dickens-Zitat: »Es war die beste Zeit, es war die schlimmste Zeit.« Wir haben uns vielmehr an der Beschreibung der breiten und einflussreichen Strömungen versucht, die durch die Menschheitsgeschichte mäandern.

Als Verfechter der Kultur des Zusammenflusses weigern wir uns, Menschen oder Gemeinschaften auf Repräsentanten eines künstlichen Wesensgehalts zu reduzieren. Eine derartige Beschränkung empfinden wir als Übergriff, als gewaltsam antidemokratisches Hineinpressen menschlicher Fähigkeiten in eine konfektionierte Identitätszwangsjacke. Seit je haben sich schöpferische, sich immer wieder selbst neu erfindende Menschen und Gruppen der Kategorisierung verweigert, sind stets Freigeister in Wort und Tat geblieben. Jegliche Form einer Gemeinschaftsidentität von der Stange ist problematisch – ob sie im ideologischen Gewand daherkommt (wie der politische Dschihadismus) oder aus dem Stoff drakonischer Frömmigkeit geschneidert wird (Opus Dei) oder aus dem Gewebe einer positivistischen Ideologie aus Moral und Leistung (die deutsche Lebenshaltung). Sämtlich und sonders basieren diese Identitäten auf essentialistischer Auswahlverengung und dem Favorisieren schmalspuriger Ideen.

Bei näherer Betrachtung stellt sich heraus, dass es sich selbst bei der »natürlichsten« und »normalsten« Identität um ein »naturalisiertes« und »normalisiertes« Konstrukt handelt. Im turbulenten und unbeständigen Heute, das der Soziologe Zygmunt Bauman als Epoche der »flüchtigen Moderne« bezeichnet, erwählen sich bestimmte Schichten, wirtschaftliche oder kulturelle Unsicherheit fürchtend, einen harten »Neutribalismus« zu ihrer identitätsstiftenden Ideologie.

Leider spricht die Vorstellung einer starren Kultur gewisse niedere Instinkte an, wird zugleich von konservativen Eliten und autoritären Regimes instrumentalisiert. Die Ideologie des Ultranationalismus und ethnischen Chauvinismus ist überall im Aufwind – nicht nur in postkolonialen Gesellschaften, die mit gewaltigen Umbrüchen zurechtkommen mussten –, sondern auch in West- und Mitteleuropa, Russland und den USA. Entsprechend wird vielerorts Kultur als Zusammenfluss stigmatisiert, als Luxus angeprangert, den sich nur Künstler und andere Mitglieder einer vermeintlich weltfremden, privilegierten Boheme leisten können. Offenbar wird das kritische Potential dieser Kulturvorstellung und -praxis als bedrohlich empfunden. Angeblich schwäche die Empfänglichkeit für Anregungen und Impulse aus den verschiedensten Quellen die »kollektive Stärke« der Gesellschaft, des Staats. Natürlich geht die heraufbeschworene kollektive Stärke mit autoritärer Herrschaft von oben und blindem Gehorsam von unten einher. Die Kultur des Zusammenflusses wird, neben anderen menschlichen Grundwerten wie Freiheit, Gleichheit und Solidarität von der repressiven Politik als Erstes unter Beschuss genommen.

3. Gemeinsame Kultur oder kulturelles Gemeingut?

Soziale Entfremdung rührt aus der tiefgreifenden Erfahrung, kein vollwertiger Teil einer Kultur zu sein, unabhängig davon, ob man als Fremder bezeichnet wird – als Außenseiter, der nicht dazugehört –, oder sich freiwillig als solcher positioniert, ablehnt, was als gemeinsames Erbe gefeiert werden könnte. Diese Haltung trifft auf den Neonazi genauso zu wie auf sein Spiegelbild am anderen Ende des Spektrums, den Dschihadisten. Beide sind vom Gefühl durchdrungen, die breite Mitte der Gesellschaft dränge sie an den Rand. Sie verkörpern zwar Extremfälle, doch mittlerweile fremdeln in den meisten Gesellschaften viele Menschen, manche mehr, manche weniger, mit dem sogenannten »gemeinsamen Erbe«, zumal sich die gemeinsame Grundlage meistens als eher schmales Brett herausstellt, man denke nur an das Konzept der Leitkultur. Offenbar ist es nicht einfach, dieses Konzept mit Inhalten zu füllen, was sich schon allein daran erkennen lässt, dass Leitkultur wie ein Mantra wiederholt wird, wie ein religiöser Kampfbegriff ohne semantischen Nährwert. Dem Begriff einer gemeinsamen Kultur möchten wir die Vorstellung des kulturellen Gemeinschaftsraums entgegensetzen: ein Ort der Versammlung, wo unterschiedliche Ideen, Meinungen und Lebensentwürfe vorgestellt und ausprobiert werden, miteinander konkurrieren, wo Dissens, nicht Konformität den Ausdruck der menschlichen Möglichkeiten ohne Wenn und Aber garantiert, wo eine bereichernde Vielfalt gefeiert wird. Dieses Buch soll zur Einkehr in diesen so viel weiteren, farbigeren, vielstimmigeren gemeinsamen Raum anregen.

Anamnese ist der Grundgedanke von »Kampfabsage«, hybride Vergangenheiten sichtbar zu machen, die vielfältigen Zusammenflüsse, an die wir uns nicht immer erinnern oder zu denen wir uns nicht immer bekennen möchten, die aber das Erbe der gesamten Menschheit sind. Anamnese ist der Kampf gegen das Vergessen. Sie ist kein bloßes archäologisches Unterfangen, keine akademische Exhumierung und Archivierung der Vergangenheit. Vielmehr bestimmt sie über unsere Zukunft und wie wir uns auf diese vorbereiten, eine Zukunft, in der sich unterschiedlichste Menschen und Gemeinschaften im selben sozialen und kulturellen Raum begegnen und einen tragfähigen Modus Vivendi erarbeiten müssen. Unter solchen Umständen ist die Alternative zum kulturellen Gemeinschaftsraum eine Politik der Ausgrenzung, die zu einem Teufelskreis aus Hass, Stigmatisierung und Gewalt, möglicherweise zur Vernichtung führt. Daher lehnen wir die angebliche Wahl zwischen Integration oder

Assimilation auf der einen und Segregation oder Ghettoisierung auf der anderen ab. Beides sind moralisch verwerfliche, kulturell sterile und politisch explosive Alternativen, aus denen nichts Gutes entstehen kann. Konfluenz hingegen ist ein realisierbares politisches Konzept jenseits der Logik des Entweder-Oder, im Sinne des Abaelard'schen Prinzips des *Sic et non*, die den Menschen als Einzelwesen sowie als Gemeinschaft eine aus dem Vollen schöpfende Lebensweise ermöglicht.

Übersetzt von Susann Urban

Ohne Zusammenfluß keine Kultur!

Je größer ein Fluß, desto irreführender sein Name. Unser geographisches Grundverständnis schreibt vor, daß die Quelle, die von der Mündung am weitesten entfernt ist, als Ursprung des Flußes zu gelten hat. Der gesamte Flußlauf trägt lediglich einen einzigen Namen. Aber kein Strom kann zu majestätischer Größe wachsen und den Ozean erreichen, ohne von Neben- und Zuflüssen gespeist zu werden: Rinnsale, Bäche, Kanäle vereinigen sich mit dem Quellfluß, führen ihm mehr Wasser, Mineralien, Schlamm und Getier zu, als er ursprünglich hatte. Wenn der große Strom das Meer schließlich erreicht, hat er mit dem ursprünglichen Quellwasser nicht mehr gemeinsam als eine vage Erinnerung. Vermischung und Zusammenfluß haben seinen Charakter definiert, aber sein Name tut noch immer so, als hätte es diese Vermischung nie gegeben, er verschweigt die wahre Herkunft. Um das Wesen des Flußes wirklich zu verstehen, müßte man jedoch vor allem die Stellen untersuchen, an denen Wasser zusammenfließen, müßte herausfinden, was sich ergänzt, verdrängt, erneuert.

Unsere Geschichte ist auch ein großer, fälschlich benannter Fluß. Über die Daten und Ereignisse der Geschichte definieren wir uns selbst und unsere Kultur. Dabei verwechseln wir meist eine Momentaufnahme des Flußes mit seinem gesamten Verlauf. Wenn kulturelle Errungenschaften erst einmal im öffentlichen Bewußtsein soweit verankert sind, daß sie in der Schule gelehrt werden, sind die Wirren ihrer Entstehung längst vergessen. Die Zusammenflüsse jeder Kultur sind verborgen, an ihre Stelle werden vereinheitlichende Gründungsmythen gesetzt. Anstatt die vielen Vergangenheiten zu betrachten, die unsere Gegenwart hervorgebracht haben, sehen wir nur eine einzige Vergangenheit. Die scheinbare Stabilität unserer Kultur sichert unsere Identität. Daher müssen wir die Reinheit unserer Kultur bewahren und vor Verunreinigung durch das andere schützen. Derzeit wird Globalisierung auch als Vielfalt gefeiert, aber die herrschenden Eliten jedes Stammes definieren ihre Kultur weiterhin in Abgrenzung zu anderen. Denn schließlich bedroht die Vermischung der Kulturen die Stabilität von Gesellschaft und Staat, untergräbt die allein selig machende Wahrheit von »einem Volk, einer Nation, einer Kultur«.

Seit dem 19. Jahrhundert spukt die essentialistische Vision einer einheitlichen Kultur oder Nation, die sich um die Hegelianische Vorstellung von »Geist« entwickelte, durch unser Denken und bestimmt den politischen Diskurs. Der Nationalstaat, der sich über inneren Zusammenhalt und äußere Abgrenzung definiert, blendet mit seinem existentiellen Bedürfnis nach Helden und Schurken alle anderen, differenzierteren Darstellungen aus. Im Mausoleum des Nationalstaats sind Künstler, Philosophen und Wissenschaftler als Büsten um den Sarkophag des nationalen Erbes versammelt. Draußen tauschen sich einzelne und Gemeinschaften intensiv aus, als Teile einer lebendigen Kultur, einem innovativen Vermischen der Formen, bei dem alles zusammenfließt. So war Kultur schon immer und ist sie bis heute.

Nehmen wir das Beispiel Griechenland und Türkei, zwei Nachbarländer, die seit Jahrhunderten in Konflikte verstrickt sind und eine Geschichte der ethnischen Säuberungen teilen. Einer der schlimmsten Fälle von Vertreibung fällt in das Jahr 1922. Hunderttausende Griechen, die in der Türkei lebten, mußten ihre Häuser in Smyrna, Istanbul und anderen kosmopolitischen Städten verlassen. Sie strömten in Hafenstädte wie Piräus und Thessaloniki und lebten dort in Ghettos. Die Flüchtlinge brachten ihre orientalische Musik mit, die sie an die neue Heimat und ein neues Publikum anpaßten. Aus dieser Musik wurde der *Rembetiko*, die »typische« griechische *Volksmusik*, eine originelle und scheinbar zeitlose Tradition, die in den Tavernen der ägäischen Inseln zelebriert wird und bei den westlichen Touristen so beliebt ist. Aber *rembetis* bedeutet »Unterdrückter«, und in den Liedern geht es um Schmerz, Rebellion und Verlust, denn viele großartige Sänger und Musiker des *Rembetiko*, die sich in Haschischbars trafen, den so genannten *tekes* (im übrigen die Bezeichnung für die Derwischklöster der Sufis), waren Außenseiter und Drogenabhängige, die unter der Diktatur von Ioannis Metaxas in Gefangenschaft oder ins Exil geschickt wurden. Grund für die Verfolgung war nicht zuletzt der satirische Inhalt ihrer Lieder mit ihrer Kritik an den militärischen Abenteuern des Diktators, der sein »asiatisches« Standbein verlor, als er versuchte, seinen Herrschaftsbereich auf Kleinasien auszudehnen, dafür aber bei einer dieser bizarren Wendungen des Schicksals den *Rembetiko* gewann.

Am anderen Ende Europas, in Portugal, entwickelte sich der Fado aus einer Vermischung von afrikanischen, brasilianischen und iberischen Musikstilen. Die bekannteste Fadosängerin unserer Zeit, Mariza, erklärt, der Fado sei das Produkt eines Dreiecks, und sei mit den Sklaven aus Afrika nach Brasilien gekommen, wo der portugiesische Hof während der Napoleonischen Kriege im Exil lebte, und von dort nach Portugal eingewandert. Ironischerweise war der Fado ein wesentlicher Bestandteil der lusitanischen Kultur, die Diktator Salazar den afrikanischen Kolonien brutal aufzwang.

Wir wollen zeigen, daß der Zusammenfluß eine besonders vitale und dynamische Energie in der Entwicklung der Kultur ist. Zusammenfluß ist für die Kultur das, was Schwerkraft für die Natur ist. Oder anders ausgedrückt: ohne Zusammenfluß keine Kultur. Eine lebendige Kultur verändert sich durch Inspirationen aus nah und fern, sie verändert ihren Lauf. Kultur wandelt immer wieder ihre Gestalt. Nur durch die Interaktion mit dem anderen bleibt Kultur lebendig. Die bedeutendsten Zivilisationen gründeten auf dem Zusammenfluß von verschiedenen Kulturen.

Nehmen wir Alexandria: Als Kreuzungspunkt vieler Handelswege, die Asien, Europa und Afrika verbanden, beherbergte Alexandria griechische Philosophen, jüdische Gelehrte und indische Yogis. In der Hafenstadt kartographierte Ptolemäus die Erde und berechnete Eratosthenes ihren Umfang. Euklid verfaßte dort seine Abhandlungen über die Geometrie und 72 hellenisierte Juden schufen die *Septuaginta*, die erste griechische Übersetzung des Alten Testaments. Die *Septuaginta* war ein denkwürdiger Triumph, nicht nur der biblischen Gelehrsamkeit, sondern auch der griechischen Literatur. In der *Septuaginta* gibt es wunderbare Beispiele für multiethnische und multireligiöse Kulturen wie etwa Nebukadnezars Babylon oder das persische Reich unter Kyros. Während der babylonischen Gefangenschaft der Juden wurde der Prophet Daniel vom Gottkönig Nebukadnezar zu seinem Hohepriester ernannt, erhabener als alle einheimischen, dem wahren Glauben ergebenen Astrologenpriester (das wäre etwa so, wie wenn ein Mullah zum Kardinal ernannt werden würde). In al-Andalus entwickelten Muslime, Juden und Christen während der 800jährigen islamischen Herrschaft durch den engen Kontakt miteinander ein eigenes Selbstverständnis. Muslimische Herrscher setzten Juden oft in wichtigen Positionen ein. Ein Beispiel dafür ist Samuel ha-Nagid, der im 11. Jahrhundert Großwesir von Granada war, ein Rabbi, Diplomat und Soldat, der seine überwiegend muslimischen Truppen in die Schlachten führte, aber auch weltliche hebräische Dichtung und jüdische Liturgie verfaßte. Der nach dem Emir wichtigste Mann im Staat konnte nach Belieben die religiöse Erziehung der Juden fördern und Schreine in Jerusalem stiften (das ist ungefähr so, als würde der Rabbi der Berliner Synagoge zum Verteidigungsminister von Deutschland ernannt und erhielte vom US-Präsidenten die Erlaubnis, die Ausbildung junger jüdischer Theologen in New York oder Jerusalem zu unterstützen). Auch wenn sich der Westen heute viel auf seine Toleranz einbildet, kann er es mit der religiösen Vielfalt von Babylon oder al-Andalus wahrlich nicht aufnehmen.

Wiederholung ist die Mutter des Dogmas. Seit kurzem wird uns das Dogma einer seit langem bestehenden jüdisch-christlichen Tradition eingetrichtert – obwohl den Juden in Europa 2000 Jahre lang von den Christen immer wieder entsetzliche Gewalt angetan wurde, obwohl das Christentum aus jüdisch-orthodoxer Sicht ein Irrglaube ist, und obwohl die

Christen glauben, das Judentum sei eine überholte Religion, weil es der Hohe Rat der Juden versäumt habe, den wahren, von Jesaja prophezeiten Messias zu erkennen. Seriöse Theologen auf beiden Seiten lehnen die weltliche Erfindung der jüdisch-christlichen Tradition als »Widerspruch in sich« ab. Der Begriff »jüdisch-christlich« wurde von amerikanischen Politikexperten nach dem Zweiten Weltkrieg geschaffen, nach der Erfahrung der nationalsozialistischen Todeslager und der Gründung des Staates Israel. Die Erfinder des Begriffs hatten dabei zwei klare strategische Ziele vor Augen. Erstens: eine vermeintlich umfassende und religionsübergreifende Terminologie zu schaffen, mit der man dem Vorwurf des Antisemitismus beim militärisch-industriellen Establishment der USA begegnen konnte, das die Todeslager trotz glaubhafter Beweise ignoriert hatte. Und zweitens: eine strategische Allianz mit Israel zu rechtfertigen, die den USA die Kontrolle über die Ölvorkommen im Nahen Osten ermöglichte und gleichzeitig einen zuverlässigen Stützpunkt gegen die Sowjetunion und ihre Verbündeten bot. Doch man täuscht sich, wenn man glaubt, die Bezeichnung schließe alle Wurzeln des Christentums ein. Sie öffnet einer bestimmten Vergangenheitsvariante des Christentums die Tür, schließt aber alles andere aus. Wenn man die zahlreichen Einflüsse richtig wiedergeben will, die in den dichten Teppich des Christentums hineingewoben wurden, muß man von einem ägyptisch-persisch-jüdisch-islamisch-christlichen Erbe sprechen.

Um das enorme Maß an Vermischung zu erkennen, muß man zu den Ursprüngen der großen monotheistischen Religionen zurückreisen, etwa zur babylonischen Gefangenschaft der Juden, jenen 60 Jahren im persischen Exil, die eine grundlegende Veränderung der jüdischen Religion nach sich zogen. Fast alle Elemente der Lehre vom Erlöser stammen aus dem Zoroastrismus, einer Religion im alten Persien. Die zoroastrischen Schriften sagen die Ankunft von Saoshyant voraus, dem Erlöser, der dem Vormarsch der Sünde ein Ende bereiten wird. Saoshyant soll die Guten von ihrem Leiden erlösen und in den Himmel führen, die Bösen dagegen mit der Verbannung in die Hölle bestrafen und so eine magische Zukunft losgelöst von der Zeit einläuten. Als Kyros der Große das jüdische Volk aus seiner babylonischen Gefangenschaft entließ, reiste Saoshyant in der Vorstellung der Juden mit nach Westen und wurde zum jüdischen Messias und später zum Erlöser im christlichen Glauben.

Auch der kosmische Kampf zwischen den himmlischen Heerscharen und den Armeen des Teufels ist ein wesentlicher Bestandteil der zoroastrischen Religion: Ahura Mazda, der weise Gott, kämpft bis zum Ende der Zeit gegen Angra Mainyu, das Böse. Himmel und Hölle wurden zuerst und sehr kunstvoll von den alten Persern ersonnen; schon das Wort »Paradies« geht auf das persische *»pairidaêza«* zurück, den ummauerten Garten der Engel. Der Heiligenschein des auferstandenen Christus und auch der Heiligen basiert auf den Darstellungen persischer Künstler, die damit göttliche und königliche Figuren von bloßen Sterblichen abheben wollten. Wenn ein Christ ein Bild seines Erlösers betrachtet, sieht er ein visuelles Echo, ein Nachbild, geformt von vielen anderen Bildern aus vergangenen Religionen und Kulturen. Er blickt auf das Ergebnis eines langen Prozesses, des Zusammenfließens von verschiedenen Impulsen. Was wir zum Kanon gehörig und als klassisch erachten, basiert auf Hybriditäten, die wir vergessen haben – oder die ins Vergessen gestoßen wurden.

Es lohnt sich auch, an den antiken syrischen Gott Adonis zu erinnern, dem jedes Frühjahr geopfert wurde, um eine gute Ernte zu erbitten. Sein Tempel wurde *Baith la-Haim* oder »Haus des Korns« genannt. In der christlichen Überlieferung wurde daraus Bethlehem, das Dorf, in dem Jesus geboren wurde. Fleisch und Blut von Adonis wurden unter den Gläubigen verteilt, ein Symbol, das mit der Eucharistie ins Christentum gelangte. Wir werden das Antikenkabinett des Christentums öffnen und viele vergessene Namen darin finden, etwa Mithras, den Sonnengott, der den Stier der Finsternis tötete und der von den Legionären im spätkaiserlichen Rom verehrt wurde. Sein alljährliches Fest wurde an dem Tag begangen, der im Gregorianischen Kalender als der 25. Dezember festgehalten wurde. Wir werden das Schicksal des Buddhacarita-Manuskripts (»Das Leben Buddhas«) verfolgen, das in den ersten Jahrhunderten nach Christus in den Satteltaschen von Kaufleuten nach Edessa kam, dem Übersetzungszentrum in Kleinasien, von wo aus man die vielen mit Buddha in Verbindung gebrachten Wunder im Lauf der Zeit Jesus Christus zuschrieb: der Gang übers Wasser, die Heilung Kranker, die Beruhigung des Sturms. Auch die Geschichten über die früheren Leben Buddhas, die Jatakas, durchquerten den ganzen Kontinent: Wenn wir im Museum oder in einer katholischen Kirche den heiligen Hubertus sehen, der gebannt auf einen Hirsch mit Kruzifix im Geweih blickt, oder den heiligen Martin, der seinen reich verzierten Umhang teilt und einem Bettler schenkt, dann betrachten wir die christliche Interpretation von Themen, die zuerst in der buddhistischen Literatur in Afghanistan, Kaschmir und Nordindien auftauchten. Selbst die vier Evangelien sind das Ergebnis eines Zusammenfließens aus essenischen, gnostischen, manichäischen und anderen frühchristlichen Materialien, die in den ersten Jahrhunderten nach Christus im Umlauf waren.

Wir möchten nicht behaupten, das Zusammenfließen sei ein friedlicher Prozeß, bei dem das andere mit offenen Armen aufgenommen wird. Uns schwebt ganz bestimmt kein naives pazifistisches Ideal vor. Wenn unterschiedliche Lebenswelten aufeinandertreffen, kommt es unausweichlich zu Konflikten. Ein kultureller Wandel entsteht sowohl aus friedlichen Begegnungen wie auch durch gewaltsame Umbrüche, etwa Kriege, Invasionen, Versklavung, die Inquisition, Pogrome und Exil. Zeiten des regen kulturellen Austauschs waren nicht unbedingt geprägt von Heiterkeit und gegenseitigem Verständnis der verschiedenen Gruppen, die in einem gemeinsamen Staat zusammenfanden. Nehmen wir als Beispiel die Black Music mit Blues, Jazz, Rock, Reggae und Hip-Hop. Vom Rand der Gesellschaft, von den Plantagen und den Ghettos hat diese Musik die weiße amerikanische Kultur erobert. Entstanden aus Sklaverei und Apartheid entwickelte sich die Musik der Unterdrückten zum wichtigsten kulturellen Beitrag Nordamerikas und ironischerweise auch zu einem bedeutenden Wirtschaftsfaktor, einem Handelsgut, das von den multinationalen Unterhaltungskonzernen perfekt verpackt und vermarktet wird.

Ebenso wenig impliziert das Zusammenfließen von Kulturen gegenseitiges Verständnis oder einen fortwährenden, konstanten Austausch. Manche kulturellen Errungenschaften entstanden aus Irrtümern und Mißverständnissen zwischen

Einzelnen und Gesellschaften. Wenn man eine Charta der kulturellen Grundrechte erstellen würde, müßte das Recht auf Fehlinterpretation weit oben stehen. Vor allem in der Kunstgeschichte wurde die künstlerische Vorstellungskraft oft von fremden Formen angeregt, die aus dem Zusammenhang gerissen einen neuen Sinn erhielten. Die westeuropäischen Maler und Bildhauer Ende des 19. und Anfang des 20. Jahrhunderts, die altägyptische Flachreliefs, Drucke aus Fernost oder westafrikanische Statuen für sich entdeckten, waren begeistert von deren Ausdruckskraft, der Stilisierung von Körper und Raum. Dabei kannten die Künstler nicht immer die damit verbundenen Rituale und die ästhetische Bedeutung der Kunstobjekte. Dennoch nahmen sie deren künstlerischen Gehalt auf und revolutionierten damit ihre eigene Kultur. So ließen sich etwa Picasso, Braque und Kirchner von westafrikanischen und ozeanischen Skulpturen inspirieren; Matisse, Klee und Macke fanden in Nordafrika und der Türkei eine neue Sprache der Motive und Farben, und Kandinsky, Mondrian und Malewitsch holten sich Anregungen bei der asiatischen Spiritualität, darunter auch Yoga und Sufismus. Die moderne europäische Kunst wäre undenkbar ohne die Auseinandersetzung ihrer Künstler mit anderen Kulturen.

Eine Generation zuvor hatten sich die radikalen jungen Künstler in Paris Ende der 1880er Jahre in Rebellion gegen die bürgerlichen Salons der damaligen Zeit mit großer Neugier einer Kultur von der anderen Seite der Welt zugewandt – eine Entwicklung, die man als *Japonismus* bezeichnet. Maler wie Gauguin und Van Gogh bewunderten die Farbholzschnitte von Hokusai und Hiroshige. Sie übernahmen die kompakten, stilisierten Figuren, die asymmetrisch in einem Raum ohne

Tiefe verteilt waren, und die matte Farbgebung mit betonten Konturen. Die japanischen Holzschnitte, vor allem die des *Ukiyo-e*, der »fließenden Welt«, etwa der Vergnügungsviertel von Tokio und Kyoto, waren durch die Öffnung Japans und den wachsenden Handel zwischen Japan und Europa zugänglich geworden. Interessanterweise sind die japanischen Holzschnitte selbst stark von westlichen Techniken wie Perspektive, Verkürzung, manieristischer Übertreibung und dem Einsatz von Schatten zur Volumengestaltung beeinflußt – Techniken, die über Indien und China von Westeuropa nach Japan gelangt waren. Hokusai (1760–1850), einer der bedeutendsten Vertreter des *Ukiyo-e*, studierte die westlichen Techniken sorgfältig und interessierte sich sehr für Mathematik und Optik. Er hielt sich über die neuesten Entwicklungen in den europäischen Naturwissenschaften auf dem laufenden; so berichtet etwa sein Kollege Ryutei Tanehiko in seinem Tagebuch aus dem Jahr 1810, er habe bei Hokusai Unterricht im Gebrauch eines holländischen mathematischen Instruments genommen. Als die Werke von Hokusai und Hiroshige nach Holland und Frankreich gelangten, beeinflußten sie wiederum die Gemälde von Monet, Manet, Van Gogh, Gauguin und Cezanne.

Der Zusammenfluß von Kulturen ist auf die Mobilität von Menschen, Ideen, Gütern und Dienstleistungen angewiesen, ebenso auf das Vorhandensein von Treffpunkten und Kreuzungen, wo die Begegnung mit dem anderen ein Bestandteil des Alltags ist und man den Unterschied nicht ignorieren kann, weil man von ihm umgeben ist; man lebt und ißt ihn, atmet ihn ein. Der Austausch erfordert fein verwobene Handelsbeziehungen, bei denen jede Seite die andere braucht, um wirtschaftlich zu existieren. Als weitere Voraussetzung sind eine gewisse Freiheit von selbstgefälligem Dogma sowie grundlegende Neugierde und intellektuelle Toleranz zu nennen: Ein Interesse, das über das Streben nach Gewinn und dem eigenen Vorteil hinausgeht, Interesse an dem, was anders ist, was man nicht gemeinsam hat und was anders konditioniert ist. Mit einem Wort: Wir beschreiben ein offenes System; das typische Beispiel dafür wäre eine Hafenstadt, und keine ist berühmter als das antike Alexandria.

Aber Alexandria fiel den Bigotten zum Opfer, die seine bedeutendste Gelehrte Hypatia ermordeten, und den christlichen Fanatikern, die seine berühmte Bibliothek niederbrannten: Diese Männer handelten zwar im Namen der Religion, aber sie vertraten etwas so Unheiliges wie die Angst vor dem Unbekannten und Wut über die Bedrohung, die ihrer Meinung nach vom pluralistischen freien Denken für ihren engstirnigen Glauben ausging. Diese Männer waren auf ihren eigenen Stamm fixiert, und ihre Unsicherheit und Abwehrhaltung wurden nur noch von ihrer Ichbezogenheit und Aggression übertroffen.

In dem abschließenden Kapitel werden wir die Macht der Ausgrenzung analysieren, die im Verlauf der Geschichte den Zusammenfluß der Kulturen immer wieder einschränkte. Es ist allgemein bekannt, daß Christoph Kolumbus 1492 im Dienste der vereinigten Königreiche Kastilien und Aragon in die »Neue Welt« aufbrach. Der Zeitpunkt war kein Zufall: Die sogenannte *Reconquista* war in vollem Gang, die das 800 Jahre währende Wunder von al-Andalus beendete und den Weg zur Vernichtung seiner vielfältigen Kultur ebnete. Doch die Gaben der kulturellen Vermischung ließen sich nicht so leicht auslöschen. Wie Kolumbus in seinen Aufzeichnungen notierte, erhielt er an eben dem Tag das Kommando über die Seereise nach »Indien«, an dem die Herrscher des neuen Spanien die Vertreibung der Juden aus ihrem Herrschaftsgebiet anordneten. Die katholischen Herrscher tolerierten das andere nicht und verbannten die Juden, die unter den Muslimen gefördert worden waren und zur religiösen und künstlerischen Blüte des Landes beigetragen hatten.

Iberien erholte sich nie wieder von dem Schlag gegen seine Kultur. Das Ende von al-Andalus markierte den Beginn von Paranoia und Verfolgung – auf die Brutalität der Inquisition folgte die Ausdehnung des spanischen Herrschaftsgebiets in Übersee, die barbarische Ermordung der Inka und Azteken, die Ausplünderung des Orients und Lateinamerikas auf der Suche nach Gold, Silber, Gewürzen und Sklaven. Im Lauf der Zeit betrachtete das Christentum jede Errungenschaft, die auch nur entfernt an al-Andalus erinnerte, als tödliche Bedrohung. Die Spanische Inquisition benötigte alle verfügbaren Folterbänke, Daumenschrauben und Scheiterhaufen – denn sie kämpfte nicht nur gegen häretische Tendenzen innerhalb des christlichen Glaubens, sondern auch dafür, den Einfluß der Juden und Muslime auszulöschen. Erst als Spanien seine unterdrückte Vergangenheit wieder für sich beanspruchte, gelangte es erneut zur Blüte. Der größte moderne Schriftsteller Spaniens, Federico García Lorca, betrachtete sich als Erbe von al-Andalus, schrieb Ghaselen und Kassiden, zwei orientalische Gedichtformen, die in längst vergangenen Zeiten populär waren, und griff mit seiner Sprache den Rhythmus des Flamenco auf, der auf den Traditionen der Araber und Zigeuner basiert.

Heute wird Alexandria erneut von den Bigotten und Fanatikern bedroht. Die Kräfte der Ausgrenzung und Abschottung bedrohen das offene System, das die Voraussetzung für den Zusammenfluß der Kulturen ist. Die Fanatiker klammern sich an eine Doktrin, die das menschliche Potential auf wenige Optionen beschränkt, während alle anderen Möglichkeiten als Werk des Teufels geschmäht werden.

Ihre sichtbarste Waffe ist der Terror des *Jihad*, dazu kommen aber noch die Verweigerung des Dialogs, die Einschränkung der Meinungsfreiheit, die Unterdrückung der Frau und die Bereitschaft, alle religiösen und philosophischen Alternativen zu ihrem einzig wahren Glauben auszulöschen. Die Ideologie der Christlichen Rechten und der Neokonservativen ist ähnlich, wenn nicht sogar identisch mit dem so genannten radikalen Islamismus weltweit und der *Hindutva* in Indien. Der Kreuzzug von US-Präsident Bush ist gegenüber den verschiedenen Schattierungen der Vielfalt so blind wie Bin Ladens *Jihad*: Sie sind Zwillinge des Terrors, Spiegelbilder in dem Wunsch, die kulturelle Schaffenskraft einzuschränken, zu gängeln und abzuwürgen. Die Vertreter derartiger Ideologien nehmen für sich in Anspruch, sie würden eine große Tradition verteidigen, die sie jedoch auf eine armselige Version ihres religiösen und kulturellen Erbes zurückgestutzt haben. Sie fordern eine Rückkehr zu den fundamentalen Wahrheiten und ursprünglichen Gesetzen, obwohl diese nur Vorschriften und Verbote sind, die sie mittels einer selektiven, ja zynischen Interpretation ihrer Traditionen erfunden haben.

Die Großmächte vertreten eine ganz ähnliche Haltung zur kulturellen Vielfalt wie die Guerillas der Intoleranz: Das andere wird manipuliert, um Rekruten für die eigene Sache zu finden, klare Feindbilder zu schaffen und Konflikte in die Länge zu ziehen, denn davon profitieren Wirtschaft und Seelenleben der Nation gleichermaßen. Beide Seiten beanspruchen die Welt als Spielplatz für sich und bekämpfen einander, um die Kontrolle darüber zu erlangen.

Wir können aber auch nicht unkritisch den Anspruch der Globalisierung unterstützen, sie sei umfassend und habe die Fusion heterogener kultureller Elemente erreicht. Diese Fusion ist oberflächlich, ein falscher Ersatz. Eine Fusion ist kein Zusammenfluß; sie ist das Produkt des Kapitalismus, der kein Interesse an echter Vielfalt hat. Die wirtschaftliche Logik der Globalisierung verlangt die einfache Reproduktion, schnell zu vervielfältigende Produkte, die auf einem einheitlichen Variationsmuster basieren, leicht zu bedienende Programme in verschiedener Aufmachung, damit die Einheimischen das Neue nicht als fremd empfinden. Das Gleichgewicht zwischen globalen Ambitionen und lokalem Komfort wird durch Hochglanzpolitur erreicht; und wie das Beispiel McDonald's zeigt, verkauft sich weltweit nichts so gut wie ein stromlinienförmiges Produkt, das in einem stromlinienförmigen Umfeld angeboten wird.

Die Annahme, die Globalisierung habe zu einem intensiveren und dynamischeren Austausch der Kulturen geführt, ist falsch. Die kapitalistische Globalisierung hat einen negativen Effekt auf die Vielfalt. Sprachen und künstlerische Ausdrucksmöglichkeiten sterben aus, alternative Lebensweisen bleiben nur in den trockenen Wälzern der Gelehrsamkeit erhalten.

Durch den regen Austausch kultureller Impulse zwischen

physikalischer Welt und Internet ist heute jeder einzelne ein Bewohner Alexandrias; ein Leben zwischen den Kulturen ist eine sehr fruchtbare Lebensform. Wenn die Wächter über die nationale, zivilisatorische oder religiöse Reinheit das Ende der multikulturellen Gesellschaft verkünden, verkünden sie auch das Ende der Kultur an sich. Dabei ist ihre Lage in Europa höchst verzwickt: Wenn sie die Tür zu einem offenen System verschließen, verraten sie damit gerade die große europäische Tradition, die sie angeblich vertreten.

Die Hafenstadt ist ein archetypisches Bild des Zusammenfließens: Hier trifft der große Strom, die Summe zahlreicher Zuflüsse, auf das Meer. In unserer turbulenten Zeit sind kulturelle Vielfalt und Weltbürgertum notwendige Voraussetzungen der menschlichen Existenz – des Zusammenlebens mit anderen, des gegenseitigen Kennenlernens. Wer das zuläßt, erkennt, daß der andere kein Feind ist, kein Fremder, keine Alternative, ja manchmal nicht einmal ein anderer, sondern nur ein Spiegel der verschiedenen möglichen Facetten, der zahlreichen Möglichkeiten des Verstehens, der vielfältigen Definitionen der Zugehörigkeit. Wir müssen in diesen Spiegel schauen, nicht um uns in der Verwirrung zu verlieren, sondern um uns selbst und unsere Möglichkeiten klar zu erkennen.

DIE ENTSTEHUNG EUROPAS

1 Die Gabel und andere zweifelhafte Segnungen

Diese verdammten Morgenländer! Was für Gecken! So etepetete und arrogant bis in die Spitzen ihrer Stolen. Für wen hielt sich dieses Frauenzimmer eigentlich? Nur weil Domenico Selvo, der wahrscheinlich zum nächsten Dogen gewählt werden würde, sie als Braut auserkoren hatte. Gewiß, die höfischen Kreise in Konstantinopel, wo ihr Vater einen hohen Posten bekleidete, waren berühmt für ihre Eleganz und hielten sehr auf Etikette. Aber mußte sie deswegen gleich die naturgebotene Höflichkeit verleugnen und auf ihren lächerlichen Moden beharren? Sie hatte doch tatsächlich die Frechheit besessen, sich beim Hochzeitsbankett zu weigern, mit den Fingern zu essen. Statt dessen hatte sie den Eunuchen, der um sie herumscharwenzelte (noch so eine Perversion, was, in Gottes Namen, würde als nächstes kommen?) angewiesen, ihr Essen in kleine Stückchen zu schneiden, damit sie jeden Bissen mit diesem goldenen Teufelswerkzeug aufspießen konnte, das sie in der Hand hielt. Den Bissen führte sie dann zum Mund, die Lippen berührten Metall … oh, genug davon, es war über alle Maße ekelerregend. Sämtliche Mitglieder des Großen Rats waren entsetzt. Kardinalbischof Petrus Damiani, ein rechtschaffener Mann Gottes, verlor keine Zeit, seine Herde vor dieser Verirrung zu warnen: »Gott in seiner Weisheit hat den Menschen mit natürlichen Gabeln ausgestattet – seinen Fingern. Daher lästert man Gott, wenn man beim Essen die Finger durch künstliche metallene Gabeln ersetzt.« Außerdem wies er darauf hin, daß das Gerät für den Verzehr von Spaghetti nutzlos sei. Kein Wunder, daß die byzantinische Prinzessin, Maria Argyropoulina mit Namen, an Auszehrung starb. Der zukünftige Heilige Petrus Damiani wetterte gegen »die Frau des venezianischen Dogen, deren Leichnam, bei ihrer übertriebenen Empfindsamkeit, vollkommen verrottete«. Vanitas vanitatum!

Wahrlich, die Gabel hatte im Westen einen schweren Start. Nach dieser frühen Verurteilung von der Kirchenkanzel herab verschwand sie zunächst tief im Küchenschrank der Geschichte und tauchte erst drei Jahrhunderte später wieder auf. Wenn nötig, wurde das Essen mit dem Messer zerschnitten und auch gleich aufgespießt. Erst im 16. Jahrhundert konnte die Gabel ihre kulinarische Präsenz in Italien bestätigen. Zu der Zeit war die italienische Oberschicht sehr auf Hygiene bedacht; es gehörte sich, daß ein Gast zu einem Bankett die eigene Gabel und den eigenen Löffel mitbrachte, die elegant in einer Schachtel namens *cadena* aufbewahrt wurden. Das übrige christliche Europa hatte für den Segen des Eßutensils keinen Sinn, bis Katharina von Medici 1533 Heinrich II. von Frankreich heiratete – Hochzeiten sind offenbar immer wieder ein willkommener Anlaß zum kulturellen Austausch. Zu Katharinas Mitgift gehörten silberne Gabeln, die Benvenuto Cellini, der berühmte italienische Goldschmied, gefertigt hatte. Allerdings blieb man am französischen Hof weiterhin mißtrauisch gegenüber der gefährlichen Neuerung. Noch König Ludwig XIV. vertraute lieber auf ein Messer und die eigenen Finger.

Im Osten war die Gabel etwa seit dem 4. Jahrhundert am Hof von Byzanz in Gebrauch und seit dem 7. Jahrhundert bei wohlhabenden Kreisen in Westasien üblich. Selbst die Tataren waren im Umgang mit der Gabel versiert, wie der Brief eines Franziskanermönchs an Ludwig IX. von Frankreich zeigt. Heute gilt die Gabel als wichtige kulturelle Errungenschaft, und Menschen, die weiterhin ihre Finger benutzen, werden bestaunt und im besten Falle als charmant kurios betrachtet. Doch wie um den längst vergangenen Bischof zu bestätigen, hat eine kürzlich erschienene Studie gezeigt, daß die Finger ein bestimmtes Enzym abgeben, das die Verdauung fördert. Aber natürlich würden wir nicht einmal im Traum daran denken, auf die Gabel zu verzichten, schließlich ist sie nicht nur ein wesentlicher Bestandteil unserer Eßgewohnheiten, sondern auch Teil unserer Lebenswelt. Wie die Gabel so gibt es noch viele weitere kulturelle Importe – Zahnpasta und Zucker, Kaffeehäuser und Gärten, Teppiche und Parfums, Brunnen und Bibliotheken –, die aus anderen Ländern in den Westen kamen und jetzt als »ureuropäisch« gelten. Gegenstände werden zwar nicht im gleichen Maße wie Ideen, Geschichten, Lieder und Bilder adaptiert, aber auf ähnliche Weise übernommen. Anfänglich begegnet man ihnen mit Argwohn und betrachtet sie als zweifelhafte Segnungen. Dann folgt die vorsichtige Akzeptanz. Und schließlich wird das einstmals Fremde begeistert vereinnahmt, bis die fremde Herkunft völlig in Vergessenheit gerät. Ein notwendiger und gesunder Prozeß, wäre da nicht der Umstand, daß man die Zinken der Gabel gern dazu benutzt, auf das andere einzustechen. In der Geschichtsschreibung wird der fremde Einfluß oft bewußt ausgespart. Aber wenn wir uns daran erinnern, woher etwas kommt, vergewissern wir uns der vielen Quellen der Kultur. Ein erhöhtes Bewußtsein für unsere Mischkultur erinnert uns daran, daß wir die kulturelle Provokation und Bereicherung durch fremde Quellen benötigen. Die Gabel steht nicht für eine Trennung, sondern für die kontinuierliche Erwartung des Neuen.

2 Der Schoß des Ostens

Die Idee von Europa

Die meisten Europäer gehen davon aus, daß Europa der Mittelpunkt der Welt ist. Die Geschichte der vergangenen fünf Jahrhunderte scheint das zu bestätigen. Ohne Europa hätte es keine Renaissance gegeben, keine Aufklärung, keine Französische Revolution, keine Industrielle Revolution und keine Moderne. Die bestehenden Machtverhältnisse stützen in vielerlei Hinsicht diese Darstellung. Die europäischen Mächte haben einen Großteil des Planeten erobert, ihre Sprachen in fremde Länder verpflanzt und ihr Bildungs- und Verwaltungssystem fleißig exportiert, auch in die USA, so sehr die auf ihre besondere Berufung pochen. Selbst Länder, die wie China den Imperialismus zurückwiesen, sind nicht immun gegen europäische Einflüsse. Schließlich wurde die Volksrepublik China lange gemäß den Vorstellungen eines Anwaltssohns aus Trier regiert. International sein heißt in erster Linie europäisch sein – oder anders formuliert: Das Europäische ist universal. Der Rest wird als regional abgetan.

Das Christentum ist zwar 2000 Jahre alt, doch Konzept und Realität des christlichen Europa sind nicht einmal halb so alt. Die Umwandlung von »Mediterranea« in den Kontinent »Europa« ist eines der faszinierendsten Kapitel in der

Geschichte von politischer Festlegung und kultureller Identität. Seit Beginn der Siedlungszeit wird das Mittelmeer, das so sehr ein Ozean ist wie Europa ein Kontinent, durch ein Beziehungsgeflecht seiner Küstenregionen definiert: Kreta bildete eine Symbiose mit dem pharaonischen Ägypten, die Phönizier fuhren als Kaufleute über das Meer, die hellenischen Städte nutzten die Minen Iberiens, die Römer und Karthager unterhielten Beziehungen, die von Haß und Handel geprägt waren. Wir, die wir es gewohnt sind, Realität in Landkarten zu suchen, sehen in der blauen Wasserfläche eine Trennlinie, obwohl sie doch eigentlich eine fließende Brücke ist. In diesem Buch werden wir immer wieder Beispiele für den regen kulturellen Verkehr anführen, der diese Brücke in beide Richtungen überquert hat.

Der aktuelle Hang zur Vereinfachung, der die komplexe Vielfalt des Islam auf relativ junge und einfältige Tendenzen wie den Wahhabismus verkürzt, darf uns nicht darüber hinwegtäuschen, daß der Islam jahrhundertelang die progressivste kulturelle Kraft im Mittelmeerraum und in Westasien darstellte. Seine Errungenschaften stammten nicht unbedingt aus dem arabischen Raum – wie wir noch zeigen werden, gab es persische, indische und griechische Einflüsse –, doch im Islam wurden sie übersetzt, gelangten zur Reife und fanden weitere Verbreitung. Der Unterschied zwischen der islamischen und der christlichen Welt war oft einer zwischen Offenheit und Verschlossenheit, städtischer Raffinesse und ländlicher Tölpelei, Mobilität und Trägheit, zwischen einer überwiegend merkantilen und einer größtenteils feudalen Wirtschaft. Die durchlässige Grenze zwischen dem Mittelmeergebiet und der kulturellen Brache im Norden verlief in etwa entlang der Vegetationsgrenze des Olivenbaums. Im »Entwicklungsgebiet« der nördlichen Hemisphäre gaben Angelsachsen, Franken, Teutonen und Wikinger den Ton an. Die Normannen spielten dabei eine wichtige Rolle: Sie fungierten als Vermittler und verbanden die beiden Welten miteinander. Die Verlagerung des Schwerpunkts vom Mittelmeerraum nach Europa geht einher mit dem Wechsel von einer offenen, auf Handel und Austausch angewiesenen Gesellschaft zu einer Gesellschaft, die sich hinter einem Bollwerk verschanzt, um sich vor Invasoren zu schützen.

Europa hat einiges erreicht, daher ist es verständlich, daß die Europäer gerne glauben, sie hätten alles aus eigener Kraft geschafft. Zudem verleiten uns der bemerkenswerte Erfolg des französischen und britischen Kolonialreichs und die Verbreitung der Wissenschaftssysteme, die in Paris, Berlin, Wien, London und Rom perfektioniert wurden, zu der Ansicht, die treibende Kraft in Europa sei stets aus seinen zentralen oder westlichen Regionen gekommen.

Es gab jedoch Zeiten, da war der Mittelmeerraum nicht der Saum Europas, der doppelt und dreifach umgeschlagen und festgenäht werden muß, sondern die kreative und produktive Mitte, ein Geflecht von Beziehungen und Neuschöpfungen. Die Grundlagen der europäischen Kultur wären ohne die durchlässige, wechselhafte und manchmal sogar symbiotische Qualität der Ränder nicht möglich gewesen. Trotzdem begreifen wir fließende Formen, unstete Identitäten und unscharfe Definitionen als Problem. Der öffentliche Diskurs über Europa verlangt zunehmend nach einer kategorischen und kohärenten Klärung von Merkmalen der Zugehörigkeit. Als sollte eine Rasterfahndung ermöglicht werden, die europäisch von nichteuropäisch unterscheidet. Wenn wir uns für die Zukunft wappnen wollen, sollten wir Grenzen als Zusammenflüsse begreifen, die uns in der Vergangenheit bereichert haben, als Spielwiesen von Mischkulturen, die für die Entwicklung des Kontinents von entscheidender Bedeutung sind. Denn das Trennende ist stets nur eine momentane Differenz, eine Flüchtigkeit der Geschichte.

Was ist dieses Europa, das wir täglich im Mund führen, ohne ein klares Bild davon zu haben? Europa ist die einzige Halbinsel der Welt, die zu einem Kontinent hochgestapelt worden ist. Benannt ist sie nach einer phönizischen Prinzessin, der Tochter des Königs Agenor, eines Sprößlings von Poseidon, dem Meer also zugewandt, der Ägypten verließ, um sich im Lande Kanaan anzusiedeln. Erstaunlich an dem Mythos von Europa ist, daß die Prinzessin nicht aufgrund einer eigenen Leistung berühmt geworden ist, sondern aufgrund dessen, was ihr angetan wurde. Die Legende um Europa kennt viele Fassungen. Schauplätze und Handlungsstränge ändern sich, manche der Figuren treten bei dem Chronisten Apollodorus auf, werden besungen von Pindar und schleichen sich in die Sagen ein; die moralische und politische Richtung des Stoffes variiert. Denn das war Europa von Anfang an: Vielfalt, und ihre Geschichte kann nur dann allen bedeutsam sein, wenn sie im Sinne eines jeden erzählt werden kann.

Es war einmal eine weise Frau namens Sophia. Unglücklich über den Zustand der Welt schuf sie aus ihrem Inneren eine Parallelwelt nie gekannter Pracht. So lautet kurz zusammengefaßt die traditionelle Erzählung von der Herkunft und Einmaligkeit des alten Griechenland. Diese einzigartige Kultur, heißt es in der Geschichte weiter, wurde zur Seele Europas und Quelle seiner Vormachtstellung in der Welt. Doch im Fall des klassischen Griechenland kann es unmöglich eine unbefleckte Empfängnis gegeben haben. Jahrhundertelang schwärmten die europäischen Gelehrten von der griechischen Antike und zeigten gleichzeitig völliges Desinteresse an ihren Wurzeln und Ursprüngen. Griechenland war reinweiß! Selbst die Tempel wurden weiß getüncht, damit sie um so heller von den Klippen leuchteten. Dabei waren sie zu ihren Glanzzeiten üppig bemalt und erinnerten stark an die reichgeschmückten Fassaden der südindischen Hindutempel. Heute weiß man, daß die Kuratoren des British Museum im 19. Jahrhundert ihre griechischen Marmorplastiken »verbesserten« und mit Siliziumcarbid alle Farbspuren wegschrubbten. Ein beträchtliches Maß Rassismus kennzeichnete die imperialistische Gelehrsamkeit: Mesopotamien wurde als Ursprung der jüdischen Kultur akzeptiert, aber wie konnte das arische Griechenland von der semitischen Kultur beeinflußt worden sein? Oder gar, wenn man dem glaubte, was einige Gelehrte hinter vorgehaltener Hand über eine Verbindung zwischen Ägypten und Griechenland munkelten, von der afrikanischen Kultur? Als der Klassizismus zur Ersatzreligion wurde, war es nur konsequent, dem Genius von Hellas gottähnliche Allmacht zu verleihen.

Diese Sichtweise hat sich in den letzten Jahren gewaltig verändert. Wissenschaftler verschiedenster Disziplinen beachten heute den historischen Kontext der Antike, anstatt sie nur zu verherrlichen. Die Archäologen, die in den vergangenen Jahrzehnten fleißig Ausgrabungen in der ländlichen Türkei durchführten, haben ganze Wagenladungen von Belegen dafür ausgegraben, daß es in Kleinasien weit mehr Stadtstaaten gab, als bisher angenommen, und daß sie einen erheblichen Beitrag zur Entwicklung der griechischen Kultur geleistet haben. Hellas bestand in der Frühphase aus einer Vielzahl von Stadtstaaten und Kleinkönigreichen; doch von den 1500 griechischen Städten befanden sich nur 200 in der Ägäis, die übrigen 1300 lagen verstreut im Mittelmeerraum und um das Schwarze Meer. Athen und Sparta gehörten zwar zum europäischen Teil der Ägäis, doch Griechenland wurde durch Städte an der Küste der heutigen Türkei, darunter Ephesus, Milet, Rhodos, Halikarnassos und Ilion (Troja), zum eigentlichen Hellas. Die Städte Kleinasiens waren nicht nur deutlich wohlhabender als die Siedlungen auf dem griechischen Festland, sondern hatten auch engen Kontakt mit den Kulturen und Traditionen Westasiens, vor allem den persischen. Aus diesem anhaltenden Austausch entstand die hellenische Kultur. Die neuere archäologische Forschung bestätigt, was einige Autoren aus Gründen des gesunden Menschenverstands schon lange behauptet haben. So schreibt etwa Bertrand Russell: »Homer war als gereifter Autor ein Produkt Ioniens«, einer Region im heutigen westlichen Teil der Türkei, »… dem wichtigsten Teil der hellenischen Welt«[1], Thales, der allgemein als Begründer

der Philosophie gilt, war ein Bürger von Milet, damals ein geschäftiger Stadtstaat mit 60 000 Einwohnern und vier verschiedenen Häfen. Thales wurde durch die Vorhersage einer Sonnenfinsternis berühmt, die man für einen Geniestreich halten könnte, wenn es nicht die engen Beziehungen zwischen Milet und Babylon (via Lydien) gegeben hätte. In Babylon hatten Astronomen bereits festgestellt, daß Eklipsen einem Zyklus von ungefähr 19 Jahren unterworfen sind. Thales war der Gründungsvater der ersten Akademie für Philosophie in Hellas, der berühmten Schule von Milet, die bis zur Eroberung der Region durch die Perser Anfang des 5. Jahrhunderts vor Christus blühte. Weitere Zentren wie Kolophon, Pergamon, Magnesia und Philadelphia lagen im Herzen Kleinasiens. Und die Heimatstadt der schönen Europa war ein Handelszentrum an den Ufern des Euphrat im heutigen Irak – dadurch erhält »Europa« eine ganz andere symbolische Bedeutung: Aus der selbstzufriedenen Festung am Rande Asiens wird eine wichtige Schnittstelle, ein Knotenpunkt vieler Entwicklungslinien in der Geschichte der Menschheit.

Konservative Autoren neigen dazu, den »unpassenden Standort« dieser blühenden Zentren herauszustellen und sie als »Außenposten an der Grenze« der hellenischen Kultur zu beschreiben, womit sie Athen indirekt zum Zentrum erheben, obwohl es erst später zur treibenden Kraft der hellenischen Kultur wurde. Viele Ereignisse der griechischen Mythologie finden, wenn sie sich denn geographisch festmachen lassen, an diesen angeblichen Rändern oder noch weiter entfernt statt. Medea etwa schläfert den Drachen in Kolchis in der Nähe des Berges Elbrus ein, dem höchsten Gipfel des Kaukasus. Krösus, »der reichste Mann der Welt«, ist der König von Lydien, der heutigen türkischen Westküste. Midas, der sich wünscht, daß alles, was er anfaßt, zu Gold wird, ist der König von Phrygien, dem heutigen westlichen Teil Zentralanatoliens. Der Schauplatz der Mythen liefert oft wertvolle Hinweise auf die Vorgeschichte eines Volkes.

Die dogmatischen Gelehrten richten einen gleißenden Scheinwerfer auf das antike Griechenland, das für sie der alleinige Hauptdarsteller ist, während die übrige Bühne in Dunkelheit getaucht ist. Aber wenn man die gesamte Bühne ausleuchtet, sieht man die anderen Mitwirkenden: Mesopotamier, Perser, Ägypter und Phönizier. Man versteht, daß es im alten Griechenland nicht nur den Heldenmonolog, sondern zahlreiche Dialoge gab, die Teil eines vielstimmigen Stücks waren. Heute wissen Linguisten, Mythologen und Historiker deutlich mehr und können das orientalische Erbe des antiken Griechenland beim Namen nennen und die engen Beziehungen der Griechen zu den Handels- und Produktionsnetzwerken Westasiens und dem östlichen Mittelmeerraum belegen. Das Goldene Vlies, Midas' Goldproblem, die Schätze des Krösus, Danae und der Goldregen – all die Geschichten aus dem Reich der Mythen lassen sich in die Realität des Handels übertragen. Mit einem Mal treten die Einflüsse deutlich zutage: »Und doch, was bis vor kurzem ein eher marginales Thema war, eben das ›Orientalische‹, ist gerade in den letzten Jahren Gegenstand vielfältiger und lebhafter internationaler Forschung geworden.«[2]

So hieß es beispielsweise früher, die Herkunft vieler griechischer Wörter in Zusammenhang mit Maßen und Gewichten oder nautischen Begriffen sei unklar; inzwischen haben etymologische Ausgrabungen zutage gefördert, daß es sich um semitische Lehnwörter handelt. Seit kurzem verweisen Gelehrte wie der Altphilologe Walter Burkert auf die zahlreichen Ähnlichkeiten: Griechische Vorstellungen haben ihre Wurzeln in der sumerischen und akkadischen Mythologie. Das Gilgamesch-Epos und die homerischen Texte weisen Gemeinsamkeiten auf, etwa Versformen, Attribute, Monologe der Helden und Anrufungen der Götter. Die sieben Riesen, die sich gegen Marduk, das Oberhaupt der Götter, erheben, kehren als die sieben Titanen (das Wort geht auf das akkadische *titu* zurück) wieder, die gegen Zeus rebellieren. Es gibt noch weitere Mythen, die zuerst in Mesopotamien auftreten, etwa die Geschichte von einer Göttin, die sich in einen Sterblichen verliebt, oder die eines Helden, der auf der Suche nach einem Schatz in einem heiligen Hain gegen dessen Wächter kämpft.

Kaum eine kulturelle Errungenschaft kann es an Bedeutung mit der Erfindung des Alphabets aufnehmen. Die Entstehung des modernen Alphabets läßt sich nicht genau datieren, allerdings wissen wir mit Sicherheit, daß man im 11. Jahrhundert vor Christus im semitischen Sprachraum in der Levante auf die Idee gekommen war, die Sprache mit 25 phonetischen Zeichen wiederzugeben. Das erste derartige Alphabet wurde für phönizisch-kanaanitische, hebräische und aramäische Sprachen verwendet und fand im 10. Jahrhundert vor Christus weitere Verbreitung. Die Erfinder hatten die geniale Idee, jedes Phonem mit einer Assoziation aus dem Alltag zu verbinden, die man sich leicht merken konnte. Der Klang von »a« wurde mit *alpu* assoziiert, was Ochse bedeutet, »b« mit *betu*, »Haus«, »g« mit *gamu*, »Kamel«. Die Phönizier verfügten über ein weites Netz mit Handelsposten im östlichen Mittelmeerraum. Die Griechen erkannten, daß sie sich, wenn sie in dieser zunehmend komplizierten Welt weiter Handel treiben wollten, nicht mehr auf das Erinnerungsvermögen des einzelnen stützen konnten, das früher ausgereicht hatte; das Mnemo-Archiv, das Generationen von Kaufleuten in ihrem Gedächtnis und auf der Zunge getragen hatten. Die Welt der Helden mußte einer pragmatischen Welt weichen: Verträge, Frachtbriefe und Listen mit Handelsgütern wurden immer länger, die Bezeichnungen immer komplizierter. Die Griechen waren gezwungen, sich schriftlich Notizen zu machen, wollten sie konkurrenzfähig bleiben. Daher beschlossen sie kurz nach 800 vor Christus, im »phönizischen Stil« zu schreiben. Seltsamerweise übernahmen sie einfach die Symbole für jeden Buchstaben – obwohl *alpha, beta, gamma* in ihrer Sprache keine Bedeutung hatten, blieben die Bezeichnungen und Formen der Schriftzeichen weitgehend identisch. Schon wenige Jahrzehnte nach der Einführung des griechischen Alphabets hatte sich die neue Fertigkeit im gesamten griechischsprachigen Mittelmeerraum verbreitet. Die Phryger, Lyder und Lykier im Osten übernahmen das Alphabet ebenso wie die Etrusker und Iberer im Westen. »Doch im Prinzip«, schreibt Burkert, »hat der alte *Comic Strip* von ›Ochse – Haus‹, den jener bronzezeitliche Semite erfunden hatte, sich immer noch gehalten; selbst unsere Computer respektieren ihn durchaus.«[3]

In der Mythologie ist diese Entwicklung mit der Geschichte von Europa verknüpft. Ihr Vater Agenor schickte seinen Sohn Kadmos auf die Suche und wies ihn an, erst zurückzukehren, wenn er seine entführte Schwester gefunden habe. Aber Zeus hatte seine Gefangene allzugut versteckt, und Kadmos hatte schließlich genug von der sinnlosen Suche und ließ sich in Griechenland nieder, wo er die Stadt Theben gründete. Die Legende berichtet, er habe das Alphabet mit ins Exil gebracht: eine Metapher für den kulturellen Einfluß Asiens auf Griechenland, die lange ins Reich der Fabel verwiesen wurde. Doch unlängst haben Funde in Theben den historischen Kern des Mythos bestätigt.

Das antike Griechenland hatte nicht nur vielfältige Wurzeln, sondern breitete sich auch sehr weit aus. Kaum hatte sich die griechische Kultur etabliert, knüpfte sie auch schon ein Netz über den gesamten Mittelmeerraum. Und mit Alexander dem Großen wurde dieses Netz auf den Großteil der damals bekannten Welt ausgedehnt, auf das Nildelta Ägyptens, die Steppen und Hochebenen Westasiens bis in den Nordwesten Indiens. Doch wenn man die Knotenpunkte dieses Netzes als griechische Kolonien bezeichnet, versteht man sie völlig falsch. Die griechischen Siedlungen in Asien und Nordafrika waren nicht von einem bestimmten Ursprungsgebiet abhängig, weder was ihre materielle Versorgung noch was ihren ideologischen Zusammenhalt betraf. Sie definierten das Verhältnis von Peripherie und Zentrum neu: Delphi und Salamis, Makedonien und der Peloponnes waren für viele Griechen nach Alexander nur Ausgangspunkte; die wahren Zentren fanden sich fast alle an der Peripherie. Die Soldaten, Kaufleute und Gelehrten, die sich in das expandierende Reich aufmachten, hatten ihr Leben vielleicht als Griechen begonnen, doch die meisten definierten sich per Bindestrich alsbald über die großartigen Kulturen, in denen sie gelandet waren – als griechisch-ägyptisch, griechisch-persisch und griechisch-indisch. Die Einflußsphäre war zu einem Netz des Zusammenflusses geworden. Im Licht dieser neuen Erkenntnis ist Griechenland nicht mehr der alleinige Ursprung der europäischen Kultur, sondern eine von vielen kulturellen Kräften, die Kunst, Religion, Philosophie und Politik von der Biskaya bis zum Golf von Bengalen veränderten. Die kulturelle Entwicklung rückte Griechenland nach Osten und, einige Jahrhunderte später, den Islam, versehen mit persisch-indisch-griechischem Schwung, nach Westen. Wenn man die komplexe DNA der Kulturen auf einen Strang reduzieren müßte, könnte man leicht behaupten, der Islam bilde die Grundlage des Westens und Griechenland die Grundlage des Ostens. Aber das wäre natürlich genauso absurd wie die gängige gegenteilige Meinung. Die Wahrheit liegt irgendwo dazwischen – im Zusammenfluß der Kulturen.

Städte wie Edessa in Kleinasien und Alexandria im Nildelta vermitteln einen Eindruck von den Kräften, die dem Zusammenfluß innewohnen. Den Namen Edessa erhielt die Stadt von den Seleukiden, Alexanders Nachfolgern in der Region; das heutige Şanlıurfa war eine wichtige Handelsstadt an der Seidenstraße und ist laut islamischer Tradition die Geburtsstätte Abrahams. In den ersten Jahrhunderten nach Christus war Edessa eine bedeutende Universitätsstadt mit Gelehrten aus Persien, Indien und Zentralasien, die sich zu einem fruchtbaren Ideenaustausch zusammenfanden. »Die Theologie in Edessa wurde stark von persischen und indischen Ideen beeinflußt, und die dort ansässige Schule war berühmt-berüchtigt für die gefährliche Heterodoxie ihrer

Lehren. In diesem kosmopolitischen Umfeld konnte der bekannteste Häretiker der Stadt, Bardesanes von Edessa, eine genaue Darstellung der Essensvorschriften der Hindupriester und buddhistischen Mönche verfassen, während gleichzeitig indische Geschichten und Legenden in unerwarteter christlicher Aufmachung niedergeschrieben wurden.«[4] Den genauen Zeitpunkt, an dem die erste Kopie von *Das Leben Buddhas* in den Satteltaschen von Kaufleuten und reisenden Mönchen den Weg an die Universität von Edessa fand, kennen wir nicht, aber es war sicherlich ein glorreicher Tag. Die Biographie, verfaßt von einem Mönch namens Ashvagosha im heutigen Afghanistan (siehe das Unterkapitel »Ein Körper für Buddha«), wurde von den eklektischen Gelehrten in Edessa übersetzt und ging von dort aus sowohl in die christliche als auch in die islamische Überlieferung ein.

Auch Alexandria war in den ersten Jahrhunderten nach Christus Schauplatz konkurrierender Kulte und sich mischender Religionen. Die Katakomben von Korn el Shogafa sind Zeuge dieser erstaunlichen religiösen Vermengung: Ein griechischer Sarkophag wird von ägyptischen Göttern in römischer Rüstung bewacht. »Am Knotenpunkt von Handelsrouten gelegen, die Asien und Afrika mit Europa verbinden, war es ganz natürlich, daß die Stadt ein Zentrum reger geistiger Tätigkeit war. Indische Sadhus wanderten durch die Straßen und debattierten mit griechischen Philosophen, jüdischen Exegeten und römischen Architekten. Hier verfaßte Euklid seine Abhandlung über die Geometrie und berechnete Eratosthenes den Erdumfang (der nur um knapp 33 Kilometer vom tatsächlichen Umfang abwich). Ptolemäus fertigte seine erstaunlichen Karten an und 72 hellenisierte Juden schufen die Septuaginta, die erste griechische Übersetzung des Alten Testaments.«[5]

Auf diesem Basar der Ideen mußte sich Platons Philosophie aus den Sphären der Schule von Athen in die Niederungen der Agora begeben und sich mit dem Monismus der Upanishaden, mit buddhistischer Ethik, zoroastrischer Eschatologie und der christlichen Heilslehre messen. Die romanisierten Juden suchten nach einer Möglichkeit, ihren alten Glauben mit einem neuen kulturellen Firnis zu versehen. Die ersten Christen waren noch mit der Ausformung ihres Glaubens beschäftigt und daher für alle Einflüsse offen. In Debatten mit den Zöglingen der griechischen Schulen verfeinerten sie ihre Philosophie. Aus diesem Austausch gingen der jüdisch-platonische Denker Philo Judäus oder Philon von Alexandria (ca. 25 vor Christus – 50 nach Christus) hervor, ein Zeitgenosse von Jesus Christus und Paulus, der platonische, stoische und jüdische Ideen miteinander verband (siehe Unterkapitel »Die ewige Baustelle«). Diese Vision diente nicht nur christlichen, sondern später auch jüdischen und muslimischen Vertretern der rationalen Theologie als Grundlage.

An der Intellektuellenbörse von Alexandria schwankten die Kurse für alle Ideen unter dem Druck des breiten Angebots. Platons Aktien wurden hoch dotiert, allerdings bestand das Bedürfnis, seine Philosophie den sich verändernden Zeiten anzupassen. Diese Aufgabe fiel Plotin zu (ca. 205–250 nach Christus), einem hellenisierten Ägypter, der in Alexandria studiert hatte. Plotin scheute weder Kosten noch Mühen und reiste bis in den Iran, um die philosophischen Lehren der Perser und Inder zu studieren, wie wir von seinem Schüler Porphyrios wissen. Plotins Vorstellung von der Seele, vor allem seine Doktrin *»duo sunt in homine«* (»es gibt zwei im Menschen«, dem Konzept, daß das Selbst aus einer höheren Natur besteht, die die Reinheit der Form an sich hat, und einer niedrigen Natur, die Anteil an der Korrumpierbarkeit der Materie hat), leitete sich nicht nur von Platon ab, sondern spiegelt auch die Lehre der indischen Lehrgedichte *Upanishaden* wider.

Plotin vergleicht das Transzendente mit der Sonne und die Seele mit dem Mond. Ihre Beziehung ähnelt der zwischen *brahman*, der Weltenseele, und *atman*, dem Teil der Weltenseele, die sich im einzelnen manifestiert. Die Sonne sendet ihre Strahlen aus und verändert damit alles, bleibt aber von dem, was sie schafft, unberührt. Wie die indischen Mystiker glaubte Plotin, daß sich die Seele nicht durch Denken, sondern nur durch Ekstase (*henonis*) mit dem Transzendenten vereinigen kann. Plotins Idealmensch, der »Fähige«, der die Gelassenheit verkörpert und nie zwischen Glück und Kummer schwankt, hat viel mit dem Ideal der Bhagavadgita gemein, dem »einen, der von den Umständen weise unbewegt« bleibt und somit gleichgültig gegenüber Hochstimmung und Sorgen ist. (Was wiederum Rudyard Kipling zu den berühmten Worten inspirierte, die über dem Eingang zum Centre Court in Wimbledon eingemeißelt sind: »If you can meet with Triumph and Disaster / And treat those two impostors just the same«, etwa: »Erfolg und Fehlschlag dir Erkenntnis schenkt, daß sie nicht wichtig sind, wenn du dich mühst«.) Plotins Lehre, daß das Glück in der »Flucht vor den Wegen und Dingen dieser Welt« liegt, und daß sich die Seele »vom Körper lösen und seine symbolischen Güter verachten« soll (*Enneaden* 1.4.14), ist eine deutliche Abkehr von der hellenischen Bewunderung der Physis. Sie läßt sich nur mit einer starken Verbundenheit zur extremen Askese der Jainas erklären, die sich zweifellos unter den *gymnosophistai* befanden, den nackten weisen Männern aus Indien, die zu dieser Zeit in Alexandria lebten. Denn die Eremiten dieser indischen Religion, die sogenannten *dig-ambara*, sind »mit nichts anderem als dem Himmel« bekleidet.

In den folgenden Jahrhunderten verbreiteten sich die Ideen Plotins und Philons im Osten, beispielsweise in Bagdad, da man sich im Westen zu der Zeit nicht dafür interessierte. Die einst rezeptionsfreudigen Christen schotteten sich ab. Die große Bibliothek in Alexandria mit dem Museion, gegründet im 3. Jahrhundert vor Christus von den ägyptischen Ptolemäern, fiel Ende des 3. Jahrhunderts nach Christus bei einem Bürgerkrieg einem Feuer zum Opfer, und die Überreste wurden von christlichen Fanatikern im Jahr 391 niedergebrannt. Der byzantinische Kaiser Julian Apostata war zwar ein begeisterter Anhänger Platons und belebte dessen Akademie in Athen Ende des 4. Jahrhunderts nach Christus neu – aber das war ein kurzlebiger Versuch. Wie das Leben Julians fiel auch die Akademie dem christlichen Fanatismus zum Opfer.

Der Fanatismus der Straße spiegelte den Ideenkonflikt auf höherer Ebene. Während sich die griechische Philosophie mit Beobachtungen und Ableitungen befaßte, mit Zweifel und Skepsis, Experimenten und Risiken, stand die christliche Lehre für das genaue Gegenteil. Die Realität mußte der Offenbarung angepaßt werden. Man rang nicht um die Wahrheit, man ersetzte sie durch ein Abziehbild. Die Instrumente der Antike waren überflüssig geworden, wenn nicht sogar gefährlich. Sobald die christlichen Machthaber ihr Dogma festgelegt hatten, wurden abweichende Meinungen nicht mehr geduldet. Diese Lektion mußten die Philosophen 489 nach Christus lernen, als der byzantinische Kaiser Zenon die Schule von Edessa schloß. Die Stätte des interkulturellen Austauschs – wo der Häretiker Bardesanes mit Hilfe babylonischer, persischer, platonischer und christlicher Elemente den freien Willen propagiert hatte, der Schicksal und Natur überwinden konnte – fiel dem brudermordenden Konflikt der christlichen Interpretationen zum Opfer. Zenon war Trinitarier und glaubte an die Dreieinigkeit, die Gelehrten in Edessa waren Nestorianer: Sie hatten sich geweigert, ihren Glauben dem des Kaisers anzupassen und mußten dafür den Preis bezahlen. Die Gelehrten von Edessa nahmen so viele Manuskripte wie möglich mit sich, das restliche Wissen hatten sie auswendig gelernt, und flohen ins Sassanidenreich, wo sie sich schließlich an der Akademie von Gondeshapur niederließen (gegründet 271 nach Christus in der heutigen iranischen Provinz Khuzistan im Südwesten des Landes). Gondeshapur zeichnete sich dadurch aus, daß es dort das erste bekannte Lehrkrankenhaus sowie angesehene Fakultäten für Medizin, Astronomie und Mathematik gab. Die Nestorianer lehrten und forschten dort viele Generationen lang – während das Reich der Sassaniden unterging und Bagdad zum Kronjuwel der damaligen Welt aufstieg. Sie beteiligten sich an einem Übersetzungsprojekt, dessen Wissen aus dem platonischen Athen und dem polyglotten Alexandria, verfeinert in Edessa und Gondeshapur, nach Bagdad gelangte und später den weiten Weg nach Córdoba, Palermo, Venedig und damit mitten ins christliche Europa und die Neuzeit zurücklegte.

Zwei katastrophale Ereignisse markieren das Ende der klassischen Philosophie: 524 befahl Theoderich, der Herrscher der Ostgoten in Italien, die Hinrichtung seines obersten Verwaltungsbeamten Boethius, der gleichzeitig der letzte bedeutende platonische Philosoph der Antike war. Kurz darauf ordnete der byzantinische Kaiser Justinian 529 die Schließung der Akademie in Athen als Hort »heidnischer Philosophie« an und ließ die Gelehrten aus der Stadt vertreiben. Die letzten Lichter der klassischen Philosophie waren damit erloschen. Die einzigen Zentren der griechischen Gelehrsamkeit lagen nun, wenn man von einem kleinen, bedrohten Außenposten in Irland am äußersten Rand Europas absieht, außerhalb der christlichen Welt: in Gondeshapur im sassanidischen Iran und im buddhistischen Nalanda in Indien.

Tausendundein Gedanke

Im 7. Jahrhundert nach Christus stagnierte die Entwicklung in Europa. Der westliche Teil des Kontinents wurde immer wieder von barbarischen Invasoren heimgesucht, von denen zwar einige dem Namen nach Christen waren, aber viele immer noch an ihrem eigenen Glauben festhielten. Sie alle hatten Rom als Symbol imperialer Macht zum Ziel, egal, ob es Vandalen, Westgoten, Alanen oder Hunnen waren. Auf der anderen Seite Europas war das Oströmische Reich in einen langen Zermürbungskrieg mit dem Sassanidenreich verstrickt, der beide Beteiligten auslaugte. Die Kirche befand sich in einem Zustand geistiger Erstarrung und ließ nur eine sehr begrenzte Interpretation der Heiligen Schrift zu. Die

Mönche hatten sich in ihre Klöster zurückgezogen und widmeten sich der Kontemplation. Das Geistesleben war geprägt von einer Atmosphäre der Abschottung und Bedrohung. Gelehrsamkeit und säkulare Bildung waren gänzlich verlorengegangen: Die wissenschaftliche Tätigkeit war praktisch zum Erliegen gekommen, es gab keine Neugierde mehr, nur noch die Angst vor dem Neuen und Fremden.

Wie konnte sich in diesem Ödland die Saat einer der dynamischsten Leistungen menschlicher Kultur entwickeln, die etwa 400 Jahre später sprießen sollte? Wie gelangte diese Wüste zur Blüte? Die Antwort, so überraschend und schokkierend das heute klingen mag, lautet, daß es Regen gab, und zwar in Form des Islam. Mit ihrer grenzenlosen Energie und ihrem festen Glauben belebten die ersten Kämpfer des Islam das Sassanidische und Römische Reich. Die aus der Wüste stammenden Eroberer erkannten, daß sie zur Verwaltung ihrer Herrschaftsgebiete auf vorhandenes Wissen zurückgreifen mußten, und setzten auf den Synergieeffekt. So weckten die Araber bislang schlummernde pragmatische und kulturelle Energien, indem sie Verwaltungsbeamte, Dichter, Architekten, Philosophen und Übersetzer vor berufliche Herausforderungen stellten und ihnen neue Horizonte eröffneten. Nicht einmal hundert Jahre nach seiner Gründung im Jahr 622 hatte der Islam die Welt von Iberien bis nach Indien erschüttert, darunter einen Großteil der euroasiatischen Kultur. Bereits in den ersten Jahrhunderten seines Bestehens wurden im Islam, ausgehend von vorhandenen Traditionen, atemberaubende Neuerungen geschaffen: Fortschritte in den Naturwissenschaften, philosophische Überlegungen, prächtige Moscheen, herrliche Paläste, Bewässerungssysteme und

Astronomiehandbücher, die Anfänge der Mechanik und die Verbesserung der Chirurgie. Dazu entwickelten sich je nach Region und Herrscherdynastie verschiedene eigene Stile, etwa dem der Umayyaden, der Abbasiden und der Fatimiden.

Unter den Abbasiden (762–1258) wurde Bagdad zum Sitz des Kalifats und damit zum Zentrum der islamischen *Umma*, der religiösen Gemeinschaft aller Muslime. Bagdad war die kulturelle Hauptstadt und das wichtigste Übersetzungszentrum der Welt. Der Reichtum der abbasidischen Kultur läßt sich auf zahlreiche Faktoren zurückführen, doch der wichtigste war wohl der Standort. Bagdad verfügte über ein weit entwickeltes Handels- und Kommunikationsnetz und profitierte daher von verschiedenen kulturellen Einflüssen. Schiffe aus der ganzen damals bekannten Welt, aus China, Indien, Rußland, von der Malaiischen Halbinsel, aus Afrika, Byzanz und dem gesamten islamischen Reich legten in Basra am Persischen Golf an, nicht weit vom Zusammenfluß von Tigris und Euphrat entfernt, und ermöglichten einen regen Austausch und Handel. In Bagdad wurden die ersten arabischen Universitäten eingerichtet, und auch die Schulen der Dichtkunst blühten. »Kurz gesagt, der Reichtum, die Vielfalt der Völker, das Amalgam der Kulturen und neuen Ideen, die zu der Zeit nach Bagdad gelangten, stellten die althergebrachten Werte in Frage, brachten Innovationen in der Kunst und forderten zum Hedonismus auf.«[6]

Die einflußreiche Familie der Barmakiden ist ein typisches Beispiel für die kulturelle Dynamik im abbasidischen Bagdad. Die Barmakiden, die erst kurz zuvor von der persischen Version des Buddhismus, dem sogenannten Naubahar (»neuer Garten«, von *nava-vihara* auf Sanskrit), zum Islam konvertiert waren, unterstützten die Abbasiden von Anfang an. Unter Kalif al-Mandi und seinem Nachfolger Harun al-Rashid hatten Mitglieder dieser Familie das Amt des Wesirs inne. Der Familienname ist die arabisierte Form des sanskritischen *paramaka*, was Abt bedeutet. Ursprünglich versah die Familie der Barmakiden das Amt des Hohepriesters (*barmak*) im angesehenen Kloster von Balkh (heute im nördlichen Afghanistan). Als Wesire übernahmen die Barmakiden die buddhistische Einrichtung des *vihara* (»Garten«, Wohnort und Schule der Mönche) und begründeten damit die *medersa* als Bildungsstätte im Islam. Indem sie Wissenschaftler aus Gondeshapur unterstützten und sich die Universitätsbibliothek von Nalanda in Nordindien zum Beispiel nahmen (sie belebten den sassanidischen Brauch neu, indische Gelehrte zum geistigen Austausch einzuladen), förderten sie nicht nur eine der legendären Bibliotheken der Menschheit, sondern setzten auch ein umfangreiches Übersetzungsprojekt in Gang. Doch ihre Nähe zum Thron, das Ansehen, das sie aufgrund ihres Reichtums, ihrer Großzügigkeit und ihres öffentlichen Amtes genossen, und der anhaltende Verdacht, daß sie ihre buddhistische Vergangenheit nie richtig abgelegt hätten und daher keine richtigen Muslime seien, all das brachte die Barmakiden schließlich zu Fall. In nur drei Jahrzehnten (von 775–803) stieg diese Wesirdynastie zu höchster Macht auf und stürzte dann noch schneller aufgrund von Mißgunst, Verschwörung und Mord. Doch ihr Ruhm lebte weiter und reicht bis in *Tausendundeine Nacht*, wo wir sie als Kenner der Illusionen in »Das Fest des Barmeciden« und in Gestalt von Jafar, Harun al-Rashids Wesir, wiederfinden. Der nachhaltigste Beitrag der Barmakiden war jedoch der kulturelle Wandel, den sie in Gang setzten: ein so mächtiger Geist, daß kein noch so eifriger Glaubenswächter ihn wieder zurück in seine Lampe befördern konnte.

Das Werk der Barmakiden wurde von al-Ma'mun fortgesetzt, Haruns Nachfolger auf dem Kalifenthron. Er gründete 832 am Ufer des Tigris eine neue Akademie: *bait ul-Hikma*, das »Haus der Weisheit«. Dort wurden zahlreiche Manuskripte zu den verschiedensten Themen aus dem Sanskrit, Griechischen, Syrischen und Persischen ins Arabische übersetzt: Geschichtensammlungen, Listen mit Heilpflanzen und Medikamenten, Lyrikanthologien, philosophische Traktate, astrologische Spekulationen, alchemistische Schriften und astronomische Tabellen. Absolventen aus Gondeshapur schlossen sich den Übersetzern an, der bekannteste darunter war wohl Hunayn ibn Ishaq (gestorben 873), ein nestorianischer Christ aus dem heutigen Südirak. Hunayn, von seinen späteren lateinischen Herausgebern in Toledo Johannitius genannt, übersetzte zahlreiche medizinische Werke aus dem Griechischen, darunter die Schriften Galens, von denen viele heute nur dank seiner Leistung bekannt sind. Umgeben von einer derart umfassenden Sammlung erweiterten die Gelehrten der islamischen Welt eifrig ihr Wissen.

Wohl auf keinen anderen Bereich hatte ihr Beitrag so gravierende Auswirkungen wie in der Philosophie. Traditionell hat man die arabischen Philosophen des 9. bis 12. Jahrhunderts als Treuhänder angesehen, so als ob sie nur die aristotelische Katze gehütet hätten, während der Westen ausgedehnt Urlaub machte. Tatsächlich aber starb das eigenständige philosophische Denken im Westen mit der Hinrichtung von Boethius und der Schließung der Akademie von Athen. In

Bagdad feierte die Philosophie ihre Wiederauferstehung und wurde in Córdoba, Granada und Toledo weiter verfeinert.

Die Vorbereitungen für die Renaissance begannen in Bagdad, eingeleitet von einer Schule arabischer Philosophen, die von Aristoteles beeinflußt worden waren und sich selbst *falasifa* (Singular: *faylasuf*) nannten. Sie waren mutige Männer, die den Vertretern der Glaubenslehre die Stirn boten und die Vernunft hochhielten, die auf dem Vorrang der individuellen Nachforschung und des eigenen Urteilsvermögens beharrten und nicht zögerten, die erklärte Oberhoheit der Offenbarung in Frage zu stellen oder sogar zu verspotten. Viele waren keine gebürtigen Araber, sondern stammten aus Persien, Tadschikistan oder Turkmenistan, waren aber alle Muslime von Geburt an, schrieben überwiegend auf Arabisch und betrachteten sich selbst als Mitglieder der islamischen Gemeinschaft. Als Universalgelehrte profitierten sie von der Sammlung intellektueller Ressourcen in Bagdad und leisteten ihren eigenen Beitrag dazu.

Am Beginn der islamischen Philosophie steht al-Kindi (801–866/873). Der Sproß einer aristokratischen Familie beschäftigte sich mit Medizin, Astrologie sowie indischer Mathematik und gilt als der erste *faylasuf*. Er zog kreative Schlußfolgerungen aus dem philosophischen Werk der alexandrinischen Neuplatoniker. Laut al-Kindi können die Argumente Plotins für den Verstand, der in einem vom Glauben dominierten System arbeitet, folgendermaßen angewendet werden: Alles, was das Eine (oder Gott oder das Vollkommene) betrifft, soll jenen anvertraut werden, die für den Umgang damit am besten qualifiziert sind, also den Theologen und Mystikern. Die Männer des Verstandes versichern diesen, daß die materielle Welt, da sie alles andere als vollkommen ist, deren Aufmerksamkeit nicht verdient und am besten anderen überlassen wird. So akzeptiert der Philosoph zwar dem Anschein nach die Grenzen des Verstandes und ehrt die Theologen und Mystiker, beschränkt sie aber gleichzeitig auf ihr Spezialgebiet und eröffnet sich selbst das weite Feld der menschlichen Erfahrungen – er kann ungestört Kriterien für die Aufdeckung und Nutzung des Wissens erstellen und Begriffe wie Tugend, Schönheit, Glück, Gleichgewicht, Veränderlichkeit und Gerechtigkeit diskutieren. Die Hinwendung zum Materiellen und Empirischen bedeutete auch, daß sich viele *falasifa* mit Platons Schüler Aristoteles beschäftigten, dessen rationale und wissenschaftliche Haltung ihnen mehr zusagte als Platons Vorliebe für die Abstraktion.

Al-Kindi erklärte: »Wir sollten uns nicht schämen, die Wahrheit anzuerkennen, egal aus welcher Quelle sie stammt, selbst wenn sie uns von früheren Generationen und fremden Völkern überbracht wurde. Wer die Wahrheit sucht, für den gibt es nichts Höheres als die Wahrheit selbst.« Der Orientalist und Historiker Albert Hourani erkennt in dieser Sichtweise eine intellektuelle Begeisterung, eine erhöhte Aufnahmefähigkeit sowie das Selbstbewußtsein einer Kultur, die von ihrer imperialen Macht und dem Glauben an göttliche Führung überzeugt ist.[7]

Al-Kindis Nachfolger Rhazes (al-Razi, 865–923) war noch radikaler. Er erklärte, daß »allein der menschliche Verstand ein gewisses Wissen vermitteln kann. Der Pfad der Philosophie ist allen Nutzungen offen, die Behauptungen der Offenbarung sind falsch, und Religionen sind gefährlich.« Rhazes war als Leibarzt des Kalifen von Bagdad ein begeisterter Heiler und Anhänger Epikurs, der seine medizinischen Theorien durch empirische Beobachtungen und Experimente begründete. Er argumentierte, daß jemand, der auf eine spezielle Offenbarung Anspruch erhebe, zu Intoleranz und Gewalt neige, um diese zu verteidigen, während die Vernunft, potentiell jedem zugänglich, Gottes beste Vorkehrung für eine bessere Urteilsfähigkeit und Zurückhaltung sei. Sein Zeitgenosse Alpharabius (al-Farabi, 878–ca. 950) war davon überzeugt, daß die Philosophie nur im dynamischen Umfeld der islamischen Gedankenwelt eine Zukunft habe, weil sie dort neue Lebenszuversicht fassen könne. Er akzeptierte die Gültigkeit des Korans ebenso wie der Schriften Platons und Aristoteles' (in der muslimischen Welt wird Alpharabius als »zweiter Lehrer« nach Aristoteles verehrt), lehrte jedoch, daß der Islam als Religion den Bedürfnissen eines Philosophen nicht genüge. Seiner Ansicht nach vermittelte Religion gewöhnlichen Menschen die Wahrheit in symbolischer Form, da die Wahrheit in Reinform dem beschränkten Geist nicht zugänglich sei. Die Philosophen hingegen vertrauen eher der Vernunft als der Theologie. In Europa wäre eine solche Argumentation zur damaligen Zeit undenkbar gewesen.

Diese Denker bereiteten den Weg für Avicenna (Ibn Sina, 980–1037), einen der größten Gelehrten des Mittelalters. Avicenna konnte auf die Schriften von Platon, Aristoteles, des Neuplatonikers Plotin sowie auf den Koran zurückgreifen. Er führte eine Wende in der Philosophie herbei, denn er versöhnte den Verstand mit der Offenbarung, und zwar vor dem Hintergrund zweier miteinander rivalisierender Richtungen des Islam: die politisch ambitionierten Juristen-

Theologen einerseits und die gottestrunkenen Mystiker andererseits. Avicenna sah sich einem grundlegenden Problem gegenüber: Wie sollte man die Rastlosigkeit der Philosophie mit dem festen Halt im Glauben in Einklang bringen? Der Arzt und Philosoph verfaßte eine aristotelische Verteidigungsschrift zur spekulativen Kritik. In Hinblick auf religiöse Gesetze argumentierten er und sein Nachfolger Averroes, daß der Vorgang der Interpretation und Anwendung von Prinzipien – einschließlich des Aufbaus einer Sammlung von Präzedenzfällen – wertvoller sei als das schlichte Beharren auf absoluten Prinzipien. Diese Erkenntnis war wichtig für die Jurisprudenz und die Medizin, also die Bereiche, in denen sich Avicenna und Averroes betätigten, und hatte auch weitreichende Konsequenzen für das öffentliche Leben, das Verhältnis zwischen Bürger und Staat sowie zwischen religiöser Autorität und dem einzelnen.

In der Nachfolge von Aristoteles unterscheidet Avicenna zwischen der Sphäre der Essenz oder der Form und der Sphäre der Existenz oder der Materie. Alle Geschöpfe sind zwangsläufig und auf ewig von Gott abhängig. Doch die rationale Seele vermittelt zwischen Essenz und Existenz. Sie behauptet ihre eigene Existenz bewußt, etwa wenn sie sagt »ich bin«. So bestätigt der Mensch nicht nur die Existenz seiner Seele, sondern auch seines freien Willens und damit seiner Macht zu handeln und sich gemäß seiner ethischen Vorstellungen zu ändern, was die Art des Menschen ist, Gottes Wege zu interpretieren und in diese »wunderbare Ordnung des Seins« einzugreifen. Diese Betrachtungsweise war eine neuplatonische Synthese in Fortführung von Plotins Gedanken.

Aristoteles lehrte in *De Anima* (»Über die Seele«), daß

Denken zwei Seiten hat: die »passive Vernunft« aus der Natur der Dinge, die daher unentwickelt ist, und die »aktive« und damit überlegene Vernunft aus der Natur der Form. Im »arabischen Nachleben« des Aristoteles war für Avicenna und seinen Erben klar, daß die breite Masse die »passive Vernunft« verkörperte, während sie selbst, die Philosophen, die »aktive Vernunft« darstellten. Menschen von schwacher Vernunft bedürfen der Tröstungen des Glaubens – so sei es das oberste Ziel der Religion, argumentiert Avicenna, für das Glück der großen Mehrheit zu sorgen: Damit gesteht er der göttlichen Offenbarung eine moralische und politische Rolle zu. Aber da diejenigen, die mit einer aktiven Vernunft ausgestattet sind, größere Glückseligkeit erlangen können, müssen diese wenigen Begnadeten ein besonderes Leben führen, das dem Streben nach dem höchsten Wissen gewidmet ist. Damit verbunden ist die Vorstellung von einem großzügigen Gott, der Handlungsspielräume läßt und seinen Geschöpfen ein erhebliches Maß an Urteilsfähigkeit zutraut. Allein die Tatsache, daß Avicenna behauptete, aus der Offenbarung ließen sich verschiedene Schlußfolgerungen ziehen, war revolutionär – denn damit stellte Avicenna das Monopol der *qadis* (Richter) und der *ulema* (Religionsgelehrten) in Frage. Das Konzept des interpretierenden Verstands, des sogenannten *ijitihad*, eines der wichtigsten Instrumente der Aufklärung im Islam, dessen zentrale Bedeutung heute wieder verstärkt in die Diskussion rückt. Der Gott von Avicenna und Averroes ist dem *sapiens* gewiß mehr gewogen als dem *credens*.

Doch schon bald regte sich Widerspruch gegen die *falasifa*, etwa von muslimischen Gelehrten, die sich einem allwissenden und allmächtigen Gott verschrieben hatten. So widersprach der Mystiker Algazel (al-Ghazali, 1058–1111) in seiner *Inkohärenz der Philosophen* Avicenna vehement. Algazel vertrat den kompromißlosen Standpunkt, der tolerante Gott der Philosophen könne nicht der Gott des Islam sein. Sein Werk war ein Frontalangriff gegen die Philosophie an sich, die seiner Meinung nach im Widerspruch zu den grundlegenden Offenbarungen des Korans stand. Unter den Wahrheitssuchern schrieb Algazel den Mystikern einen höheren Rang zu als den *falasifa*. Um zu verstehen, wie weit die heutigen Fundamentalisten von der Tradition der islamischen Gedankenwelt entfernt sind, genügt schon der Hinweis, daß selbst Algazel heute vielen als Häretiker gilt.

In al-Andalus, das fast 800 Jahre lang Muslimen, Christen und Juden eine Heimat war, spitzte sich der Disput weiter zu. Avicennas Nachfolger, der große Averroes (Ibn Rushd, geboren 1126 in Córdoba), gestaltete dessen Ideen weiter aus; Ideen, die das vertrocknete christliche Denken neu beleben und einen kritischen Anspruch auf die Wahrheit erheben sollten. Averroes führte die Kritik an der Autorität sogar noch weiter, indem er postulierte, es sei das Vorrecht des Philosophen (und nicht des Juristen oder Theologen), die wahre innere Bedeutung des religiösen Glaubens festzulegen. Doch die inspirierende Geschichte darüber, wie ein muslimisch-andalusischer Gelehrter zum Lehrer der ersten antidogmatischen Schule im christlichen Europa wurde, wird im Kapitel »Die Partei des Glaubens gegen die Partei der Vernunft« erzählt.

Die Darstellungen europäischer Geschichte räumen den islamischen Errungenschaften selten mehr als den absolut notwendigen Platz ein und reduzieren sie auf die Leistung, der Islam hätte »unsere« Schätze gehütet und weitergetragen. Diese überhebliche Haltung übersieht die Tatsache, daß der Wilde in den Sümpfen Mittelenglands sowohl zeitlich als auch kulturell betrachtet viel weiter vom angeblichen Erbe der klassischen Antike entfernt war als der Händler im Souk von Bagdad, der im Grunde ein Nachbar von Hellas war. »Der Araber war fast ebenso sehr Erbe der griechisch-römischen Zivilisation wie der Byzantiner. Seine Lebensformen unterschieden sich von denen von Byzanz nicht wesentlich. Der Byzantiner fühlte sich in Kairo oder Bagdad weit heimischer, als er es in Paris oder Goslar oder gar in Rom getan hätte.«[8] Man darf sich die frühe islamische Kultur nicht als Kühlraum für verderbliche Waren vorstellen, die den barbarischen Analphabeten, die damals ihr Unwesen in Europa trieben, nicht anvertraut werden konnten. Viel besser paßt das Bild von einer Fabrik, in der es vor lauter technischen und kulturellen Errungenschaften nur so brummte. Unter den vielen »Fabriken« – Bagdad, Damaskus, Alexandria – waren vor allem die Städte in al-Andalus beeindruckend und entfalteten eine besonders dauerhafte Wirkung.

3 Die Wiege im Mittelmeerraum

Für ein Lied und einen Tanz

Ich mach ein Lied aus eitel nichts:
Nicht von mir selbst noch andern spricht's,
von Liebe nicht und Jugendlust
noch irgendwas;
ich dichtet's, als ich schlafend just
zu Pferde saß.
(Übersetzung von Franz Wellner)

Er war ein merkwürdiger Junge, ein Junge, der mit Feen aufgewachsen war, die in der Burg eingesperrt waren, sich mit ihren Liedern und Geschichten aber stets in das Paradies zurückversetzten, aus dem sie gekommen waren: das Paradies, das jenseits der Berge im Süden lag. Die Feen nahmen den Jungen auf ihren Reisen mit. Sie hatten ihn das Singen gelehrt und das Spielen von Saiteninstrumenten, die man in seinem Heimatland noch nie zuvor gesehen hatte. Er lernte, wie man wunderschöne Gedichte schreibt und sein Herz auf die Liebe vorbereitet. Als er zum Mann gereift war, hatte er wie viele seiner adligen Zeitgenossen das Kriegshandwerk erlernt. Aber er konnte mehr. Er konnte Verse schmieden, die die Schönheit, die Jahreszeiten und sein Liebesideal priesen, er konnte sich aber auch über die Eitelkeit des Verseschmieds lustig machen. Seine Sprache wechselte behende zwischen direkter Volkssprache und eleganter metrischer Struktur. Wilhelm IX., Herzog von Aquitanien und Graf von Poitou (1071–1127) wurde der erste Troubadour, der erste große Dichter des modernen Europa. Seine Gedichte werden heute noch rezitiert, an Universitäten behandelt und von Komponisten vertont und aufgeführt. Er verkörpert den ersten Ausbruch kreativer Energie in der europäischen Lyrik seit dem Verschwinden der lateinischen Dichtung. In dieser Funktion steht er in vielen akademischen Darstellungen isoliert, ein Original ohne Lehrer oder Vorgänger. Kaum jemand erinnert sich an seine Feen.

Genaugenommen geht die Tradition der Troubadoure, die als eigenständige Schule der höfischen Liebesdichtung im christlichen Europa beschrieben wird, auf ein militärisches Scharmützel zurück. Auf einen der vielen Feldzüge, die den Vater Wilhelms IX., Wilhelm VIII. von Aquitanien, in die Pyrenäen führten, ins Grenzgebiet zwischen den christlichen Königreichen im Südwesten Frankreichs und dem Norden Spaniens, dessen Städte geprägt waren von Eleganz und Kultur, seit die Araber die ehemals römische Provinz anfangs des 8. Jahrhunderts von den Westgoten übernommen hatten. Der südliche Teil, Vandalia, war zum Synonym für das barbarische Treiben früherer Siedler geworden, der Vandalen. Al-Andalus, wie das Gebiet in arabisierter Form schließlich genannt wurde, war während des gesamten Mittelalters Träger der europäischen Kultur. Muslime, Juden und Christen hatten Anteil an einem regen kulturellen Austausch religiöser, literarischer, musikalischer, wissenschaftlicher, gastronomischer und architektonischer Impulse, die auf die Modernität Europas bleibenden Einfluß haben sollten.

Nicht kenn ich meines Lebens Stern.
Nicht lach ich viel, noch wein ich gern,
tu nicht zu traulich, nicht zu groß;
so steht 's mir an,
so warf die Fee mir nachts das Los
auf hohem Plan.
(Übersetzung von Franz Wellner)

Wilhelms Vater eroberte und plünderte mehrere Grenzstädte, bevor er sich wieder auf den Heimweg machte. Seine Truppen nahmen viele Reichtümer mit, ihre kostbarste Beute war jedoch eine Karawane aus mehreren hundert *qiyan*. In einer Zeit, in der Ritter ihre Siege nach der Menge der Güter, Sklaven und eroberten Ländereien bemaßen, waren die *qiyan* ein Schatz ganz besonderer Art: Ausgewählt aufgrund ihrer Jugend und Schönheit, waren sie die Geishas von al-Andalus; perfekt ausgebildete Gesellschafterinnen der Elite, Sängerinnen, Tänzerinnen und Dichterinnen, gewandt in den Künsten und Gepflogenheiten der andalusischen Kultur, bewandert in den arabischen Ringliedern und Balladen, den *muwashshala*, und im jüdischen *zajal*. Den rauhen, kriegserprobten Rittern müssen sie wie Feen vorgekommen sein, und ihre Anwesenheit prägte das kulturelle Leben am aquitanischen Hof nachhaltig.

Wilhelm IX. wuchs mit den *qiyan* auf und lernte von ihnen andalusische Gedichte und Lieder. Nach seiner Hochzeit mit Philippa von Toulouse wuchs sein Gefolge an Gesellschafterinnen noch weiter. »Wenn man von singenden Mädchen im 11. Jahrhundert immer noch ›ein Repertoire von bis zu 4000 Liedern, jedes davon mit zwei oder vier Strophen‹ erwartete, kann man sich den Einfluß vorstellen, den mehrere Hundert dieser Mädchen auf die Gesellschaft des Languedoc ausübten. Die Fähigkeiten der Mädchen wurden auch an den Höfen Kastiliens, Aragons und Navarras sehr geschätzt.«[9] Bei seinen ersten Liedern hielt sich Wilhelm IX. eng an seine Vorbilder, und sein großes Thema, das das Sinnen und Trachten der Troubadoure bestimmen sollte, war das der Sufi-Poeten: die Liebe als Mittel zur Läuterung der Seele und als Feier der Vereinigung von Suchendem und Gesuchter, wiedergegeben in der Metapher einer reinen, unerwiderten Liebe.

Die ersten Jahrhunderte islamischer Kultur waren geprägt von einer erstaunlichen Kraft und Vielfalt in der Poesie. Die arabischen Dichter besangen Wein und Gott und das manchmal in einem Atemzug. Sie beschrieben den Weg in den Himmel in alltäglicher Sprache; sie provozierten die Autoritäten und sprachen aus, was zuvor verschwiegen worden war. Anders ausgedrückt: Sie waren die ersten Troubadoure. Berühmte Dichter wie Abu Nuwas und al-Mutanabbi befreiten die Verskunst mit Hilfe der Alltagssprache und einer schwindelerregenden Reimchoreographie von den klassischen Beschränkungen. Sie verliehen der traditionellen Kasside oder Ode eine freiere und persönlichere Stimme. Die Weinlieder aus der Generation von Abu Nuwas waren Vorbild für die *muwashshaha*, die die *qiyan* dem jungen Wilhelm und seinem Freundeskreis nahebrachten. 1022, ein halbes Jahrhundert vor der Geburt Wilhelms, schrieb der andalusische Wesir, Dichter und Philosoph Ibn Hazm (994–1064)

Das Halsband der Taube, ein Traktat, das einen poetischen Code für die Liebe entwickelt; eine Liebe, die eher galant als erotisch ist, ein Werk, das als frühes Meisterwerk der Troubadourlyrik gerühmt werden sollte. Zum ersten Mal verließ die romantische Liebe die hohen Mauern der Burgen und Zitadellen, mischte sich unter das gemeine Volk und ging in das Repertoire der Spielleute ein. Bei den Minnehöfen wurden mit Liedern und Gedichten spielerisch Gerichtsversammlungen nachgeahmt und ein Urteil gemäß den 31 Artikeln des Kodex höfischer Liebe gefällt, die Andreas Capellanus später in *De Arte Honeste Amandi* festhielt, ein Buch, das wiederum von Ibn Hazms *Halsband der Taube* beeinflußt wurde:

Wie manches Mal wird ein Geizhals in der Liebe freigebig, ein finsterer Geselle heiter und ein Feigling tapfer! Wie oft geschiehts dann, daß ein Grobian feinfühlig, ein Ungebildeter nach Bildung strebt … Und das alles aus Liebe![10]

Das Vermächtnis von Abu Nuwas, Ibn Hazm und der *qiyan* leistete einen entscheidenden Beitrag zur Entwicklung der Troubadour-Lyrik mit ihrer Betonung der keuschen höfischen Liebe, deren zartes Werben meist einer unerreichbaren Frau galt.

Ich sah sie noch nie und lieb sie doch sehr
weder wohl noch weh tat sie mir je bisher
was mir mehr trost ist als bittre beschwer
keinen hahn ist es mir wert
denn ich weiß eine andere die schön ist und hehr
und die mich begehrt.
(Übersetzung von Raoul Schrott)

Beim Liebesbegriff der arabischen Dichter, den die Troubadoure übernahmen, ist die Geliebte unabhängig und vollkommen, wohingegen der Liebende treu und unterwürfig sein soll. Seine Hingabe muß er heimlich pflegen und darf nur mit beiläufigen Bemerkungen, Rätseln und versteckten Hinweisen darauf anspielen. Eine solche Liebe kann den Liebenden erhöhen, aber auch vernichten, und der liebende Dichter muß diese gefährliche Gratwanderung wagen, muß »gefährlich leben«, um es mit Nietzsche auszudrücken.

Die Sufis in Bagdad und die Minnesänger der Wartburg kühlten ihre Leidenschaft im selben Brunnen. Die ästhetischen und spirituellen Parallelen sind so offensichtlich, daß die Frage »Wie konnte der Westen mit dem Osten verkehren?« jeglichen Sinn verliert. Hier läßt sich unmöglich sagen, wo der Orient endet und der Okzident beginnt.

Das lied hab ich gemacht weiß nicht über wen
statt mir wird ein bote nach Anjou nun gehen
und es der singen die es erst kann verstehn
und die es ehrt –
in ihrem etui wird sie nach dem schlüssel sehn
daß er es mich lehrt.
(Übersetzung von Raoul Schrott)

Doch wie die vier Strophen aus dem bekanntesten Gedicht Wilhelms IX., *Farai un vers de dreyt nien*, zeigen, gibt es noch einen weiteren bedeutenden Einfluß. Die surreale Verspieltheit, das Flinke und Flüchtige, das Drunter und Drüber sind im Osten bekannte Stilmittel bei der Suche nach Erleuchtung, die bereits in der Sanskrit-Dichtung und indischen Geschichtszyklen sowie in den Allegorien und Anekdoten des Sufismus zu finden sind. Irgendwann zu Beginn des neuen Jahrtausends muß in Europa das Narrenschiff angelegt und eine Ladung »Nonsens« gelöscht haben.

Die Wirkung Wilhelms IX. wurde noch verstärkt, als seine Enkelin zur mächtigsten Frau Europas und aktiven Förderin der Troubadoure aufstieg. Eleonore von Aquitanien war mit zwei Königen verheiratet, zuerst mit Ludwig VII. von Frankreich und dann mit Heinrich II. von England, mit dem sie acht Kinder hatte, darunter Richard Löwenherz. Sie verwandelte den Hof in Poitiers in ein Zentrum der Dichtkunst und ein Vorbild höfischer Empfindsamkeit.

Natürlich waren die Troubadoure, die sich in Poitiers versammelten, auch von der lateinischen Dichtung beeinflußt, etwa von Ovids *Ars Amatoria*, sowie von den einheimischen Überlieferungen wie beispielsweise den keltischen Märchen. Aber nomen est omen: Schon die Bezeichnung Troubadour stammt aus dem Arabischen. Einige Akademiker haben sich zwar bemüht, das Wort vom okzitanischen *trobar*, was finden bedeutet, abzuleiten, womit sie unabsichtlich eingestehen, daß die Troubadoure einen Schatz gefunden haben. Aber Autoritäten auf dem Gebiet wie der Mythenforscher Joseph Campbell in *Die Masken Gottes* und Idries Shah in *Die Sufis* führen den Begriff weitaus überzeugender auf die arabische Wurzel *TRB* zurück. Bis heute ist das Verb *TaRaB* – »singen, musizieren; von Freude oder Kummer bewegt sein; von Entzücken erfüllt« – ein Schlüsselbegriff in der arabischen Musik, und *-ador* ist einfach die katalanisch-provenzalische Endung des aktiv Handelnden (wie etwa auch beim Conquistador).

Damit kündet »*TaRaB*-ador« von den Zwillingskräften

Einfluß und Innovation, denn die frühen europäischen Minnesänger schoben in ihren Liedern die lateinische Sprache beiseite, die ihnen ihre Lehrer in der Klosterschule beigebracht hatten, und folgten dem Ruf der Feen auf die Straßen und Marktplätze, auf die Maultierpfade und Pilgerrouten, wo sie die Umgangssprache in sich aufnahmen. Die Troubadoure feierten das Provenzalische und Galizische, Mozarabische und die *Langue d'oc*, und trotzten so der schriftlichen Autorität des Lateinischen. Ungeachtet des kirchlichen Mißtrauens erkundeten sie neue Gebiete. *TaRaB* bedeutete im christlichen Europa die Geburt einer säkularen Vision der Kunst.

In einer Kultur, in der ein Mann in einer Sprache ein- und in der anderen Sprache ausatmen, für bestimmte Menschen zu Sonnenaufgang die eine Rolle und für andere zu Mittag eine ganz andere Rolle spielen, an sechs Tagen die Woche bei Gericht sitzen und am siebten Tag in Gottes Vertretung urteilen sowie sich in der Kunst mit der Feder ebenso wie in der Säbelfechterei vervollkommnen konnte, in einer solchen Kultur genügte ein Name allein nicht, um alle seine Ambitionen und Errungenschaften auszudrücken.

Im Arabischen, der Sprache, die seine Familie zu Hause sprach, hieß er Ishmail; im Hebräischen, der Sprache seiner Vorfahren, wurde er Shmuel (Samuel) genannt. Im Kreise seiner Glaubensbrüder trug er das Patronym ha-Levi ben Josef; in offiziellen Dokumenten wurde er als Ibn Nagrila bezeichnet. Als er bereits mit 34 Jahren Oberhaupt der jüdischen Gemeinde in seinem Stadtstaat wurde, erhielt er den Titel ha-Nagid, »der Prinz«. 993 als Sohn eines wohlhabenden Gewürzhändlers im damals noch umayyadischen Kalifat al-Qurtuba, dem heutigen Córdoba, geboren, verkörpert Samuel ha-Nagid eine der Erfolgsgeschichten von al-Andalus. Ursprünglich Kaufmann, arbeitete er schon bald als Schreiber und Sekretär für den Wesir von Granada und verfaßte so eloquente und elegant formulierte Briefe, daß der Emir schnell erkannte, was für ein Talent da in seiner Schreiberstube zugange war. Wenige Jahre später war Samuel zum Wesir aufgestiegen.

Heutzutage wird der Religionszugehörigkeit eine enorme Bedeutung beigemessen. Wir sind weit von der Offenheit in al-Andalus entfernt und können uns nur schwer vorstellen, daß dieser einfallsreiche und begabte Jude bis zu seinem Tod im Jahr 1056 der zweitmächtigste Mann in einem muslimischen Königreich blieb. Uns ist der Gedanke fremd, daß ein rabbinischer Gelehrter die Armeen des Emirs in die Schlacht führte (und dabei drei bemerkenswerte Triumphe feierte: 1038 über Almeria, 1039 über Sevilla und 1041 den dritten und bedeutendsten Sieg über den Cousin des Emirs und dessen rebellische Truppen). Als General verfaßte Samuel Dankesgebete für den Sieg seiner muslimischen Soldaten. Als Rabbi spendete er Geld für religiöse Einrichtungen und kam für den Unterhalt von Schreinen in Jerusalem auf. Und obwohl er Jude war, blieben das Arabische und die romanische Volkssprache als die Muttersprache, die alle Bevölkerungsgruppen von al-Andalus gemein hatten, seine wichtigsten Ausdrucksmittel. Der jüdische Wesir kannte Bibel und Talmud so gut wie den Koran und die islamische Jurisprudenz – zu seiner Zeit konnten Juden und Muslime sogar gemeinsam bei denselben Lehrern studieren – doch sicher bekümmerte es ihn, daß sich die Sprache seiner Vorfahren nicht weiterentwickelte. Der Gebrauch des Hebräischen war tausend Jahre lang auf die Synagoge beschränkt; es war keine Sprache, in der die andalusischen Juden diskutierten, handelten, einer Frau den Hof machten, liebten und ihren Gefühlen Ausdruck verliehen. Aber Samuel war ein Visionär. Umgeben von der Ästhetik der arabischen Poesie fühlte er sich veranlaßt, das Hebräische vor der Liturgie zu retten und es so auszustatten, daß es wieder für das Alltagsleben und die weltliche Dichtung geeignet war.

Natürlich diente ihm dabei das Arabische als Vorbild, er übernahm die metrische Struktur und freie Verwendung der Volkssprache. Als Dichter, um nicht zu sagen, als einer der bedeutendsten andalusischen Dichter, schrieb Samuel über Liebe und Freundschaft, Wein sowie die Schönheit von Landschaft und Jahreszeiten; er verfaßte Lobreden auf den Emir und verdichtete seine von der Epoche und ihren Eigentümlichkeiten geprägte Weisheit zu Aphorismen.

Seine wahrscheinlich größte Entdeckung machte Samuel, als er nach geeigneten Vorbildern für ein erneuertes, dem Alltag angepaßtes Hebräisch suchte. Etwas, was er sein ganzes Leben lang erahnt hatte, traf ihn nun mit der vollen Wucht der Erkenntnis: Alle kultivierten Andalusier, ob Muslime oder Juden, rezitierten bevorzugt präislamische arabische Liebesgedichte; Arabisch verfügte über eine solche Bandbreite im Ausdruck, daß es ein großes Spektrum an Themen, Tonfällen und Emotionen vermitteln konnte. Die muslimischen Gläubigen ließen sich dank ihrer Zuversicht, daß Gott sie auf den richtigen Pfad lenken würde, in ihrer Frömmigkeit nicht von weltlichen Belangen beirren. Wieso sollte die Architektur des Hebräischen nicht entsprechend erweitert werden, damit sie nicht mehr nur in der engen Zelle des Gebets verharrte? Warum konnte das Hebräische nicht von den Sinnen, von Wahrnehmungen und Gefühlen sprechen? Samuel beantwortete diese Fragen in Gedanken und Gedichten und erfüllte das Geistliche mit sinnlicher Unmittelbarkeit und das Weltliche mit Geist. Nun konnten Samuel und seine Nachfolger die Bibel mit neuen Augen betrachten, und mit einem Mal erschien ihnen das Hohelied Salomos (das prüde Leser heute noch verwirrt) als ein Lobgesang auf freie und leidenschaftliche Lust. Manchmal verleiht erst eine geborgte Stimme der eigentlichen Stimme die Freiheit.

Bei Samuels Neuerungen kam ein wichtiges Prinzip der literarischen Praxis zur Anwendung: Der fossile Treibstoff der Schriftsprache bedarf der erneuerbaren Energien des täglichen Gesprächs, mit seiner Sprunghaftigkeit in Ausdruck und Tonfall, seinem Appetit nach gesprochener Musik. Unabsichtlich übermittelte Samuel damit eine revolutionäre politische Idee, deren Wirkung weit über die jüdischen Gemeinden von Granada, Sevilla und Saragossa hinausreichte – nämlich daß sich die Vorstellungskraft nie zum Sklaven geheiligter Autorität machen darf, sondern stets die Vielfalt weltlicher Erfahrungen aufnehmen muß. Immerhin bedeutet *heresis*, die griechische Wurzel des Wortes »Häresie«, das Attribut, mit dem das christliche Europa viele verstörende intellektuelle Gaben stigmatisierte, »Auswahl«.

Für die höfische Welt im normannischen England, die Bücher nur vom Hörensagen kannte, war er ein Gelehrter ohnegleichen, der aus eigener Erfahrung und voller Begeisterung von Wunderdingen erzählte, von denen man im Norden noch nie gehört hatte. Er berichtete von Städten, in denen man nachts im Schein von Straßenlaternen gefahrlos durch die gepflasterten Gassen spazieren konnte, von Palästen für Kranke, von gebändigten Wäldern, wo die Blumen in Ornamenten blühten und das Wasser in Becken wie eine Kirchturmspitze nach oben schoß. Er erstaunte die Damen und Herren bei Hofe mit Astrolabien, kompliziert konstruierten Instrumenten, die genaue Messungen auf hoher See ermöglichten, und berechnete Kalender für sie. Wenn sie starke Schmerzen hatten, verschrieb er ihnen Alraunwurzeln. Und an langen Winterabenden unterhielt er sie mit phantasievollen Geschichten über Reisende und Zauberer, Ritter und Ungeheuer, und lehrte sie behutsam mit Hilfe von Parabeln Moral und ein zivilisiertes Benehmen.

Petrus Alfonsi war ein Jude, der zum christlichen Glauben konvertierte. 1066 in al-Andalus geboren, hatte er die für ein Mitglied der muslimisch-jüdischen Elite übliche Ausbildung erfahren. In seinem 44. Lebensjahr wurde er bei einer öffentlichen Zeremonie unter Vorsitz seines Taufpaten König Alfons I. von Aragon getauft. Offenbar entfremdete er sich danach von seiner Familie und Gemeinde. Er verließ seine spanische Heimat und zog in den Norden, zuerst in die Normandie und dann nach England. Dort erging es ihm wie dem Einäugigen unter lauter Blinden. Durch die Erziehung, die er in seiner Heimat genossen hatte, war er der Gesellschaft im normannischen England, die man in wissenschaftlicher und literarischer Hinsicht als primitiv bezeichnen muß, weit voraus. Petrus machte das beste aus der Situation. Er wurde Leibarzt von Heinrich I. und sein wichtigster Gelehrter bei Hof. Schon bald erlangte er durch Publikationen zu einer Vielzahl gelehrter Themen literarischen Ruhm. Seine Bücher wurden in England viel gelesen und im ganzen christlichen Europa übersetzt; sie waren quasi »Bestseller« der damaligen Zeit. Heute sind seine Werke größtenteils vergessen, nur jenes Buch ist in Erinnerung geblieben, das er 1115 fertigstellte und das als einziges nicht der Belehrung, sondern der Unterhaltung diente. Die *Disciplina Clericalis* (»Unterweisung für Kleriker«) ist eine Sammlung von 34 Geschichten, die er aus dem Arabischen ins Lateinische übersetzt hatte: eine kleine, repräsentative Auswahl aus der Erzähltradition von al-Andalus, immerhin so beeindruckend, daß sie Generationen von Lesern und Zuhörern im christlichen Europa begeisterte. Denn die *Disciplina* ist die erste Sammlung von Erzählungen in der lateinischen Literatur des Mittelalters.

Die Geschichten stammten aus einem unerschöpflichen Reservoir von Fabeln, Parabeln, Allegorien und Abenteuern. Die berühmtesten darunter sind sicher die *Alf laila wa Laila*, die »Geschichten aus Tausendundeiner Nacht«. Doch auch diese haben Vorläufer: die sanskritische *Vetala-pancavimsati*, die »Fünfundzwanzig Geschichten vom Vampir«. Oder die *Kathasarit-sogar*, der »Ozean der Flüsse von Geschichten«, die ursprünglich in der Paishachi-Sprache Kaschmirs verfaßt worden waren. Und natürlich das *Panchatantra*, das in verschiedenen Formen in den Westen gelangt war und etwa im Persischen und Arabischen als *Dastan Kalilah wa Dimnah* auftrat. Diese im 8. Jahrhundert in Bagdad angefertigte Übersetzung wurde dann ins Syrische, Griechische, Hebräische und Lateinische übertragen und ging – dank der Bemühungen von Petrus und späteren Autoren – schließlich auch in walisische und französische Geschichtensammlungen ein. La Fontaine würdigte die Anthologie ausdrücklich in seiner Einleitung zum zweiten Band der *Fables* (1678).

Petrus' Erzählungen strotzten geradezu von Lügengeschichten und Kuriositäten, gewagten Übertreibungen und clever genutzten Widersprüchen. Sie spielen in Palästen, Hütten und auf dem Feld, handelten von gewöhnlichen Sterblichen oder von Alchemisten und Zauberern aus fernen, unbekannten Welten. Aber wie sollte Petrus diese Geschichten verknüpfen? Die Lösung lag auf der Hand. Er war mit der Tradition der Rahmenhandlung aufgewachsen, bei der eine Geschichte in die andere eingebettet ist, ein Elfenbeinkästchen, das immer noch ein weiteres, kleineres und exquisiteres Kästchen freigibt. Denn der erfahrene Geschichtenerzähler auf dem »orientalischen Basar« war alles andere als der naive Märchenonkel, als der er oft dargestellt wird, sondern ein Meister der Spannung und Psychologie.

All die erwähnten Geschichtensammlungen funktionieren nach diesem Prinzip. Und so band auch Petrus Alfonsi seine Geschichten in ein Gespräch zwischen Vater und Sohn ein. Ähnlich werden die Geschichten im *Panchatantra* eingeführt. Ein Weiser namens Vishnu Sharman wird gebeten, fünf Prinzen zu raten, wie sie in dieser tückischen Welt überleben können. Der Weise erzählt ihnen von zwei Schakalen, die sich in einem Wald treffen, zwei sympathischen Gaunern, die sich gegenseitig mit Lügengeschichten hochschaukeln. Genauso ordneten die ersten westeuropäischen Verfasser ihr imaginäres Material: Boccaccios *Decameron* und Chaucers *Canterbury Tales*, die beiden einflußreichsten Prosawerke der Renaissance, Quellflüsse eines weiten literarischen Meeres. Etwas Vergleichbares hatte es zuvor in der lateinischen Literatur nicht gegeben. »Schon sehr lange Zeit waren christliche Texte beinahe alles an lateinischer Literatur, was man gelesen oder studiert hatte … Das Arabische hingegen brachte Schätze mit, die mit Religion nur wenig zu tun hatten …«[11] Die wichtigsten Aspekte der beiden Werke sind dem literarisch Bewanderten bekannt: die Geschichte in einer Geschichte in einer Geschichte, ein Trick, der an die russischen Matrioschkas erinnert; die Idee eines Erzählwettbewerbs, entweder um sich die Zeit zu vertreiben wie bei Chaucer oder um eine tödliche Bedrohung zu überleben wie bei Boccaccio. Die Pilger auf dem Weg nach Canterbury und die florentinische *Jeunesse dorée* sind als Erzähler direkte Nachfahren von Vishnu Sharman und Scheherazade.

Doch die Ähnlichkeiten enden nicht mit der Erzählstruktur. Die Geschichten selbst sind Nacherzählungen eines narrativen Fundus, der bis zurück ins alte Indien reicht. Boccaccio ist wie ein DJ, der alte Hits neu abmischt: Die zweite Geschichte des zweiten Tages, in der Rinaldo seinen Besitz verliert und wiedererlangt, stammt aus dem *Panchatantra*, ebenso die zweite Geschichte am dritten Tag, in der der taktvolle König Agilulf versucht, es mit dem Stallburschen aufzunehmen, der seine Königin verführt hat, eine charmante Erzählung, die selbst heute noch in ganz Indien beliebt ist. In der fünften Geschichte des dritten Tages hat sich Zima in eine verheiratete Frau verliebt und bietet deren Mann sein schönstes Pferd an, wenn er dafür mit ihr sprechen darf. Der gerissene Edelmann geht auf den Handel ein, verbietet aber seiner Frau, Zima eine Antwort zu geben. Sie gehorcht, obwohl die Schönheit von Zimas Liebeserklärung sie ebenso für ihn einnimmt wie seine Klugheit. Denn als sie schweigt, antwortet er an ihrer Stelle und schafft es so, ein zweites Rendezvous mit ihr zu vereinbaren. Diese Geschichte stammt aus dem *Hitopadesha* (Sanskrit: »Anweisung für das Wohlbefinden«), einer ähnlichen Sammlung wie das *Panchatantra*, die ins Arabische und Persische übersetzt wurde. Von dort ging sie in eine Sammlung mit dem Titel *Die Geschichten von Sindbad dem Seefahrer* ein, die zur Zeit von Boccaccio in einer lateinischen Version sehr verbreitet war. Die neunte Geschichte des dritten Tages, die von der komplizierten Liebe zwischen Gillette und Bertrand handelt, basiert auf einem der bedeutendsten Schauspiele in Sanskrit, Kalidasas *Shakuntala* (das übrigens von Goethe sehr bewundert wurde), damals in einer französischen Version aus dem 11. Jahrhundert in Umlauf. Am vierten Tag durchbricht Boccaccio das Muster und verteidigt sein Werk mit einer eigenen Geschichte über den Einsiedler Filipo Balducci und dessen Sohn. Der Sohn verläßt im Alter von 18 Jahren die Einsiedelei und geht in die Stadt, wo er auf eine faszinierende Frau trifft. Die Geschichte basiert auf einer Legende, eingebettet in das große indische Epos *Ramayana*. Dort heißt der Sohn Rishyashringa, was »der junge Wilde mit dem einzelnen Horn« bedeutet. Nebenbei bemerkt ist das auch der Ursprung des Topos von der Jungfrau mit dem Einhorn, die in der christlichen Überlieferung und Ikonographie wohl bekannt ist; außerdem ging sie in das Werk des arabisch-andalusischen Philosophen und Autors Ibn Tufail ein, in *Hayy Ibn Yaqzan* (»Der Lebendige, Sohn des Wachenden«), dessen Protagonist von einer Gazelle aufgezogen wird und auf einer einsamen Insel aufwächst.

Die erste Geschichte des fünften Tages führt uns zurück zur buddhistischen Überlieferung. Die beiden jungen Zyprioten, die bei Boccaccio gegen alle Widrigkeiten ihre Bräute für sich gewinnen, tauchen in *Barlaam und Josaphat* auf, einer griechischen christianisierten Version vom Leben Buddhas und den Erzählungen über seine früheren Leben aus dem 6. Jahrhundert. Der Übersetzer war kein Geringerer als Johannes von Damaskus, eine bedeutende Gestalt im umayyadischen Christentum und orthodoxer Kirchenvater. Die Geschichten fanden so weite Verbreitung und waren so beliebt – es gab sie auch in einer arabischen Version als *Bilawar und Buddhasaf* –, daß Josaphat (eine gut belegte Verballhornung von Bodhisattva) »im 14. Jahrhundert kanonisiert und als Heiliger in der katholischen Kirche verehrt wurde«, ebenso Barlaam.[12] Es ist ein tröstlicher Gedanke, daß ein Christ, der am 27. November, dem St.-Josaphat-Tag, zu dem Heiligen betet, auch gleichzeitig die Gnade Buddhas erbittet.

Mehrere Dutzend von Boccaccios 101 Geschichten lassen sich so zu östlichen Vorläufern zurückverfolgen. Das Mittelalter war eine sehr fruchtbare Umschlagzeit für Mythen und Märchen. Auch jüdische Autoren beteiligten sich an der Verbreitung orientalischer Geschichten im Westen. Arabische Sammlungen wurden ins Hebräische und weiter ins Lateinische übersetzt. So durchlief etwa das *Panchatantra* im neuen Gewand der *Fabeln von Bidpai* eine arabische Version aus dem 8. Jahrhundert und eine Übertragung ins Hebräische, bevor daraus im 12. Jahrhundert Johannes von Capuas *Directorium humane vitae* (»Anleitung für das menschliche Leben«) wurde, eine besonders gerühmte Anthologie moralischer Geschichten.

Durch den exotischen Inhalt und die neue Erzählweise revolutionierten Boccaccio und Chaucer die Literatur im christlichen Europa. Petrus' kleine Geschichten wurden immer wieder erzählt, verändert und ausgeschmückt. Caxtons Version von Aesops Fabeln enthielt viele Geschichten von Alfonsi, ebenso die *Gesta Romanorum*, die ganze Generationen europäischer Autoren inspirierten und sogar Handlungselemente für die Dramen Shakespeares und Marlowes lieferten. Am Ende bekehrte der Konvertierte diejenigen, die ihn bekehrt hatten, zu der Kultur, die er bewußt zurückgelassen hatte.

Leider war Alfonsis *Unterweisung für Kleriker* nicht sein einziges Werk, mit der er der Zukunft seinen Stempel aufdrückte. Seine Schmähschrift *Dialog gegen die Juden* war noch lange nach seinem Tod im Umlauf. Der Titel ist irreführend, denn es handelt sich nicht um einen Dialog, sondern eine Polemik gegen das Judentum und den Islam. So genau das Werk auch bei der Darstellung der Glaubensgrundsätze beider Religionen ist, so erbittert geht es mit ihnen ins Gericht: Später diente es der antijüdischen und antimuslimischen Propaganda als wichtige Quelle und hatte um so mehr Autorität, da es von einem Juden verfaßt worden war, der zum Christentum konvertiert war, also das Licht der wahren Kirche erblickt und so den Fehler seiner Geburt wiedergutgemacht hatte. In der ambivalenten Gestalt des Petrus Alfonsi sind zwei Stränge miteinander verwoben, die Europa noch maßgeblich formen sollten: der wunderbare Reichtum der säkularen Erzählung auf der einen Seite und das dämonische Vermächtnis des Antisemitismus und Antiislamismus auf der anderen.

Dante zwischen Himmel und Hölle

Wenn die europäische Literatur eine Stadt wäre, dann wäre Dantes *Divina Commedia* die Kathedrale. Beim Eintreten blicken wir bewundernd auf die christlichen Fresken an Wänden und Decke. Die Kandelaber und Lüster, die Medaillons und alle anderen Verzierungen versetzen uns zurück in die römische Vergangenheit. Von den Porträts in den Nischen beobachtet uns eine Versammlung von Zeitgenossen und Vorfahren. Der Dom der *Divina Commedia* ist atemberaubend hoch, und die Struktur mit ihren drei Flügeln beeindruckend. Ein zeitloses Monument zum geistlichen Ruhm des Christentums, verkündet unser belesener Führer, eine Geschichte darüber, wie die Seele Heilung und Läuterung durch die Reise in die Hölle und den Himmel erfährt. Eine Erzählung, historisch genau und doch allegorisch, vorgetragen von einer Stimme, die zum ersten Mal erklingt, die Stimme des Humanismus, eine Stimme, die die Sprache des Alltags verwendet. Wir stehen am Ende des Mittelalters und am Beginn der Renaissance.

Aber nachdem wir alles hinreichend bewundert haben und angemessen inspiriert und bewegt sind, stehen wir auf der Piazza und betrachten noch einmal die Umrisse des Gebäudes. Plötzlich überkommt uns ein Gefühl des Déjà-vu. Der Bericht über eine Odyssee durch die Hölle, das Fegefeuer und das Paradies, war, so ungewohnt er innerhalb des christlichen Mythos wirkte, zu der Zeit, als er ins Italienische gelangte, keineswegs neu …

Ein Mann mit besonderen Gaben wird eines Nachts von einem Engel geweckt und in den Himmel emporgetragen. Der Mann reitet auf einem geflügelten Pferd und steigt neun Kreise hinauf, eine lange Reise, die von verschiedenen Wegstationen unterbrochen wird. In einer Anderswelt von verwirrender Fremdheit begegnet er Propheten und bedeutenden Männern. Über dem neunten Kreis findet er sich schließlich in der Gegenwart Gottes wieder. Aber das ist nur ein Teil der Reise. Nach der Begegnung mit dem furchtbaren Engel des Abgrunds wird der Reisende den Kreisen der Verdammten ausgesetzt, den Sünden, die solche Bestrafungen nach sich ziehen, und den Qualen, zu denen sie verdammt sind. Dieses entsetzliche Inferno trudelt davon in die Tiefen ewiger Verdammnis.

Der Mann ist der Prophet Mohammed, und diese Geschichte wurde in der muslimischen Welt seit dem 8. Jahrhundert immer wieder als eindrucksvolle apokryphe Schilderung erzählt. *Al-Mir'aj*, (»Aufstieg, Himmelsreise« des Propheten), wie die Erzählung heißt, ist in vielen Variationen bekannt, manche mit Details überladen, andere romanisch nüchtern, die immer wieder die Phantasie osmanischer und safawidischer Maler angeregt haben (interessanterweise stellen die meisten noch vorhandenen Abbildungen den Propheten bei der *Mir'aj* dar). Als die Vision mit den vielen Himmeln und Höllen den Mittelmeerraum erreichte, war sie bereits ein üppiger

Teppich, in dem zahlreiche Einflüsse miteinander verwoben waren. Der eigentliche Ursprung liegt wahrscheinlich in den *Mandalas* des Hinduismus und später Buddhismus mit ihren bunten Darstellungen von Himmel und Hölle, die durch die von den Barmakiden in Bagdad geförderten Übersetzungen in die islamische Kultur gelangten. Die Volkserzählung inspirierte die bedeutenden Sufimystiker Ibn al-Arabi und al-Ma'ari zu ihren Visionen. Ibn al-Arabi (1165–1240), der aus dem südspanischen Murcia stammte, erkundete in den zwölf Bänden seines Hauptwerks *Die mekkanischen Offenbarungen* einen revolutionären Weg zum Göttlichen. »Die infernalischen Regionen, der astronomische Himmel, die Kreise der mystischen Rose, die Chöre der Engel um das Zentrum göttlichen Lichts, die drei Kreise, die die Dreifaltigkeit symbolisieren – sie alle werden von Dante genauso beschrieben, wie Ibn al-Arabi sie beschrieb«, erläutert R. A. Nicholson. »Dem sei noch hinzugefügt, daß Ibn al-Arabi ebenfalls eine Beatrice hatte – Nizzam, die schöne und vollkommene Tochter von Makinu'ddin … Kurz gesagt, die weitreichenden Parallelen lassen nur eine Schlußfolgerung zu: Die religiösen Legenden der Muslime müssen in den Allgemeinbestand der literarischen Kultur eingegangen sein, der den hellsten Köpfen im Europa des 13. Jahrhunderts zugänglich war.«[13]

Die Ähnlichkeiten sind damit noch nicht erschöpft. Wir finden zahlreiche weitere, wenn wir die Architektur von Himmel und Hölle in der *Mir'aj* mit jener in der *Commedia* vergleichen, die Dante 1308 begann und kurz vor seinem Tod 1321 fertigstellte. Beide Texte beschwören Bilder des Lichts herauf, Kreissymbole und das Wechselspiel von Blindheit und Offenbarung. Der Prophet spürt, wie sich sein

Augenlicht verdunkelt, und fürchtet, daß ihn das Licht, das ihn bei jedem neuen Abschnitt seines himmlischen Aufstiegs überwältigt, blenden wird. Doch dann erkennt er genau wie Dante in der *Commedia*, daß seine Augen auf diesen außergewöhnlichen Anblick vorbereitet wurden. Gabriel nimmt ihn als Führer, Tröster und Fürsprecher vor Gott an der Hand und bietet ihm theologische Erklärungen, so wie Vergil bei Dante. Der Prophet erfreut sich an den Chören und himmlischen Harmonien, die ihn empfangen, und staunt wie Dante über die Engel, die in aufsteigenden konzentrischen Kreisen den Thron Gottes umgeben. Entsetzen befällt ihn bei der Begegnung mit dem Engel des Abgrunds und beim Anblick der ewigen Verdammnis, die sich ihm beim Abstieg in die Hölle offenbart. Wie später auch Dante erklärt sich der Prophet außerstande, seine Erfahrung zu beschreiben, und bezeichnet sie als »unaussprechliche Anspannung der Seele«, die nur durch eine traumähnliche Allegorie vermittelbar sei. Besonders bei den Höllenstrafen sind die Ähnlichkeiten offensichtlich: der mächtige Feuerorkan, durch den die Ehebrecher getrieben werden, der Feuerregen auf die Sodomiten, der sie zwingt, im Kreis zu gehen, das Leiden der Wahrsager, deren Köpfe nach hinten verdreht wurden, die Schismatiker, die erdolcht werden, ohne je zu sterben, die Vision von Luzifer, der genau wie der islamische Iblis in Eis gefangen ist, die Säuberung der beiden Flüsse des irdischen Paradieses und so weiter und so fort. »Wenn man diese Analogien im Aufbau, Topographie und Szenerie zusammenfaßt, so wird es klar, daß eine einzige religiöse Literatur, die islamische, in einem ihrer Themen, dem von den letzten Dingen, dem Forscher reichlichere Ernten von Ideen, Bildern und Symbolen und

Beschreibungen, die denen Dantes merkwürdig gleichen, in die Hand gibt, als alle religiösen Literaturen zusammengenommen, die bis jetzt von den Danteforschern zur Erklärung der Entstehung der *Divina Commedia* zu Rate gezogen worden sind.«[14]

Aber wie kam Dante auf die islamische Legende? Eine Version der *Mir'aj* war als Anhang zur *Historia Arabum* (1256) erschienen, der ersten Geschichte der arabischen Welt auf Latein, verfaßt vom Erzbischof von Toledo, Rodrigo Jiménez de Rada – fünf Jahre vor Dantes Geburt und vier Jahre, bevor Dantes Lehrer und anerkannter Meister Brunetto Latini (1220–1294) als Gesandter der florentinischen Republik an den Hof Alfons X. von Kastilien und León, bekannt als »der Weise«, nach Toledo kam. Wir können uns gut den Eindruck vorstellen, den die spanisch-arabische Stadt auf Latini machte – schließlich galt Toledo damals als Zentrum der Gelehrsamkeit, wo es ganz normal war, antik-griechische, christliche und muslimische Elemente der Literatur, Wissenschaft oder Philosophie miteinander zu verknüpfen. Latini war nicht nur Notar und Diplomat, sondern auch ein Autor, der eines der ersten volkssprachlichen Rhetorikhandbücher schrieb, und für Dantes Generation der politisch aktiven, wißbegierigen und geistig regen Florentiner ein wichtiger Mentor. 1264 übertrug die Übersetzerschule von Toledo eine Version der *Mir'aj* ins Lateinische. Diese Arbeit, die eine Synthese des islamischen Mystizismus und des Neuplatonismus beinhaltet, erschien bald auf französisch und als *Libro della Scala*, »Das Buch der Leiter«, auf italienisch und fand so seinen Weg in die Bibliotheken der kultivierten italienischen Gelehrten.

Tatsächlich war der islamische Einfluß so stark, daß der Beweis, Dante habe die *Mir'aj* nicht gekannt, weitaus schwieriger zu erbringen wäre. Alle Dante-Forscher heben seine universale Neugierde hervor, eine der wesentlichen Eigenschaften des Renaissancemenschen.

Doch Dante räumt an keiner Stelle ein, daß es Vorläufer der *Commedia* gab. Sein Schweigen zeuge, wie ein italienischer Autor scharfblickend schreibt, von literarischen und religiösen Befürchtungen: »Man sieht, daß Dante seine problematischen Vorläufer schweigend übergeht: Giacomino da Verona, der, obwohl ein mittelmäßiger Dichter, doch die Idee hatte, das christliche Jenseits zu beschreiben, und daher einen Schatten auf Dantes Ruhm warf; die arabischen Dichter, die er durch Brunetto Latini kennengelernt hatte – ein profundes Wissen, das er aus verschiedenen Gründen sorgfältig verschleierte (christliche Dichtung inspiriert von den Paradiesvisionen muslimischer Dichter!). Platon hatte in *Phaedrus* gesagt, daß der Anblick und die Beschreibung des Himmlischen die Kräfte des Menschen übersteige. Diese Erklärung trifft jedoch nicht auf Dante zu, dem dies als einzigem erfolgreich gelang. Und aus diesem Grund begegnet er im Paradies keinem anderen Dichter, egal ob zeitgenössisch oder klassisch. Er steht allein, der ›unbesiegte Günstling des Kaisers‹.«[15]

Offenbar hatte Dante das Gefühl, er wäre nicht mehr der Urheber, wenn er sich vor seinen Vorbildern verneigt hätte, sondern nur noch ein wenn auch genialer Bearbeiter. Diese Einstellung hält sich in Europa bis heute, man ist förmlich besessen von der originären Herkunft, als ob äußere Einflüsse die eigene Identität beschmutzen und herabsetzen würden.

Dabei ist genau das Gegenteil der Fall. Die Leistung eines literarischen Genies wie Dante besteht darin, daß er aufnahmefähig für bereits vorhandene Ideen war und die Energie und Vision hatte, im Geiste des Zusammenflusses ein individuelles Meisterwerk zu schaffen. Leider wurde es unter Theologen, Literaten und Wissenschaftlern bald üblich, muslimische Vorläufer zu leugnen.

Übersetzung ist kein Verrat

Mysteriös sind die Wege der Manuskripte. Nehmen wir beispielsweise eine griechische Abhandlung, die in Milet auf Pergament geschrieben und dann in einem Metallzylinder nach Alexandria gebracht wird, wo sie ein paar Jahrhunderte bleibt, bevor sie auf die Bitte eines reisenden Gelehrten hin der Schule von Edessa geschenkt wird. Nachdem sie dort vielen forschenden Augen als Studienobjekt gedient hat, kommt sie in die Bibliothek des abbasidischen Kalifen nach Bagdad. Dort wird sie von einer Gruppe syrisch-christlicher Gelehrter unter vielen griechischen Manuskripten für die Übertragung ins Arabische ausgewählt. Das Manuskript erhält eine neue Form, steht nun in arabischen Buchstaben mit schönen Ornamenten auf Papyrus. Nach dem Verkauf an eine gebildete Bagdader Familie wird es eines Tages in eine Elfenbeinschatulle gesteckt und vom Sohn des Hauses auf eine Geschäftsreise mitgenommen. Übers Meer gelangt das Dokument nach Córdoba ans westliche Ende der islamischen Welt und wird dort dem Wesir als Geschenk überreicht. Aus dessen privater Sammlung geht es mehrere Generationen später in den Besitz eines andalusischen Juden über. Dieser übersetzt es ins Hebräische, ein Vorgang, der wiederum einen Zeitgenossen, einen weitgereisten Christen, der ursprünglich aus dem Frankenreich stammt, dazu anregt, die Handschrift in Toledo ins Lateinische zu übertragen, auf einem hochwertigeren Material, das erst kürzlich aus Palermo importiert wurde – Papier. In dieser Form wird das Manuskript an das Benediktinerkloster von Cluny verkauft, dessen kluger Abt eifrig arabische Literatur sammelt. Dort wird es kopiert und auf die in ganz Europa aus dem Boden schießenden Bibliotheken verteilt. Eine davon befindet sich in Venedig. Und als eine neue Technik, der Buchdruck, in der Stadt des heiligen Markus großen Aufschwung nimmt, wird der Text in Blei gesetzt und vervielfältigt, so daß heute Kopien davon in der Bibliothèque Nationale in Paris, der Bayerischen Staatsbibliothek in München und in verschiedenen anderen Bibliotheken vorhanden sind, gelagert in den Abteilungen für seltene Bücher und Drucke, die klimatisiert sind, als ob das kostbare Dokument nicht mit Zähigkeit und Stil Jahrhunderte überdauert hätte.

Wissen ist auf eine kritische Masse verfügbarer Texte angewiesen. Wir sind so an die Unerschöpflichkeit des Buchmarkts und die Informationsfülle im Internet gewöhnt, daß wir uns nur mit Mühe vorstellen können, welche ungeheure Anziehungskraft und Faszination die Bibliotheken und Universitäten in al-Andalus auf die Christen ausübten. Die Bibliothek des Kalifen von Córdoba etwa, eine der 70 großen Bibliotheken in al-Andalus, rühmte sich, 400 000 Bücher zu besitzen. Zum Vergleich: Das Kloster Sankt Gallen in der Schweiz, das eine der bedeutenden Bibliotheken im christlichen Europa sein eigen nannte, beherbergte gerade einmal 600 Manuskripte.[16] Wie sollten die Mönche mit einem so mageren Bücherbestand eine Renaissance in Gang setzen? Da überrascht es nicht, daß vor allem Córdoba, wie ein Historiker mit dem Spezialgebiet Geschichte der Naturwissenschaften schreibt, eine »unwiderstehliche Anziehungskraft ausübte und viele junge Europäer aus gutem Hause anlockte, deren Familien sie für ›den letzten Schliff‹ in die legendäre spanische Metropole schickten«,[17] ähnlich wie sich Studenten aus der ganzen Welt heute an den amerikanischen Ivy-League-Universitäten bewerben. »In den meisten Künsten und Wissenschaften war das mittelalterliche Europa ein Schüler der islamischen Welt und auf die arabischen Übersetzungen vieler sonst unbekannter griechischer Werke angewiesen.«[18]

Toledo im Herzen von La Mancha, einst die Zitadelle der barbarischen Westgoten, wurde zum Bagdad des Westens: Dort befand sich Europas erste moderne Übersetzerschule – die *Escuela de Traductores* – gegründet von Raimund von Toledo (Raimundo de Sauvêtat), der in der ersten Hälfte des 12. Jahrhunderts Erzbischof der Stadt war. Hier wurden Abhandlungen, Gutachten, Anthologien und Handbücher übersetzt und wie an einer Wertpapierbörse munter unter den Sprachen gehandelt: Schätze, die im Arabischen bewahrt worden waren, fanden nun unter christlichen Gelehrten Verbreitung. Christliche Mönche, Gelehrte und Dichter überquerten die Pyrenäen oder kamen von Italien übers Meer, um an diesem intellektuellen Fest teilzunehmen.

Für die Übersetzungsarbeit konnten Gelehrte aus ganz Europa gewonnen werden, an erster Stelle Gerhard von Cremona, Michael Scotus, Robert von Ketton und Hermann »Alemannus« von Carinthia. Tausende Manuskripte wurden übersetzt: Die Texte flossen aus dem Griechischen, Arabischen, Hebräischen und Lateinischen in verschiedene Richtungen ins Quellgebiet der gerade entstehenden Sprachen wie Kastilisch, Okzitanisch, Französisch und Italienisch. Dabei entwickelte man einen besonderen Prozeß: die *traduction-à-deux*, die kollaborative Übersetzung: Ein Jude (manchmal auch ein Muslim) übersetzte den arabischen Text mündlich ins Romanische oder Kastilische, und diese gesprochene Version übertrug dann ein Christ ins geschriebene Latein.

Die jüdischen Interpreten und lateinischen Schreiber bildeten eine Brücke zwischen den Sprachen und übersetzten die griechischen Originale und die arabischen Kommentare ebenso wie die Originalwerke der arabischen Meister. Ein besonders fleißiger Übersetzer in Toledo, der bereits erwähnte Gerhard von Cremona (ca. 1114–1187) übertrug 90 Werke ins Lateinische, darunter die bedeutenden Schriften von Aristoteles, Euklid, Ptolemäus, Galen, den Neuplatonikern Plotin und Proklos sowie von al-Kindi, Alpharabius, Avicenna und Averroes. Drei Übersetzungen Gerhards sollten die Theorie und Praxis der Medizin im christlichen Europa verändern: Avicennas *Qanum fi al-tibb* oder *Kanon der Medizin* (eine umfassende Sammlung des griechischen, indischen, arabischen und chinesischen Medizinwissens), Abulcasis' *At-Tashreef* oder *Die Methode* (eine im gut verständlichen Stil verfaßte Sammlung von Fallstudien und klinischen Beobachtungen, die unter anderem die erste bekannte Beschreibung der Bluterkrankheit enthält) und Galens Werk (die verlorenen Schriften des griechischen Arztes waren nur in der arabischen Übersetzung von Hunayn ibn Ishaqs aus dem 9. Jahrhundert bekannt). Diese drei Texte dienten in den kommenden fünf Jahrhunderten als Grundlage für die medizinische Ausbildung im christlichen Europa. Von 1500 bis 1550 wurden allein in Italien über 30 Auflagen von Avicennas *Kanon* gedruckt. Europa profitierte von der angewandten Wissenschaft der arabischen Gelehrten: »Trotz der Bedeutung, die Muslime der Vorbereitung auf das Jenseits beimaßen, konzentrierte sich das wissenschaftliche Bestreben auf die Erlangung von Kenntnissen, die dazu verwendet werden konnten, das Leben auf Erden besser und effizienter zu machen.«[19]

Ab 1143 konnten die europäischen Christen endlich den Koran studieren. Auf Drängen von Petrus Venerabilis, dem Abt von Cluny, erstellte Robert von Ketton die erste lateinische Übersetzung des heiligen Buches des Islam. Auch wenn die hastig erfolgte Übersetzung zahlreiche Fehler aufweist und den Koran-Text mit Aussprüchen des Propheten, einer Darstellung seines Lebens sowie Biographien der ersten vier Kalifen zusammenstellt, war sie ein erster wichtiger Schritt. Petrus Venerabilis war ein Verfechter des interreligiösen Dialogs, allerdings verbarg er seine offene Haltung hinter dem Bestreben, den Islam zu widerlegen und das Christentum zu verteidigen. Doch obwohl Petrus Polemiken gegen das Judentum und den Islam veröffentlichte, betrachtete er Juden und Muslime als »Völker des Buches« im Sinne des Propheten Mohammed und damit empfänglich für die Gnade Gottes. In seiner Epoche galt es als diplomatisch, das eigene positive Interesse am anderen negativ zu formulieren, um eine Bestrafung durch die eigenen Glaubensbrüder zu vermeiden.

Petrus, kein Befürworter der Kreuzzüge, argumentierte, die Muslime könne man besser bekehren »nicht wie es unsere Leute oft tun, mit dem Schwert, nicht durch Zwang, sondern durch die Vernunft, nicht durch Haß, sondern durch Liebe«.[20] Sein klösterlicher Rivale, der fanatische Bernhard von Clairvaux, hatte ein wachsames Auge auf Petrus und wartete nur auf einen weiteren islamophilen Ausrutscher. Übersetzung war, wie Petrus seine Zeitgenossen zu überzeugen versuchte, kein Verrat, sondern das Tor zu gegenseitigem Verständnis und einem möglichen universalen Frieden.

Einer der bemerkenswertesten Einwohner der an Bemerkenswertem ohnehin nicht armen Stadt war Rodrigo Jimenez de Rada, der 1209 Erzbischof von Toledo wurde und diese Stellung bis zu seinem Tod 1247 beibehielt. De Rada, der selbst fließend arabisch sprach, war ein begeisterter Förderer der »Übersetzerschule« der Stadt und erstellte die erste lateinische Geschichte des Islam, die *Historia Arabum*, die uns bereits in Zusammenhang mit der Schilderung der *Mir'aj* und Dantes *Commedia* begegnet ist. Als einer der ersten christlichen Gelehrten behandelte de Rada den Islam als eine Kultur, die erforscht und verstanden und nicht als verdammenswerte Ketzerei oder rivalisierende Religion besiegt werden mußte. Und so beauftragte de Rada den Kanoniker Mark mit der Übersetzung des Korans. Wortgetreu und präzise war Marks Koranübersetzung Kettons hastigem Versuch mit seinen boshaften Randbemerkungen überlegen.

Von großer Hilfe war der *Escuela de Traductores* eine neue Erfindung. Der Legende nach lernten die Araber die Papierherstellung von Chinesen, die bei einer Schlacht in Zentralasien gefangengenommen worden waren. Die erste

Papierfabrik in der islamischen Welt wurde im Jahr 800 von den Barmakiden in Bagdad eingerichtet, und zwei Jahrhunderte später gelangte die neue Technik über Sizilien nach al-Andalus. Die erste Papiermühle Spaniens stand in Jativa, der bald Papierfabriken in Toledo folgten. Papier wurde damals aus Stroh und Reis hergestellt und entwickelte sich schnell zu einem begehrten Exportartikel. Ohne Papier wäre der Drukkerpresse sicher kein so großer Erfolg beschieden gewesen.

Die Partei des Glaubens gegen die Partei der Vernunft

Das späte 12. Jahrhundert war keine gute Zeit für einen Philosophen in al-Andalus. Auf der Iberischen Halbinsel dehnten die Kräfte des religiösen Absolutismus, vertreten durch die Almohaden, ihren Einfluß weiter aus. Die Almohaden, mystisch orientiert und von militanter Intoleranz, betrachteten es als ihre Aufgabe, den Hedonismus und die dogmatische Nachlässigkeit in al-Andalus zu beseitigen. Für unabhängiges Denken hatten sie nichts übrig, und mit dem Anspruch der Philosophen, auf der Leiter der Weisheit eine Stufe höher zu stehen, konnten sie ebensowenig etwas anfangen wie mit der aristotelischen Lehre, daß jedes Lebewesen nach seinem Vollendungspotential streben kann, der *Entelechie*. Dennoch übten sie eine gewisse Anziehungskraft auf Männer des Verstandes wie den brillanten Philosophen Ibn Rushd (1126–1198) aus Córdoba aus: Er glaubte durch ihre Herrschaft die Gesellschaft zur geistigen und politischen Vollkommenheit anzuleiten, ähnlich dem Wirken des Philosophenkönigs bei

Platon. Daher diente Ibn Rushd dem almohadischen Sultanen als Wesir und Leibarzt, was ihn jedoch in unangenehme Situationen brachte.

Ibn Rushds Balanceakt ist Teil einer längeren Geschichte. Vom 8. bis zum 15. Jahrhundert erlebte die islamische Welt einen Kampf zwischen drei Parteien: der Partei des Glaubens, der Partei des Mystizismus und der Partei der Vernunft. Die Partei des Glaubens bestand aus den *ulema* (Singular *'alim*, den Theologen und Juristen), die Partei des Mystizismus aus den *auliya* (Singular *wali*, den Sufis) und die Partei der Vernunft aus den *falasifa* (Singular *faylasuf* den Philosophen). Diese Auseinandersetzung reicht weit in die Geschichte des Islam zurück, bis ins Bagdad des 9. Jahrhunderts, als der abbasidische Kalif al-Mamun, der das Haus der Weisheit gründete, die Partei des Glaubens unterdrückte und die Partei der Vernunft bevorzugte. Die orthodoxen Gläubigen waren empört, daß der Philosoph al-Kindi jede Form des Wissens unabhängig von dessen religiöser oder kultureller Quelle schätzte, und erst recht bestürzte sie, daß al-Razis die Behauptungen der Offenbarung aus empirischen Gründen als unbedeutend abtat. Die Mystiker waren entsetzt über die Lehre Ibn Sinas, daß Philosophen dank ihrer Fähigkeit, mit Zweifel umzugehen, einen stärkeren Anspruch auf die Wahrheit hätten als Theologen, die sich dem Absoluten verschrieben hätten. Die zentrale These der Partei der Vernunft – daß der menschliche Geist seinen Schöpfer begreifen und seine Wirkung loben oder beurteilen könne – war den beiden anderen Parteien verhaßt. Das Kräftegleichgewicht zwischen diesen drei Parteien verschob sich immer wieder: Der Glauben beanspruchte (zumindest nominal) stets den Thron, der Mystizismus kleidete sich in das Gewand des Althergebrachten, erregte aber gelegentlich Argwohn, und die Partei der Vernunft trug die Krone des Ansehens, wurde aber regelmäßig unterdrückt.

Dieses Dreieck aus Konflikt und Koexistenz hatte die besondere Eigenschaft, daß alle drei Parteien Anspruch auf das Göttliche erhoben. Einschließlich der Philosophen, denn sie hatten die Lehren des Aristoteles von Plotin übernommen und waren daher stark vom Konzept des Göttlichen beeinflußt, das besser zum Neuplatonismus als zum aristotelischen Rationalismus paßte. Die Beziehungen der Parteien untereinander waren kompliziert, im besten Falle kamen sie miteinander aus, im schlimmsten Falle waren sie zutiefst verfeindet, allerdings gab es gelegentlich auch Momente des gegenseitigen Verständnisses. Alle drei Parteien paktierten mit den Herrschern – weil sie den Schutz einer Autorität brauchten, vor allem, wenn sie mit potentiell aufrührerischen Ideen arbeiteten. Außerdem war ihnen bewußt, daß sie nur einen politischen und kulturellen Wandel bewirken konnten, wenn sie dem Zentrum der Macht nahe waren.

Daher zeigte Ibn Rushd erheblichen Mut, als er trotz seiner hohen Ämter, die er unter den Almohaden bekleidete, eben jenes Regime kritisierte, dem er diente. In seinem Kommentar zu Platons *Politeia* betrachtet er die islamischen Gesellschaften seiner Zeit mit den Augen Platons und bemerkt, daß die islamische Gemeinschaft, die *umma*, zwar in der Theorie eine Modellgesellschaft sei, in Wirklichkeit aber zur Plutokratie, Demagogie und Tyrannei neige. Erstaunlicherweise beschützten die almohadischen Herrscher ihren strengen Kritiker am eigenen Hof vor seinen Feinden und milderten seine Strafe zu einem vorübergehenden Exil ab. Für seine Leser in al-Andalus, und noch wichtiger, im christlichen Europa, markierte Ibn Rushd mit fünf außergewöhnlichen Beiträgen zum philosophischen Kanon den Höhepunkt des arabischen Aristotelismus:

Erstens brach Ibn Rushd mit der neuplatonischen Synthese von Theologie und Philosophie, die viele seiner illustren Vorgänger beim halbherzigen Versuch, den Glauben mit der Vernunft zu versöhnen, mitgestaltet hatten. Statt dessen bestand er darauf, daß das, was zu Gott gehöre, auch Gott und den Theologen überlassen werden müsse, wohingegen das, was der irdischen und materiellen Weisheit angehöre, den Philosophen überlassen werden solle.

Zweitens betonte er, die Grundlage des Wissens sei stets die direkte, persönliche Erfahrung der Realität, daher könne ein Korpus nicht untersuchter Prinzipien auch nicht die wissenschaftliche Bildung und empirische Beobachtungen ersetzen.

Drittens bestand er darauf, das einzige menschliche Gegenmittel für die Launen des Zufalls sei die Freiheit: Dabei definiert er Freiheit als Handlungsspielraum eines einzelnen, der moralische Autorität durch die Ausübung seines Willens in Übereinstimmung mit Ethik, Logik und Wissenschaft erlangt hat. Und diese Freiheit verkörpert für Ibn Rushd idealerweise der Gelehrte, der Intellektuelle, der Philosoph – der deshalb auch als unparteiischer Richter über die Moral einer Gesellschaft und deren politische Richtung fungieren sollte. Der Philosoph wird dem Juristen und Theologen aufgrund seines breiten intellektuellen Spektrums vorgezogen – seiner Fähigkeit, mit Zweifel, Ambivalenz und Kritik umzugehen.

Daher ist es viertens das Vorrecht des Philosophen, die

wahre Bedeutung der Offenbarung zu interpretieren, falls es zu einem Disput über die augenscheinliche und die innere Bedeutung eines heiligen Textes kommen sollte.

Und fünftens lehrte Ibn Rushd trotz dieser vermeintlichen Bevorzugung der intellektuellen Elite und seiner pessimistischen Einschätzung der breiten Bevölkerung, daß alle Menschen das Potential haben, ihr Verständnis vom Kosmos auf Grundlage der Theologie, Philosophie und der Naturwissenschaften zu erweitern – so daß alle Menschen zwar individuelle körperliche Persönlichkeiten sind, aber eine »Einheit des Intellekts« teilen, die das Maß für die Wahrheit in ihren Seelen ist.

Die islamische Welt ignorierte Ibn Rushds Lehren. Die Herrscher schenkten der Partei des Glaubens und der Partei des Mystizismus Gehör, und auch das Volk war von ihnen eingenommen. Unter den Almohaden war die Idee des »Philosophenkönigs« eine Schimäre: Der Sultan hielt weiter an seiner Macht fest, und der Philosoph war nicht viel mehr als ein Wesir mit beschränkten Vollmachten. Aber ähnlich wie Aristoteles in Griechenland vergessen wurde und nur durch die Araber weiterlebte, genoß Ibn Rushd später großes Ansehen unter Christen – vor allem in Paris, wo junge Scholaren auf die Barrikaden gingen gegen den engstirnigen Machtanspruch der katholischen Autoritäten.

Für diese Rebellen wurde Ibn Rushd zum Symbol des Widerstands. Er wanderte im Geiste von der islamischen Welt in ein Land, wo seine Lehre abwechselnd gefeiert und geächtet wurde; christliche Theologen nutzten sie sogar, um Debatten über das christliche Dogma zu schlichten. Ibn Rushd wurde im 12. und 13. Jahrhundert zum Rammbock, den Freigeister in einem Krieg der Ideen einsetzten, einem Krieg, bei dem der Verstand des einzelnen gegen das institutionalisierte Dogma antrat, und an dem die brillantesten Köpfe des christlichen Europa beteiligt waren: Pierre Abaelard, Albertus Magnus, Roger Bacon, Siger von Brabant und Thomas von Aquin. Alle fünf betrachteten die Verbindung mit Ibn Rushd – ob als Schüler oder Kritiker – als grundlegend für ihre Arbeit. Seine lateinischen Bewunderer schrieben sich seinen Namen stolz auf ihre Fahnen und nannten sich Averroisten, die »Anhänger Ibn Rushds«. Ihre Schlachten veränderten den Lauf der europäischen Politik und Kultur. Das Stück war im Islam einstudiert worden; seine Uraufführung erlebte es im Christentum.

Im Europa des 12. Jahrhunderts kontrollierte die Kirche die Gedanken. Der Preis, der für freies Denken bezahlt werden mußte, war hoch – eine Anklage wegen Ketzerei, Folter oder sogar der Scheiterhaufen. Der Klerus besaß das Glaubensmonopol, ihn durfte niemand in Frage stellen. Die verheerende Auswirkung auf das christliche Denken ist offensichtlich: Zwischen Augustinus und den Averroisten liegt eine intellektuelle Ödnis von sieben Jahrhunderten, die nur durch gelegentliche gelehrte Debatten über abgedroschene Abstraktionen etwas belebt wurde. Die Wirklichkeit mußte gestreckt oder gestaucht werden, bis sie ins Prokrustesbett der Offenbarung paßte. Die Partei des Glaubens im Christentum betrachtete die Instrumente der Antike als aufwieglerisch, während die Partei der Vernunft sie in der Form, in die Ibn Rushd sie gebracht hatte, als unverzichtbare Waffen in einem Befreiungskampf begrüßte.

Zu den frühesten christlichen Denkern in den Fußstapfen von Averroes – und damit auch in der Nachfolge der *faylasuf* – gehörte der radikale Philosoph, Theologe und Dichter Pierre Abaelard (1079–1142). Er ist vor allem wegen seiner unglücklichen Liebe zu seiner Schülerin bekannt, der klugen und schönen Héloise: Sie gebar ihm einen Sohn, den die beiden als Verehrer und Vorkämpfer des neuen Wissens aus der arabischen Welt Astrolabius nannten. Doch sie wurden gewaltsam getrennt. Weil Abaelard dem Ruf der Liebe gefolgt war, wurde er auf Anweisung von Héloises rachsüchtigem Onkel Fulbert, einem Kanoniker an der Kathedrale von Paris, überfallen und entmannt. Für seine philosophischen Ansichten, deren unverhüllte reformerische Kritik für eine autoritäre und frömmlerische religiöse Kultur unvorstellbar war, wurde Abaelard von einem Zufluchtsort zum anderen gejagt, seine Arbeit entweder als anmaßender Irrtum oder gleich als Ketzerei verdammt: Der umherziehende junge Gelehrte wurde in späteren Jahren zum Flüchtling. Abaelard war der mutigste Denker seiner Zeit und der Schrecken der Strenggläubigen. Als jemand, der an die Macht der natürlichen Gnade glaubte, weigerte er sich, die christliche Offenbarung als Trennlinie zwischen den Gesegneten und Verdammten zu sehen; er glaubte, daß die Ungetauften erlöst werden könnten, wodurch die christlichen Sakramente unsinnig wurden; er fragte, wie das christliche Denken auf den Schriften heidnischer und nichtchristlicher Philosophen gründen, doch diese zeitgleich der Hölle überantworten könne. Er begriff Christi Tod am Kreuz als einen Versuch, im Menschen die Liebe zu wecken und so seine Seele für Gott zu gewinnen.

Abaelards Peiniger haßten ihn aus vielen Gründen: Weil er ein mönchisches Leben mit säkularen Fächern kombinierte, weil er innere Widersprüche in den seit Jahrhunderten festgeschriebenen, angeblich unfehlbaren Ansichten der Kirche auflistete; weil er Mönche wegen ihrer sklavischen Bindung an Gewohnheiten tadelte; weil er die Dialektik auf das heilige Mysterium der Dreifaltigkeit anwendete und weil er lehrte, wie es im Titel seines wichtigsten Werkes heißt, daß man gleichzeitig ja und nein sagen kann (*Sic et Non*). Mit Worten, die Rhazes Credo gegen die Leichtgläubigkeit in Erinnerung rufen, erklärte er: »Durch Zweifel werden wir angehalten nachzufragen, durch Nachfragen aber erkennen wir die Wahrheit.« Und in Richtung der Gedankenpolizei seiner Zeit formulierte er noch präziser: »Wir sollten die Schriften der Kirchenväter nicht mit der Pflicht zu glauben lesen, sondern in der Freiheit eigenständig zu urteilen.«[21]

In seinen letzten Jahren wurde Abaelard auf Betreiben seiner Feinde für seine Darstellung faktischer und doktrinärer Widersprüche in der christlichen Theologie und Geschichte verurteilt, seine Schriften wurden verbrannt, auch eine Intervention bei Papst Innozenz II. nützte nichts. Als alles verloren schien – ein Leben, in dem er erbittert verfolgt, knapp entkommen, schwer verletzt und geächtet worden war, sollte nun mit einer harten Strafe enden – fand er Zuflucht bei Petrus Venerabilis, dem Abt von Cluny und einem der ersten christlichen Mönche, der die islamische und arabische Kultur verstehen wollte. Petrus verteidigte Abaelard gegen ihren gemeinsamen schlimmsten Feind, den fanatischen Bernhard von Clairvaux, der sich selbst als ersten Soldaten der Kirche mit dem göttlichen Auftrag betrachtete, Andersdenkende im

Christentum auszumerzen und die Ungläubigen im Heiligen Land zu vernichten. Doch bereits eine Generation nach Abaelards Tod hatten sich seine Lehren so sehr verbreitet, daß aus den Räumen, wo er in Paris seine Vorlesungen gehalten hatte, die Sorbonne wurde, eine der größten Universitäten Europas und der Saatboden für die averroistische Scholastik.

Paris war eine Bastion des freien Denkens, wo im 12. und 13. Jahrhundert die hellsten Köpfe der Christenheit zusammenkamen. Hier lehrten die Averroisten Ibn Rushds Kommentare zu Aristoteles. Hier folgten sie seinen Argumenten, stellten das Monopol der Theologie in Frage und errichteten einen Freiraum für die Philosophie. An die relativ trockene Dialektik gewohnt, die Anselm von Canterbury entwickelt hatte, konnten die Scholastiker ihre Begeisterung nur schwer im Zaum halten, als sie mit dem arabisch-aristotelischen Erbe in Kontakt kamen. Die Verfahren und Erkenntnisse der arabischen Philosophie bargen eine unerreichte Autorität, die nicht nur auf einem intensiven und ergiebigen Studium der griechischen Texte basierte – die Verfechter hatten zudem ihre Behauptungen unter erheblichem persönlichem Risiko in der politischen Arena erprobt.

Unter der Ägide Ibn Rushds entwickelten sich mehrere Generationen christlicher Intellektueller, stets kritisch beäugt von den Vertretern der Kirche. Einige Scholastiker verstanden seine Ideen richtig und setzten sie entsprechend um, manche verstanden Ibn Rushd und wandten seine Gedanken falsch an, wiederum andere übernahmen seine Vorstellungen und interpretierten sie aus ideologischen Gründen absichtlich falsch. Wer sich wie Roger Bacon und Siger von Brabant

Ibn Rushds Lehren völlig verschrieb, geriet in den Verdacht der Häresie, wurde zensiert und stand unter Aufsicht. Wer seine Ideen zusammenfaßte und dann diskret unterbrachte, wie Albertus Magnus, oder sie gar wie Thomas von Aquin verunglimpfte, wurde bevorzugt behandelt, mit Lob und hohen Ämtern überhäuft.

Albertus Magnus (ca. 1206–1280) war einer der ersten christlichen Gelehrten, der Aristoteles und das Christentum miteinander versöhnen wollte. Er lehrte, daß die arabischen Aristoteliker durch ihr eigenes Ringen mit dem Verhältnis von Verstand und Offenbarung einen Weg aufgezeigt hätten. Während Albertus Magnus der Theologie das zurückgab, was Sache der Theologie war, betätigte er sich auch als Naturwissenschaftler, der zu verschiedenen Disziplinen seinen Beitrag leistete, darunter Geographie, Astronomie, Mineralogie und Geologie. Sein bester Schüler an der dominikanischen Klosterschule in Köln war Thomas von Aquin (ca. 1226–1274). Der Theologe und Philosoph, der später den Beinamen »Doctor Angelicus« erhielt, versah Aristoteles' Werk mit zahlreichen Kommentaren. Und da er Ibn Rushds Überlegungen gründlicher als viele seiner Zeitgenossen studiert hatte, verteidigte er die Kirche gegen die averroistische Herausforderung mit Hilfe einer seltsamen Mischung aus Fehlzuschreibungen und Plagiaten. Roger Bacon (ca. 1214–ca. 1294), im Rückblick als »Doctor Mirabilis« (»wunderbarer Lehrer«) gerühmt, wurde sein Leben lang der Zauberei, Alchemie und des Okkultismus verdächtigt. Von 1237 bis 1247 lehrte er in Paris und beschäftigte sich mit Logik, Mathematik, Optik und der experimentellen Methode. Über mehrere Jahre seines Lebens ist nichts bekannt, dann tauchte er wieder auf und legte in der Zeit zwischen 1256 und 1260 sein Gelübde als Franziskanermönch ab.

Siger von Brabant (ca. 1240–ca. 1284) war ein brillanter Averroist aus den Niederlanden, der einer Anklage wegen Ketzerei mit der taktischen Erklärung entgehen wollte, Ibn Rushd habe eine »doppelte Wahrheit« gelehrt: der Glaube ebne den Zugang zur Wahrheit der Erleuchtung, der Verstand das Tor zur Wahrheit der weltlichen Erfahrung. Auf einem profunderen Niveau war er davon überzeugt, daß die Ansprüche der Theologie und Philosophie nie in Einklang gebracht werden könnten. Er war ein wahrer Anhänger Ibn Rushds, sowohl aus Sicht seiner Zeitgenossen Boethius von Dacien und Martin von Dänemark als auch seiner späteren Anhänger Johann von Jandun († 1328) und Marsilius von Padua († 1336 oder 1343). Diese »lateinischen Averroisten« vertraten die Idee einer Philosophie, die unabhängig von der Theologie ist und sich auf die Physik, Medizin und Metaphysik, aber auch auf ethische und politische Fragen anwenden läßt. Außerdem hielten sie an dem Konzept der zweigeteilten Seele fest, das sie über Plotin und Ibn Rushd von Aristoteles übernommen hatten: Während der individuelle Teil vergänglich ist, kehrt der göttliche Teil zum einen zurück. Sie führten Ibn Rushds Theorie über die allen Menschen eigene Möglichkeit, sich durch den Verstand zu vervollkommnen, weiter aus. Die Kirche war entsetzt. Die Ideen forderten das offizielle Dogma von der unsterblichen Seele des einzelnen und ihrer Wiederauferstehung am Tag des Jüngsten Gerichts heraus. Schlimmer noch, sie gaben dem einzelnen einen viel größeren Handlungsspielraum, bewußt nach irdischer Vollkommenheit zu streben, als die katholische Kirche mit ihrem Monopol auf Perfektion und Erlösung hinnehmen konnte.

Alle christlichen Gelehrten, die im Gefolge von Averroes tätig waren, profitierten von den lateinischen Übersetzungen der aristotelischen Werke und der Klassiker der arabischen Aristotelik, die aus den hispano-arabischen Gebieten nach Europa gekommen waren. Einige Gelehrte fanden auch die andalusische Atmosphäre anregender Kollegialität angenehmer als das chronische Mißtrauen der Nordeuropäer. Sie alle hatten wie Ibn Rushd breitgefächerte Interessen, betätigten sich in der Theologie und Philosophie ebenso wie in den Naturwissenschaften. Sie machten keinen Unterschied zwischen christlichen, heidnischen und muslimischen Autoritäten, wenn sie Fragen der christlichen Lehre erörterten, tatsächlich zitierten sie bei zentralen Fragen der christlichen Theologie sogar häufiger einen muslimischen Gelehrten als einen Kirchenvater. So schreibt der Historiker Richard William Southern: »Abendländische Theologen aller Schattierungen zögerten Mitte des 13. Jahrhunderts nicht, bei einer zentralen theologischen Streitfrage die traditionellen Meinungen im Lichte der islamischen Philosophie neu zu betrachten, oder zumindest die traditionellen Meinungen in der Sprache dieser Philosophen neu zu formulieren.«[22]

Angesichts der Begeisterung, mit der junge christliche Gelehrte (angehende Äbte, Erzbischöfe, Prälaten und sogar Päpste) die geistigen Neuerungen begrüßten, war die Gedankenpolizei alarmiert. Wie so oft, wenn Unwissenheit bloßgestellt wird, griff man zu den Mitteln des Terrors und übte Rache. Ähnlich brutal und rücksichtslos, wie die Kirche die Albigenser verfolgt hatte, griff sie nun in der ersten Hälfte des

13. Jahrhunderts gegen die aufbegehrenden Gelehrten in Paris durch. 1210 verbot eine Bischofssynode das Studium von Ibn Rushds Kommentaren zu Aristoteles an der Universität von Paris. Fünf Jahre später verbot die Kirche auch das Studium von Aristoteles. Im weiteren Verlauf des 13. Jahrhunderts pendelte das Vermächtnis der arabischen Aristoteliker zwischen Vorschriften und Verboten; je stärker die Kirche es zu unterdrücken versuchte, desto mehr Dissidenten fühlten sich davon angezogen.

1270 verurteilte Etienne Tempier, der Bischof von Paris, zwei Thesen der Averroisten, sieben Jahre später folgte eine »Allgemeine Verurteilung« der Aristotelik. Darin wurde erklärt, daß 219 Thesen der Lehre nicht mit dem christlichen Glauben vereinbar seien, weshalb sie auf die Liste der verbotenen Lektüre gesetzt wurden. Zusammengestellt von Theologen, ist diese Liste eine Farce voller Mißverständnissen und Unterstellungen. Viele angebliche Fehlannahmen und Häresien hatten keinerlei Bezug zu den Lehren von Aristoteles oder Ibn Rushd oder zu den Ideen der lateinischen Averroisten. Der Franziskanerorden hielt Roger Bacon davon ab, seine wissenschaftlichen Arbeiten ohne die Genehmigung des Ordens zu veröffentlichen. Glücklicherweise verschaffte ihm seine Bekanntschaft mit Papst Clemens IV. die Möglichkeit, sein *Opus Maius* zu verfassen, in dem er sich mit dem Verhältnis von Theologie und Philosophie beschäftigte. Nach Clemens' Tod 1268 wurde er unter Hausarrest gestellt und durfte nicht mehr publizieren. Auch Siger von Brabant war von der Pariser Verurteilung betroffen, er wurde wegen des Vorwurfs der Häresie vor den Inquisitor zitiert. Er floh vor der Gedankenpolizei, und einige Zeit später erfuhren seine

Freunde, daß er von einem Wahnsinnigen erstochen worden sei – doch in Paris wußte man, wer ihn wirklich zum Schweigen gebracht hatte. Sigers radikaler Averroismus überlebte ihn und floß in die Renaissance ein. Und Dante machte, dieses eine Mal ohne bösen Hintergedanken, in den Augen des Herrn alles wieder gut: In *Paradiso* plaziert er den exkommunizierten Siger von Brabant neben Thomas von Aquin als Lichtseele im Sonnenhimmel.

Thomas von Aquin wurde 1323 heiliggesprochen, die Kirche konnte trotz gelegentlicher Zweifel an seiner Lehre gar nicht anders. Er war der große Vorreiter der Partei des Glaubens im Kampf gegen die Partei der Vernunft, er hatte den Drachen des Averroismus getötet, indem er dessen Täuschungsmanöver, die Doktrin der »doppelten Wahrheit« widerlegte – eine Doktrin, die von Siger, nicht von Ibn Rushd vorgebracht worden war, und auch nur, um sich angesichts einer drohenden Häresieanklage etwas Luft zu verschaffen. Ibn Rushd hatte nicht gelehrt, daß es zwei Wahrheiten gebe, sondern zwei Wege, die Wahrheit zu erreichen, nämlich die Theologie und die Philosophie, die beide einen eigenen Bereich des Denkens eröffneten. Als Thomas von Aquin das Konzept der »einzigen Wahrheit« verteidigte, widerlegte er einen imaginären Ibn Rushd mit Zitaten des echten Ibn Rushd.

Thomas von Aquin machte aus dem averroistischen Parallelismus zwischen Philosophie und Theologie die Übereinstimmung von Vernunft und Glaube. Außerdem vertrat er die Theorie, daß Gott zwei Seiten hat: Als *Deus revelatus* ist er das, was er beschlossen hat, von seiner unendlichen Natur dem begrenzten menschlichen Verständnis zu offenbaren; doch als *Deus absconditus* ist er das, was er beschlossen hat, vor diesem Verständnis verborgen zu lassen. Daher darf der Verstand nicht versuchen, die Bedeutung Gottes jenseits des revelatus zu entschlüsseln, und selbst dieses Verständnis läßt sich nur über Analogien und Metaphern erreichen. Dieses Konzept stimmt mit Ibn Rushds Lehre überein, daß Gott sowohl *al-Zahir* ist, also das Äußere und Manifeste, als auch *al-Batin*, das Innere und Unenthüllte. Doch anders als für den Doktor der Kirche ist für die *faylasuf* die Kontemplation, Interpretation, Untersuchung und allegorische Entschlüsselung ein Weg, über den der Verstand von *al-Zahir* zu *al-Batin* gelangen kann.

Thomas von Aquin hat Ibn Rushd noch viel mehr zu verdanken. Gemäß seinem arabischen Vorbild verzichtete er bei der Erläuterung von Texten auf die von der Kirche gutgeheißene Methode der Paraphrase. Mit der Übernahme von Ibn Rushds Hermeneutik führte er in seinen Kommentaren die Technik des genauen, eingehenden Lesens von Originaltexten ein. Auch das ist ein Beispiel dafür, daß die Bezeichnung »der Kommentator« für Ibn Rushd nur ein Trick der christlichen Ideologen war, denn mit der vermeintlichen Ehrung degradierten sie ihn zum bloßen Übermittler von Ideen, anstatt seine eigenen Ideen und Verstandesgaben anzuerkennen. In Aquins gesammelten Schriften finden sich 503 Zitate oder Verweise auf Ibn Rushd: Der Doctor Angelicus hätte sein System nicht ohne das System des Meisters aus Córdoba entwickeln können.[23]

Die intellektuelle Auseinandersetzung zwischen den Averroisten und der Kirche markiert den Beginn einer entscheidenden und prägenden Phase der europäischen Kulturgeschichte: einer Aufklärung vor der Aufklärung. Die Schlacht zwischen Theologen, die von ihrem Absolutheitsanspruch auf die Wahrheit überzeugt waren und gleichzeitig Angst vor anderen Sichtweisen hatten, und den Philosophen, deren Stärke auf gesunder Skepsis und kritischer Offenheit beruhte, war entscheidend für die Entstehung der Neuzeit. Sie entließ das mittelalterliche Denken in den Bereich des Weltlichen: rationales Denken, wissenschaftliche Methoden, Logik und die Bereitschaft, sich mit Neuem auseinanderzusetzen. Die Arbeiten von Ibn Rushd, dem leitenden Geist dieses Wandels, wurden schließlich zur Standardlektüre an westeuropäischen Universitäten und blieben es bis ins 16. Jahrhundert. Miguel Cruz Hernández schreibt dazu: »Ibn Rushd war in der Renaissance in doppelter Hinsicht vertreten: in negativer Form, da die Averroisten des 15. bis frühen 17. Jahrhunderts die unbeweglichsten Scholastiker waren, und in positiver Form, da seine Ideen über eine rein rationale Philosophie und Theologie auf Grundlage der Quellen typisch für die Renaissance beziehungsweise die Reformation waren.«[24]

Ibn Rushd übte auch einen nachhaltigen Einfluß auf die Renaissance aus, darunter auf einen so brillanten Kopf wie Pico della Mirandola (1463–1494). Pico war einer der wichtigsten Architekten des Humanismus. Als Philosoph und Neuplatoniker, frühreifer Intellektueller und päpstlicher Protonotar, Freund von Lorenzo die Medici und Savonarola studierte er Arabisch und Alchemie und lernte Ibn Rushd durch die Vermittlung eines jüdischen averroistischen Lehrers kennen. Er wurde für seine Ideen gerühmt und wegen Häresie zensiert, bevor er bereits mit 31 Jahren starb, vermutlich durch Gift. Pico glaubte, daß Gott die Menschen geschaffen habe, und zwar nicht als Teil der natürlichen Ordnung, sondern als empfindendes Wesen, dessen Sinn darin bestand, Gottes Schöpfung zu schätzen. Und so beginnt er seine *Horatio de hominis dignitate* mit den Worten: »Hochverehrte Väter! In den Schriften der Araber habe ich gelesen, der Sarazene Abdula habe auf die Frage, was sozusagen auf der Bühne dieser Welt als das bewundernswerteste erscheine, geantwortet, nichts erscheine der Bewunderung würdiger als der Mensch.«[25] In Anlehnung an Ibn Rushd lehrte Pico, daß der Mensch, wenn er sein Bewußtsein zum Philosophieren nutzt, zu den Engeln aufsteigt, doch wenn er versäumt, seinen Verstand zu benutzen, lebt er nur stumpf vor sich hin. Mit Formulierungen, die an die Gelehrten von al-Andalus erinnern, schreibt Pico, daß die Anwendung des Verstandes allein die menschliche Würde sichere, denn nur der Mensch besitze den freien Willen, sich und seine Lebensbedingungen zu ändern, anstatt als Marionette des Zufalls zu fungieren. In seiner Systematik gebührt der höchste Rang damit jenen, die ihren Verstand und ihre Vorstellungskraft gebrauchen, um die Gesamtheit der Schöpfung zu erfassen: den Gelehrten, Autoren und Künstlern. Und so wuchsen den mittelalterlichen Künstlern unter Picos geistiger Schirmherrschaft – und damit auch der Schirmherrschaft der arabisch-aristotelischen *falasifa* – Flügel, und sie erkundeten den Himmel und stiegen zum »Genie« auf. Verschiedene Humanisten und Künstler der Renaissance zögerten nicht einzugestehen, daß sie tief in der Schuld von Ibn Rushd standen. Wenn man Raphaels Meisterwerk von 1510, »Die Schule von Athen«, genauer betrachtet, findet man ihn dort abgebildet, als einzigen Araber unter den italienischen Künstlern und Gelehrten, die den antiken griechischen Philosophen ihre Gesichtszüge liehen.

Ibn Rushd war nicht der einzige Gelehrte aus dem Mittelmeerraum, von dem Thomas von Aquin lernte, um ihn dann hinter sich zu lassen. Thomas gab zu, daß seine Antwort auf die zentrale Frage *Utrum necessarium sit homini habere fidem* (»Ob es notwendig ist, daß der Mensch Glauben habe«) die genaue Kopie einer Antwort sei, die vor ihm schon einmal ein Gelehrter gegeben habe, der gleichfalls aus Córdoba stammte und Ibn Rushds Zeitgenosse war: Musa ibn Maimun al-Qurtubi. Der Nachwelt als Maimonides (1138–1204) bekannt, gehörte er wie Ibn Rushd zur geistigen Elite Córdobas. Während Ibn Rushds Vater und Großvater *Kadis* waren, war der Vater von Maimonides Rabbi. Wie alle kultivierten Juden in al-Andalus schrieb er seine Texte auf arabisch, so auch das von ihm verfaßte Meisterwerk des jüdischen religiösen Denkens, *Dalalat al-Hayirin* (»Führer der Unschlüssigen«). Also ist nicht nur die klassische hebräische Literatur ein Kind der arabischen literarischen Vorbilder, wie wir am Werk Samuel ha-Nagids gesehen haben, sondern auch das Fundament der jüdischen Theologie wurde auf arabisch geschrieben und vom islamischen Denken beeinflußt. Maimonides verließ seine Heimat und ging an den Hof des Sultans Salah ad-Din al-Ayyubi in Kairo (dem Saladin in der Erzählung der Kreuzfahrer, ein kurdischstämmiger Herrscher und Verteidiger des Islam, der die wiederholten Versuche der europäischen Kreuzfahrer vereitelte, Palästina zu erobern). Obwohl Maimonides Leibarzt des Sultans war und damit eine wichtige Position im Staat bekleidete, wurde ihm erlaubt, das jüdische Gesetz in der *Mishne Torah* zusammenzufassen und zu überarbeiten. Die *Mishne Torah*, die er in Hebräisch schrieb, wurde zu einem der grundlegenden Texte des Judentums.

Maimonides durfte sogar seine Argumente gegen die offizielle islamische Haltung veröffentlichen, Judentum und Christentum seien »Verfälschungen« des Glaubens, Traditionen, die das Wort Gottes verraten hätten. In einigen islamischen Ländern wie Saudi-Arabien und Sudan würde ihm dafür die Todesstrafe drohen.

Ibn Rushd und Maimonides – die beiden legendären Philosophen aus Córdoba, deren Einfluß weit über al-Andalus hinausreichen sollte, bis ins christliche Europa und in die Neuzeit – hatten das Pech, in einer Zeit zu leben, in der zum ersten Mal in der Geschichte von al-Andalus die Partei des Glaubens über die Partei der Vernunft die Oberhand gewonnen hatte. Beide Männer starben weit entfernt von ihrer geliebten Heimatstadt, Ibn Rushd in Marrakesch und Maimonides in Kairo. In dieser Zeit der Verfolgung riet Maimonides, ein Meister der Tarnung, bedrängten Juden zu einer vorgetäuschten Konversion. Ibn Rushd dagegen zeigte angesichts der widrigen Umstände Mut. Trotz seiner Berühmtheit im christlichen Europa und seiner langfristigen Wirkung auf die europäische Neuzeit war Ibn Rushd im eigenen Land kein Held. Während sein Beitrag zum christlichen und modernen westlichen Denken von unschätzbarem, grundlegendem Wert ist, hinterließ er im islamischen Denken praktisch keine Spuren. Seine Verbannung wurde zwar gegen Ende seines Lebens rückgängig gemacht, und er durfte wieder an den almohadischen Hof zurückkehren, dennoch markierte sie das symbolische Ende der Liberalität und Progressivität von al-Andalus. Gemeinsam stehen Ibn Rushd und Maimonides für die letzte Blüte einer Tradition, die in Bagdad unter Harun al-Rashid im 8. Jahrhundert begonnen hatte und in diesem ungünstigen Moment in vielerlei Hinsicht ihren Höhepunkt erreichte.

Man könnte durchaus behaupten, daß sich die islamische Welt der Bigotterie verschrieb, als sie Ibn Rushd, einen ihrer größten Denker, und die ganze Reihe der *falasifa*, für die er stand, ablehnte. Statt dessen wandte sich der Islam den engstirnigen Anhängern der Partei des Glaubens zu, die nun unangefochten das Sagen hatten, von wenigen Ausnahmen abgesehen.

Die große Leistung der arabischen Denker bestand nicht darin, daß sie die aristotelische Katze, die nach Jahrhunderten in einem sonnigen Klima bequem und fett geworden war, gehütet hatten, sondern daß sie Europa anstelle der Katze einen Wüstenlöwen überreichten, wie ihn die Europäer noch nie gesehen hatten. Zuvor hatte das christliche Europa die Namen Platon, Aristoteles und Plotin mit einer Bewunderung verbunden, die zu gleichen Teilen aus Nostalgie und Unwissenheit bestand. Die *falasifa* schockierten die Intellektuellen im christlichen Europa und führten ihnen vor Augen, wie die alten Griechen im Licht der heutigen Erfahrung neu betrachtet und wie ihre Ideen der skeptischen Selbstbetrachtung und eines kundigen, unabhängigen Urteils konstruktiv umgesetzt werden konnten. Die *falasifa* waren alles andere als Kuriere, die wertvolle Botschaften aus der Antike in die Renaissance überlieferten, sondern Führer, die – durch ihr persönliches Beispiel, gelehrte Kommentare und Disputationen – den Weg bereiteten für den empirischen Geist und den Vorrang des Verstandes vor den totalitären Ansprüchen kirchlicher Autorität. Tatsächlich bereiteten sie den Weg für die Trennung zwischen Kirche und Staat und trugen zur Entstehung des freiheitlichen und säkularen öffentlichen Raums bei, den wir heute als selbstverständlich betrachten und als Triumph der Aufklärung in Ehren halten. Al-Kindi, al-Razi, Ibn Sina und Ibn Rushd bildeten die Voraussetzung für Montesquieu, Diderot, Rousseau und Voltaire. Die Aufteilung in Ost und West hat auch in der Philosophie keinen Bestand: Der *faylasuf* war der Vorläufer des *philosophe*. Mit dieser Schlußfolgerung hätte der Gelehrte Hugo Sanctelliensis aus dem 12. Jahrhundert keine Schwierigkeiten gehabt. In einer Bibliothek in Aragon schrieb er einen Ratschlag für seine Kollegen nieder: »Es nützt uns, vor allem den Arabern nachzueifern, denn sie sind und waren unsere Lehrer und Vorgänger in dieser Kunst.«[26] Wenn wir die Gründung der modernen säkularen Gesellschaft feiern, sollten wir nicht so sehr die »christliche Tradition« loben, sondern die ruhmreiche Tradition des Zusammenfließens.

Die siamesischen Zwillinge

Auf den ersten Blick meint man, die Piazza befände sich in Venedig. Sie ähnelt sogar der Piazza San Marco. Aber wenn wir das große Gemälde genauer anschauen, deutet immer mehr auf den Osten hin. Im Hintergrund sind Minarette und Obelisken zu sehen, auch Kamele und Giraffen. Viele der Personen, die sich im Vordergrund versammelt haben, tragen orientalische Kleidung: Die Männer Turban oder Fes, die Frauen den *hijab*. Wir erkennen Türken, Perser, Äthiopier und sogar einige Tataren. Der Titel des Gemäldes bestätigt unseren Eindruck: »Der heilige Markus predigt in Alexandria.« Dieses Meisterwerk der Brüder Gentile und Giovanni Bellini (1492 in Auftrag gegeben!) steht symbolisch für die Beziehung zwischen Venedig und dem Osten. Denn die Architektur auf dem Gemälde stammt weder von hier noch von dort; ein visionärer Entwurf, der die Faszination, ja sogar die Liebesaffäre zum Ausdruck bringt, die Venedig mit Alexandria verband, seinem Zwilling jenseits des Meeres. Die Kirche in der Mitte der Leinwand ist eine Basilika, die an die Hagia Sophia erinnert, allerdings mit einer zeitgenössischen venezianischen Fassade. Die Kuppeln sind eindeutig von den Königsgräbern der Mamelucken übernommen. Einige Häuser sind mit ägyptischen Gittern und Kacheln geschmückt; von den Fenstern hängen die berühmten *Kelim*. Anders ausgedrückt, die Stadtlandschaft des Gemäldes vermischt Venedig mit Alexandria. Denn der Schutzheilige von Venedig, der heilige Markus, war der Begründer der christlichen Kirche in Alexandria und starb dort im Jahr 75 den Märtyrertod. Daß er nun strahlend auf einer Kanzel steht und vor einer Versammlung von Italienern und Orientalen spricht, kündet vom Selbstbewußtsein der Venezianer. Gentile und Giovanni Bellini, die angesehensten venezianischen Maler der damaligen Zeit, stellten die Städte als siamesische Zwillinge dar, in denen sich legendäre Herkunft und zeitgenössische Sehnsüchte zu einer stolzen Geste verbinden. Ein Stolz, der auf der wagemutigen Tat venezianischer Kaufleute gründet, die 828 die Gebeine des heiligen Markus aus Alexandria stahlen. Der Legende nach hatten die gerissenen Venezianer die Gebeine mit Schweinefleischscheiben bedeckt – die den muslimischen Zöllnern, die ihre Waren überprüften, natürlich ein Greuel waren. Zu der Zeit fuhren venezianische Schiffe bereits regelmäßig in den muslimischen Teil des Mittelmeers. Ursprünglich hatten die Gesetze Venedigs den Handel mit Alexandria und den anderen, von den »Sarazenen« eroberten Gebieten verboten, aber nachdem die Reliquien feierlich Einzug erhalten hatten, verschwand auch die Unsicherheit, die in dieser Vorschrift zum Ausdruck kam. 971 war der Handel mit Holz, Metall und Waffen auf dem Markt von Alexandria ausdrücklich erlaubt. Venedig unterhielt jahrhundertelang freundschaftliche Beziehungen zu Ägypten, unbeeinträchtigt von den Kreuzzügen, dem Sturz der Fatimiden im 12. Jahrhundert und dem Staatsstreich der Mamelucken. Der Kontakt zu den Basaren im Osten wirkte sich auch auf Venedig aus, die Stadt wurde, um es mit den Worten des Kunsthistorikers Giuseppe Fiocco zu formulieren, zu einem »gewaltigen *Souk*«.

Das Gemälde der Bellinis zeigt, wie nahtlos die Strömungen aus West und Ost zu jener Zeit ineinander übergingen. Der Bruch kam viel später, und heutzutage müssen wir uns gewaltig anstrengen, um eine Vorstellung von diesem fließenden Miteinander zu erlangen.

Pfeffer! Die Währung nachbarschaftlichen Austauschs, so kostbar, daß Sieger von den Besiegten den Tribut in Form von Pfeffer verlangten. *Pippali!* Der Langschotenpfeffer, ein Gewürz mit stechender Schärfe aus Südwestindien, das die Geschmacksknospen trügt, damit sie verdorbenes Fleisch nicht mehr herausschmecken. *Filfil!* Ein kleines schwarzes Pfefferkügelchen von solcher Intensität, daß es den venezianischen Kaufleuten große Macht verlieh und deren Neugierde auf den Osten weckte. Von der indischen Malabarküste gelangte die kostbare Fracht über Dschidda, Alexandria und Damaskus nach Venedig und wurde von dort weiter nach Wien, Nürnberg, Paris und in andere Städte Mittel- und Westeuropas verschickt. Wie üblich war der richtige Standort der Schlüssel zum Reichtum: Jahrhundertelang fungierte Venedig als die Hand, die bis zu den Alpen und noch weiter reichte, eine Hand am Ärmel des langen, reichbestickten Küstensaums der Adria.

Diese Hand bot Musselin und Samt, Perlen und Lapislazuli, Seide und Parfums, Safran und Zimt, Glas und Kacheln, Porzellan und Wandteppiche: sämtliche Insignien für östlichen Luxus und Opulenz, die europäische Gemälde aus der Zeit der Renaissance und des Barock beleben (das Wort »Barock« leitet sich sogar vom arabischen *burga* ab, was unebener, felsiger Grund bedeutet, und ging ins Portugiesische als barocca ein, eine große, unregelmäßig geformte Perle).

Daß sich die Bellinis für die Kulturen (und Möglichkeiten) des Orients so empfänglich zeigten, war nicht die Ausnahme, sondern die Regel. Viele italienische Künstler experimentierten mit östlichen Themen und Schauplätzen und bemühten sich um Aufträge östlicher Mäzene. 1479 »lieh« der Doge von Venedig Gentile Bellini an den osmanischen Sultan Mehmed II., »den Eroberer«, aus. Dabei entstand das prächtige Bellini-Porträt des Herrschers, das sich heute in der Sammlung der National Gallery in London befindet. Zwei Jahre später wurde Costanzo da Ferrara beauftragt, ein bronzenes Medaillon von Mehmet zu fertigen, auf dem er, wie es sich für einen Herrscher gehört, hoch zu Roß dargestellt ist.

Da Ferrara reiste in den Jahren 1470 bis 1480 mehrmals nach Istanbul. In der Zeit, die er auf dem ost-westlichen Diwan verbrachte, erschuf er mehrere Zeichnungen und Gemälde, die von der osmanischen und safawidischen Kunst beeinflußt waren. Eine Gouache- und Bleistiftzeichnung mit dem Titel »Sitzender Schreiber« stellt den Porträtierten sensibel und doch stilisiert dar. Einige Jahre später wurde das Bild des »Sitzenden Schreibers« wie ein Brief, der an einen unbekannten Empfänger geschickt wurde, von einem safawidischen oder osmanischen Maler beantwortet, wahrscheinlich von Bihzad von Herat. Er lieferte eine Variation von da Ferraras Bild in Gouache und Blattgold, mit der er dem subtil detaillierten Renaissance-Realismus seine Aufwartung machte, dem diskreten Schatten, der die Gestalt der Figur durch die Falten eines Turbans modelliert, mit dem wechselhaften Licht, in das die Konturen des Gesichts getaucht sind. Doch Bihzad setzt diese Formelemente so um, daß sie seinen eigenen Vorstellungen einer Figur entsprechen. Dadurch wirkt die Figur zeitlos, abgebildet vor einem flachen Hintergrund und versehen mit einem inneren Leuchten, wirkt das Muster auf ihrem Gewand fast lebendig. Man könnte meinen, der safawidische oder osmanische Maler würde in und durch da Ferrara auf ein verlorenes imaginäres Original verweisen, von dem sich der Italiener Anregungen geholt hatte – eine Suche, die nicht die Tradition reproduziert, sondern zu Neuerungen anregt. »Jeder Künstler stützt sich auf die ästhetischen Innovationen des anderen, weshalb man unmöglich sagen kann, welches Gemälde ›westlich‹ oder ›östlich‹ ist.«[27]

Was den künstlerischen Austausch betrifft, standen die Florentiner den Venezianern in nichts nach. 1504 bot Leonardo da Vinci in seiner Funktion als Militäringenieur Sultan Bayezid II. an, eine 350 Meter lange geschwungene Brücke über das Goldene Horn zu bauen. Der Plan wurde nie in die Tat umgesetzt; der Sultan nahm dann Verhandlungen mit Michelangelo auf, die aber ebenso ergebnislos verliefen. Viele Leser, die mit der Vorstellung aufgewachsen sind, »Ost ist Ost und West ist West«, reagieren wahrscheinlich verblüfft, wenn sie erfahren, daß die besten Künstler im Europa der Renaissance nach dem Fall Konstantinopels 1453 an diesem blühenden kulturellen Austausch mit den »Ungläubigen« teilhatten. Es zeichnet die großen Denker Europas Ende des 15. und Anfang des 16. Jahrhunderts aus, daß sie Grenzen ignorierten und über große Aufnahmebereitschaft verfügten, verbunden mit Unternehmergeist und wissenschaftlicher Neugierde: Wie die heutige Forschung zur Renaissance zeigt, betrachteten sich Künstler vom Range eines da Vinci, Michelangelo und der Bellinis eindeutig als Bürger des Mittelmeerraums und begrüßten daher die Gelegenheit, Aufträge für die Osmanen oder Mamelucken (die beiden muslimischen Herrscherdynastien waren anfänglich Handelskonkurrenten) Porträts anzufertigen und Bauten zu planen oder zu beaufsichtigen, genauso wie sie für die Kurfürsten, Dogen, reichen Kaufleute und Condottieri (Söldnerführer) im christlichen Europa arbeiteten.[28]

Venedig war Ende des 15. Jahrhunderts eine der führenden Städte des Buchdrucks. Hunderte Publikationen verließen die Druckerpressen, wodurch die Wissenschaften in Europa großen Auftrieb erhielten und die Voraussetzungen für die Verbreitung und Verfügbarkeit von Wissen geschaffen waren, das früher auf Adelssitze und Klöster beschränkt war. 1494 bot Luca Paciolis *Summa de Arithmetica, Geometria, Propor-*

tioni et Proportionalità den Lesern die erste umfassende Einführung in die Mathematik einschließlich einer Darstellung der doppelten Buchführung. 1531 gab Otto Brunfels ein medizinisches Handbuch zur Arzneimittellehre heraus, das auf den Schriften Serapions des Jüngeren (Ibn Sarabiyun, 9. Jahrhundert) basierte und die moderne Wissenschaft der Botanik begründete. 1537 veröffentlichte Niccolo Tartaglia mit seiner *Nova Scientia* eine Zusammenfassung des bestehenden physikalischen Wissens. 1545 veröffentlichte sein Rivale Geronimo Cardano die *Ars Magna*, das erste Lehrbuch für Algebra.

Zu den Büchern, die in Venedig gedruckt wurden, zählten auch die Werke von Aristoteles. Die prächtige Ausgabe von 1483 ist ein Beispiel für den Zusammenfluß auf mehreren Ebenen: Sie umfaßt nicht nur den Originaltext mitsamt den Kommentaren von Ibn Rushd, sondern auch eine kunstfertige Illustration des Textes, die die beiden Meister beim Gespräch in einer pastoralen Landschaft zeigt, umgeben von ausgelassenen Sartyrn. Die neue Technik der beweglichen Lettern steht neben visuell ansprechenden handgemalten Illustrationen und kunstvollen Titelbuchstaben. Das Buch ist ein Beweis für die Schönheit der Mischform.

Durch das gedruckte Wort und, nicht zu vergessen, das gedruckte Bild erfuhr das europäische Publikum nicht nur von den Philosophen der islamischen Welt, sondern auch von ihren Erfindern, Astronomen, Chirurgen und Arzneimittelkundigen. Die Leser in Florenz und Padua lernten al-Jazari (1136–1206) kennen, dessen Arbeit über mechanische Apparaturen einigen Erfindungen da Vincis als Vorbild diente. Al-Jazari schrieb das *Buch des Wissens von sinnreichen mechanischen Vorrichtungen*, erdachte geniale Mechanismen und nahm die Kybernetik vorweg. Er baute kurzweilige Apparate wie eine Wasseruhr mit einem mechanischen Reigen der Sternzeichen oder des Planetensystems; ein Spielzeugorchester mit Musikern; einen Brunnen in Gestalt eines Pfaus mit mechanischen kleinen Sklaven, die Seife und Handtücher darboten – aber auch komplizierte hydraulische Systeme mit Pumpen, Zähnrädern, Schöpfvorrichtungen und Getrieben.

Am meisten erstaunt jedoch der Einfluß, den ein fast vergessener persisch-arabischer Astronom namens Nasir ad-Din at-Tusi (1201–1274) nach seinem Tod ausübte. Als Leiter des Observatoriums von Maragha in Persien hatte at-Tusi Ptolemäus' Darstellung von der Bewegung der Himmelskörper korrigiert. Sein Theorem der »Tusi-Paare«, eine Methode, eine oszillierende Linearbewegung durch die Überlagerung zweier Kreisbewegungen auszudrücken, war eine der Grundlagen für die Arbeit von Kopernikus drei Jahrhunderte später: »In der Geschichte der Astronomie hat man mittlerweile erkannt, daß Kopernikus für sein Modell der Planetenbewegung in *De Revolutionibus* auf das Tusi-Paar zurückgriff, und daß das Theorem von großer Bedeutung für sein heliozentrisches Weltbild war. Niemand forschte nach einem arabischen Einfluß auf Kopernikus und seine europäischen Zeitgenossen, weil man davon ausging, daß man ohnehin nichts finden würde. Dieses Beispiel zeigt, daß es wahrscheinlich noch weitere Einflüsse zu entdecken gibt, wenn man gewillt ist, den lebhaften, aber heute vernachlässigten Austausch von Ideen zu untersuchen, der zwischen Ost und West vonstatten ging.«[29]

Ein Teil dieses Buchs wurde in Mainz geschrieben, in einer Wohnung im obersten Stock des Johannes-Gutenberg-Museums. Es war eine schöne Erfahrung, an eine epochemachende Erfindung erinnert zu werden, die wir wie die meisten wichtigen Erfindungen als selbstverständlich betrachten. Sie sind so sehr Teil unseres Alltags, daß wir uns gar nicht vorstellen können, wie die Welt ohne sie aussähe. Müßten wir zum Beispiel ohne Zahlen auskommen, würde unsere Gesellschaft schon bei der kleinsten Störung kollabieren. 1999 wäre es fast soweit gewesen, als die Welt den Anbruch des neuen Jahrtausends mit einer Sorge erwartete, ähnlich der, die die Menschen 1000 Jahre zuvor befallen hatte, als sie dachten, die Apokalypse stünde unmittelbar bevor. Und warum? Wegen einer geradezu kabbalistisch wirkenden Formel: Y2K – und schon drohten unsere Computer verrückt zu spielen. Die Banken hätten nicht mehr auf unsere Konten zugreifen können. Supermärkte hätten uns weder Brot noch Wein verkauft, weil die Strichcodes den Dienst verweigert hätten. Flugzeuge wären abgestürzt, weil die Navigation versagt hätte. Telefone hätten nicht funktioniert, Türen hätten sich trotz panischen Klingelns nicht geöffnet. Reichtum und Armut wären einander gleichgestellt gewesen. Mit einem Mal lernten wir wieder, die Null und den Rest der unendlichen Reihe von Zahlen zu schätzen, die unmerklich unser Leben bestimmen; ein Gefühl, das viele von uns seit der Schulzeit nicht mehr beschlichen hatte.

Vor allem die Null. Oder *sifr* auf Arabisch, von dem Wörter wie »Ziffer« und »entziffern« stammen. Die Araber selbst nannten ihre Zahlen ganz richtig »Hindu-Zahlzeichen«, weil sie das Konzept eines Dezimalsystems, dessen Rechnungen auf neun Ziffern und einer Nullmenge bestehen, von indischen Mathematikern und Astronomen wie Aryabhata, Bhaskara und Varaha-mihira übernommen hatten. Seit 760 nach Christus wendeten die Araber das System an, dessen Effizienz sich sowohl bei einfachen Rechnungen für den Hausgebrauch als auch bei komplizierten Positionsbestimmungen in der Seefahrt oder Astronomie gezeigt hatte.

Ohne die hindu-arabischen Zahlen hätten wir wahrscheinlich MDCCLVIII mit CDLXVI multiplizieren müssen und wären darüber verrückt geworden.

Vier Männern haben wir es zu verdanken, daß wir im christlichen Europa nicht auf Rechenmaschinen so groß wie Kathedralen angewiesen sind. Diese vier Männer lebten räumlich und zeitlich weit voneinander entfernt, und ihre Bemühungen wurden nur durch Zufälle vereint. Bei diesen Männern handelt es sich um einen französischen Mönch, der im umayyadischen Kalifat Córdoba studierte, in seiner Heimat der Zauberei verdächtigt wurde und sein Leben als Papst beschloß; um einen persischen Mathematiker, der mit Kollegen im fernen Osten korrespondiert hatte und eine völlig neue Kunst der Gleichungen und des Gleichgewichts entwickelte; um einen hart bedrängten englischen Mönch, der in Toledo mathematische Texte aus dem Arabischen ins Lateinische übersetzte und bei dieser Aufgabe von einer seiner Ansicht nach bizarren Bitte um eine Übersetzung des Korans unterbrochen wurde; und um einen Kaufmann aus Pisa, der in Nordafrika aufgewachsen und dem Stil und der Sprache nach ein Araber war, aber als lateinischer Autor Manuskripte veröffentlichte.

Gerbert von Aurillac (ca. 945–1003) war ein begabter Mathematiker, Erfinder und Kirchenpolitiker. Als Novize wurde er zum Studium nach Vich etwa 60 Kilometer nördlich von Barcelona und in die Abtei Santa Maria de Ripoll geschickt. Er fühlte sich von al-Andalus angezogen, studierte an den Universitäten von Córdoba und Sevilla, man munkelte sogar, er sei an der islamischen Universität al-Kairouan in Fes gewesen. Als ein eifriger Student der arabischen Astronomie schrieb er ein Buch über das Astrolabium und ein anderes über den Abakus und führte beide Instrumente im christlichen Europa ein. Außerdem baute er eine hydraulische Orgel, deren Konstruktion ihrer Zeit weit voraus war. Er beherrschte das hindu-arabische Zahlensystem und konnte selbst komplizierte Kalkulationen kopfrechnen. Aber solche Fähigkeiten wurden damals nicht geschätzt, und seine Kenntnisse fanden keine allgemeine Anwendung. Im Nordeuropa des 10. Jahrhunderts, wohin er nach seiner Studienzeit in den Emiraten des Mittelmeerraums zurückkehrte, gab es noch keinen Handel in großem Umfang, der rasche und schnelle Berechnungen erfordert hätte. Lese-, Schreib- und Rechenkenntnisse waren kaum verbreitet, und abgesehen von der kleinen Gemeinschaft von Denkern und Idealisten, in der sich der christliche Mönch und Gelehrte bewegte, war man für neue Ideen nicht empfänglich. Freund- und Feindschaften wurden oft per Brief über weite Entfernungen zwischen abgeschiedenen Klöstern gepflegt. Wie viele Christen, die in der islamischen Welt studiert hatten, wurde Gerbert von seinen Kritikern als Zauberer betrachtet, der im Bund mit dem Teufel stand. Daß Gerbert dann als Silvester II. der erste Franzose auf dem Papstthron wurde, trug auch nicht gerade dazu bei, die Ängste zu beschwichtigen. Die hindu-arabischen Zahlen mußten warten, bis die Zeiten in Europa günstiger für sie standen.[30]

Wie viele seiner Zeitgenossen im Haus der Weisheit (Bait ul-Hikma) war al-Khwarizmi (der 850 starb, also 100 Jahre vor Gerberts Geburt) ein Einmannorchester samt Dirigent: Er war Astronom, Geograph, Mathematiker und Verfasser eleganter arabischer Prosa. Durch den Vergleich indischer Modelle mit früheren babylonischen Lösungen schuf er ein einfaches und praktisches Zahlensystem, das jeder verwenden konnte. Der Begriff Algebra geht auf ihn zurück: Er ebnete den Weg für die Methode *al-jabr*, was umstellen oder vertauschen bedeutet. Mit dieser Methode wurde bei einer Gleichung, die von Instabilität bedroht war, durch Addition oder Subtraktion derselben Menge das Gleichgewicht wiederhergestellt. Er bewies das Prinzip der Quadratwurzel, erkannte, daß man mit Hilfe von Gleichungen komplizierte Verhältnisse beschreiben kann, und verwendete für unbekannte Faktoren Symbole wie »x«. Damit »öffnete er den fortschrittlichen mathematischen Verfahren die Tür, die in späteren Jahrhunderten möglich wurden«.[31] Das systematische Schritt-für-Schritt-Verfahren, das al-Khwarizmi zur Lösung von Problemen entwickelte, wird heute allgemein angewandt und birgt in seiner Bezeichnung sogar den Namen des Erfinders. Auf dem Papier sieht »Algorithmi« zwar ganz anders aus als »al-Khwarizmi«, aber näher kam sein lateinischer Übersetzer nicht an die schwierige Aussprache heran: *Algorithmi de numero Indorum* oder »Al-Khwarizmi über die Hindu-Kunst der Zahlen«. Übersetzer war Robert von Ketton, der seine Arbeit daran allerdings unterbrach, um die erste lateinische Übersetzung des Korans in Toledo anzufertigen. Vielleicht erklärt das die Fehler seiner Koran-Übersetzung. Schließlich, so erklärte der Vorkämpfer der Wissenschaft seinem Auftraggeber Petrus Venerabilis, müsse er sich seine Kräfte für die gewaltige Aufgabe sparen, Europa mit einem völlig neuen Zweig der Mathematik vertraut zu machen.[32] Gerberts unvollendetes Projekt zur Verbreitung der Mathematik wurde im Jahr 1200 von einem Kaufmann namens Leonardo Fibonacci verwirklicht, einem arabisierten Pisaner, der im Maghreb aufwuchs und heute vor allem für die nach ihm benannte Fibonacci-Folge bekannt ist. Darin ergibt jede Zahl außer den beiden ersten die Summe ihrer beiden Vorgänger (also 1, 1, 2, 3, 5, 8, 13, 21 …), bis ins Unendliche. Die Folge kommt häufig in der Natur vor, etwa bei der Verzweigung von Bäumen, den Spiralen von Muscheln oder der Anordnung von Pinienzapfen. Fibonaccis Überlegungen dazu leiten sich über arabische Quellen vom Werk der Sanskrit-Grammatiker ab, die sich mit quantitativer Prosodie beschäftigten und von *matra-meru* sprachen, dem »großen Berg des Metrums« (Béla Bartók verwendete das Konzept übrigens in seiner »Musik für Saiteninstrumente, Schlagzeug und Celesta«). Doch zu Beginn des 13. Jahrhunderts dachte Fibonacci an andere Dinge als Muscheln, Pinienzapfen und Versmaße. Mit seinem Buch *Liber abbaci*, in dem er überzeugend für die Verwendung der hindu-arabischen Zahlen eintrat und deren Vorteile beim Rechnen erklärte, löste er eine Revolution aus. Der Norden entwickelte sich zu seiner Zeit in einem rasanten Tempo, und die Übernahme moderner Kenntnisse in der Mathematik und im Bankenwesen waren notwendig, wollten die Kaufleute mit ihren schlauen und erfahrenen Kollegen aus dem arabischen Raum, aus Persien, Indien und Äthiopien erfolgreich Handel treiben. Fibonacci ist ein Beispiel für den kulturellen Zusammenfluß auf der Grundlage pragmatischer Überlegungen: Sein Vorschlag, die indisch-arabischen Zahlen beim Rechnen zu verwenden, und die Bereitwilligkeit, mit der die Methode umgesetzt wurde, ähnelt sehr der Art und Weise, wie die alten Griechen das phönizische Alphabet übernahmen. In beiden Fällen mußte sich Europa den veränderten Bedingungen im Mittelmeerraum anpassen – wenn Europa nicht schnell lernte und sich das Andere zum Vorbild nahm, mit ihm zusammenarbeitete, ja sogar zu seinem Komplizen wurde, konnte es nicht mehr mithalten, geschweige denn überlegen sein.

Die Bedeutung des Seehandels als Voraussetzung für den kulturellen Zusammenfluß kann gar nicht oft genug betont werden. Fibonaccis Methoden wurden zuerst in den Handelszentren Venedig, Florenz und Genua als neue Sprache übernommen, weil sich die Kaufleute der Institutionalisierung der Wirtschaft und den zunehmend komplizierten Verhältnissen anpaßten. In dieser Zeit entstand auch die doppelte Buchführung: Von den Arabern im Mittelmeerraum improvisiert, wurde sie 1494, als Luca Pacioli sie in seinem Buch *Summa de Arithmetica, Geometria, Proportioni et Proportionalità* vorstellte, bereits seit mehreren Generationen praktiziert. Sie ist eine Folge jener Handelsverflechtungen zwischen dem Adriaraum und Ägypten, zwischen Osmanen und Venezianern, die sich parallel zu den Religionskriegen zwischen Christentum und Islam entwickelten, diese manchmal ignorierend, manchmal unterminierend. Viele Neuerungen im Bankenwesen der Renaissance sind darauf zurückzuführen, daß die Europäer bei den Arabern in die Lehre gingen. Ein Beispiel dafür ist das Wort »Scheck«: Es stammt vom arabischen *sakk*. Papiergeld und Kreditkarten haben ihren Ursprung in den Schuldscheinen, die beim transkontinentalen Handel mit Pfeffer, Salz, Gewürzen und Textilien als Zahlungsmittel dienten, von Westindien über Transitlager an der Küste des Roten Meeres und der Levante bis zu den Bestimmungsorten an der Adria und in Mitteleuropa. Die Wechsel wurden weithin als Symbol für die großen Geldsummen akzeptiert. Stellvertretend für das unhandliche Bargeld wurde das bargeldlose System von den dichten Maschen eines Netzes aus einträglichen Beziehungen aufrechterhalten, bei dem ein Bruch mit der vereinbarten Ordnung dem beruflichen Selbstmord gleichgekommen wäre. Das Bankenwesen entstand im Gefolge des Fernhandels, der entlang der Ost-West-Linie verlief. Die Bedeutung der neuen, aus dem Osten übernommenen Effizienz bei Geldgeschäften ist nicht zu unterschätzen, man muß nur an die wichtige Rolle denken, die Kaufmanns- und Bankiersdynastien wie die Medici in Florenz oder die Fugger und Welser in Augsburg als Förderer der kulturellen Blüte in der Renaissance spielten. Neben der Kirche waren diese Familien Anfang des 16. Jahrhunderts die ersten multinationalen Unternehmen und waren nicht nur im Geldverleih und Gewürzhandel tätig, sondern besaßen auch Silber- und Goldminen sowie Anteile an vielen anderen Geschäftszweigen in Indien, Afrika und Lateinamerika.

Die Fibonacci-Folge ist beim Prozeß des interkulturellen Lernens gar nicht so unbedeutend, wie man vielleicht annehmen könnte: Sie zeigt mit der abstrakten Raffinesse und beeindruckenden Präzision eines mathematischen Modells, daß ein Prozeß unendlichen Wachstums seine Stärke aus vorherigen Additionen bezieht.

Zwietracht und Zusammenfluß

Der Kreuzzug war schon seit geraumer Zeit in vollem Gang. Die Ungläubigen waren in ihren Dörfern angegriffen und in ihren Städten ausgeräuchert worden; sie waren im Kampf getötet oder nach ihrer Kapitulation niedergemetzelt worden. Gnade gehörte nicht zum Wortschatz der Kreuzfahrer. Jesu Statthalter auf Erden, ein Papst, der sich passenderweise Innozenz III. (1198–1216) nannte, hatte zur Vernichtung der Ketzer aufgerufen, die verleumdet und der übelsten Verbrechen bezichtigt wurden.

Die Opfer bezeichneten sich selbst als »die Reinen«; sie erklärten, sie wollten in Einklang mit den Lehren des Einen leben, den Gott gesandt hatte, und ein Paradies auf Erden errichten. Gegen Ende des Kreuzzugs wurde eine der größten Städte der Irrgläubigen monatelang belagert. Es erging der Befehl, die ganze Stadt in Brand zu stecken, darunter auch die Kirche Sainte Madeleine, in die sich 7000 Frauen und Kinder geflüchtet hatten. Einige Männer protestierten: »Was ist mit all den Unschuldigen, den guten Christen in der Stadt, sollen sie auch leiden?« »Tötet sie alle!«, rief der päpstliche Legat, »der Herr wird die Seinen schon erkennen.« Am 22. Juli 1209 kamen 20 000 Einwohner in den Flammen um, und die Stadt Béziers wurde geplündert und zerstört.

Der Kreuzzug gegen die Ketzer war erfolgreich – vor allem

im Süden Frankreichs. Er richtete sich nicht gegen die Sarazenen oder Mauren, sondern gegen die Katharer, auch Albigenser genannt, eine Gemeinschaft radikaler, anarchistischer Christen, die dem Vatikan die Autorität absprachen. 25 Jahre nach der Belagerung und dem Brand von Béziers wurde die Festung Montségur erobert. Auch dort massakrierten die Kreuzfahrer alle Katharer bis auf den letzten Mann, auch Frauen und Kinder. Die Ketzer wurden nicht nur besiegt, sondern ausgelöscht. Der Albigenserkreuzzug ist der erste großangelegte, kaltblütig geplante und gut organisierte Genozid in der Geschichte.

Bis dahin waren die Konflikte, die im ganzen Mittelmeerraum tobten, zwar oft blutig und brutal gewesen, hatten es jedoch nicht auf die Vernichtung des Gegners abgesehen. Waren die Kämpfe vorüber, nahmen die Kontrahenten ihre früheren Beziehungen wieder auf. Al-Andalus ist dafür vielleicht das beste Beispiel. Während seines 800jährigen Bestehens erlebte das Gebiet unzählige lokale Scharmützel und regionale Kriege. Aber niemals eskalierten die Konflikte so sehr, daß sie zur Auslöschung des anderen führten. Abgesehen vom intoleranten Regime der Almoraviden (erste Hälfte des 12. Jahrhunderts) schützten die Herrscher in al-Andalus die Rechte aller Bewohner, egal, ob es nun Christen, Muslime oder Juden waren. Die Einstellung zu Minderheiten ist nicht nur der Prüfstein für die Toleranz einer Gesellschaft, sondern auch ein Maß für den kulturellen Zusammenfluß.

Im Jahr 1009 brach in al-Andalus ein Bürgerkrieg aus, der zur Auflösung des zuvor geeinten muslimischen Gemeinwesens in unzählige *taifas*, unabhängige Fürstentümer oder Kleinkönigreiche, führte. Mit dem Ende des Kalifats von

Córdoba 1031 und dem Beginn der *fitna*, der Zeit des Zwistes, erlebte die Kultur eine massive Blüte. Das scheint paradox, aber nur auf dem Papier: Wenn sich Grenzen verschieben und sich die Bewohner praktisch über Nacht in einem neuen politischen Umfeld wiederfinden, kommt es zu einer verstärkten kulturellen Tätigkeit.

Vor allem betrachteten die Herrscher selbst ihre Schlachten nicht als Vernichtungskriege, was vielleicht den wichtigsten Unterschied zum Massaker von Béziers darstellt. So erklärte etwa Alfons der Weise: »Die ehrenswerteste Tat meiner Regierung war, daß ich zusammen mit dem muslimischen Philosophen el-Rikuti eine Schule in Murcia gründete, wo Christen, Juden und Muslime Seite an Seite lehrten.« Große Momente kultureller Neuerung basieren oft auf politischer Fragmentierung – revolutionäre kulturelle Gebäude werden auf politischem Treibsand errichtet. Kleine Fürstentümer, die erbittert um ihre Unabhängigkeit streiten und in ständigem Konflikt miteinander liegen: Das ist die Welt der griechischen *polis*, der andalusischen *taifa* und der italienischen *civita*.

Konflikt und Zusammenfluß bestehen nebeneinander, manchmal auch in ein und demselben Menschen, der Strategien entwickelt, mit dem Paradox von Inspiration innerhalb der Aggression umzugehen. Der Kampf gegen eine andere Kultur oder ein antagonistisches Gemeinwesen ist eine der Hauptursachen für die Interaktion mit einer fremden Kultur. Oft fühlten sich die Gegner von dem jeweils anderen angezogen, wie das Beispiel der Tempelritter zeigt; sie näherten sich dem Islam, während sie als Kreuzfahrer gegen die »Sarazenen« kämpften, und ließen sich in der Levante nieder, wo sie von ihren Bankkontakten in die arabische Welt profitierten, bis auch ihr Orden von der katholischen Kirche wegen angeblicher Ketzerei vernichtet wurde.

Viele christliche Gelehrte näherten sich al-Andalus in der Zeit der Kreuzzüge mit Bewunderung, obwohl sie die Muslime vom hohen Roß ihres vermeintlich überlegenen Glaubens herab beurteilten. Und es fand sich immer eine passende Ausrede, warum sie als Christen viel von den verabscheuungswürdigen Muslimen lernen konnten. Ein bizarres Beispiel liefert uns Daniel von Morley, der in Toledo als lateinischer Übersetzer tätig war. Gegen Ende des 12. Jahrhunderts verkündete er, das »Neue Israel«, womit er das Christentum meinte, solle sich im Geiste Moses der Schätze des Pharaos bemächtigen: »Plündern wir also auf Anweisung des Herrn und mit Seiner Hilfe die Weisheit und Redekunst der heidnischen Philosophen, plündern wir diese Ungläubigen aus, um uns selbst im Glauben um ihre Hüllen zu bereichern.«[33] Das ist der wichtigste Unterschied zur heutigen Wahrnehmung. So groß die Feindseligkeit auch gewesen sein mag, damals galt der Islam mit den umfangreichsten Bibliotheken der Welt, der fortschrittlichsten Technik und einer betörenden Kultiviertheit dennoch als Vorbild.

Von den ersten Anfängen von al-Andalus bis zu seinem dramatischen Ende im März 1492 waren Konflikte zwischen Christen und Muslimen an der Tagesordnung. Nachdem die Araber und Berber im Jahr 711 die Straße von Gibraltar überquert hatten, besetzten sie innerhalb eines Jahrzehnts ganz Iberien. Die Trennlinien verliefen allerdings nicht so klar, wie man meinen könnte. Das schnelle Vordringen der muslimischen Truppen erklärt sich auch dadurch, daß die Eroberer von der einheimischen Bevölkerung begrüßt wurden: von den Juden, weil sie unter den Christen verfolgt wurden, und von vielen Christen, die froh waren, ihre despotischen Herrscher los zu werden. Die berühmte Schlacht von Poitiers 732 hat daher weit weniger Bedeutung als uns der Mythos glauben machen will. Mythen sind stets Vereinfachungen – in Wirklichkeit eröffnen Konflikte dieser Art oft neue Möglichkeiten für komplexe Interaktionen. Der Berberfürst Munnuz (oder Musura) beispielsweise ließ sich in Cerdagne in den östlichen Pyrenäen nieder, heiratete eine Tochter von Eudos II. von Aquitanien und lebte als muslimischer Herzog, bevor er 729 vom Emir von Córdoba geschlagen wurde, gegen den er rebelliert hatte. Ein weiteres Beispiel ist Patricius Maurontius, der den Muslimen 734 die Stadttore von Avignon öffnete.[34] Später treffen wir auf El Cid: der Legende nach ein wackerer Kämpe für das katholische Spanien, in Wahrheit ein Glücksritter, der christlichen wie muslimischen Herrschern diente. Als er ein Auge auf das Emirat von Valencia geworfen hatte, verbündete er sich abwechselnd mit Christen und Muslimen, ganz so, wie es seinen Plänen zupaß kam. Die richtigen Verbindungen waren wichtiger als die Verpflichtung gegenüber der eigenen Religion oder dem kulturellen Erbe. Den Interessen des einzelnen war am besten mit einer freien und undogmatischen Wahl der Verbündeten gedient.

Entsprechend waren die Rechtfertigungen für Bündnisse sehr dehnbar. Vermutlich erinnert sich heute kaum noch jemand an die Verbundenheit zwischen Türken und Franken, doch jahrhundertelang fand der Haß des Westens auf Konstantinopel ein Ventil in einer Koalition mit den Arabern, die durch eine einfallsreiche Erklärung zusammengehalten wurde: »Der anonyme normannische Ritter im Gefolge des Fürsten von Tarent während des ersten Kreuzzugs, der die *Gesta Francorum* verfaßte, beschreibt anfangs die kämpferischen Qualitäten der Türken und kommt dann auf die Legende zu sprechen, derzufolge Türken und Franken gemeinsam Nachkommen der Trojaner seien und damit natürliche Gegner der feigen und unaufrichtigen Griechen. Dies ist die erste Nennung eines literarischen Topos, mit dem später die Abneigung gegen das Byzantinische Reich gerechtfertigt wurde – ein Topos, der vom Mittelalter bis zur Neuzeit immer wieder Verwendung fand.«[35]

Die Hagiographien hingegen sprechen Fanatiker selig, wie etwa im Fall der 50 mozarabischen (arabisierten christlichen) Märtyrer, die angeblich einer gewaltsamen Bekehrung widerstanden und 855 in Córdoba tapfer einen furchtbaren Tod erlitten. Dabei waren diese selbstbesessenen religiösen Fanatiker der Gesellschaft so entfremdet wie heute die Terroristen: Männer und Frauen, die extrem handeln und ganz versessen darauf sind, als Märtyrer zu sterben. Als ihre Umgebung nicht auf die Provokationen reagierte, verstärkten sie ihre Verunglimpfungen des Propheten Mohammed, bis den Richtern gar nichts anderes übrigblieb, als ihre Enthauptung anzuordnen. Die Grenzen der religiösen Toleranz waren allgemein bekannt, wie selbst aus den Schriften einer parteiischen christlichen Autorin wie der sächsischen Nonne Roswitha von Gandersheim hervorgeht: »Jedem, der lieber dem ewigen König huldigen wolle und die ererbten Gebräuche der Väter bewahren, stehe das frei – nicht brauche er Strafe zu fürchten. Eine einz'ge Bedingung nur müsse er stellen: Keinem Bürger der Stadt sei's erlaubt zu verspotten die aus Gold gefertigten Bilder der Götter [gemeint ist der Prophet Mohammed], denen der Herr, der das Szepter führte, selbst durch Ehrfurcht bezeige, andernfalls er durchs Schwert unverzüglich sein Leben verliere.«[36] Die sogenannten mozarabischen Märtyrer inszenierten ihren Tod als politisches Statement mit sich in der Rolle des heldenhaften Opfers.

Zu den Stereotypen vom Leben unter islamischer Herrschaft gehört die Opferrolle, eine Vorstellung, die sich von Westeuropa über den Balkan bis nach Indien hartnäckig gehalten hat. Die konfliktbesessenen Ideologen behaupten, zahlreiche Kirchen und Tempel wären zerstört und die Gläubigen seien zur Konversion gezwungen worden, wollten sie nicht auf dem Scheiterhaufen enden. Ohne die ikonoklastischen und intoleranten Tendenzen im Islam herunterzuspielen, sei darauf hingewiesen, daß die Zerstörung von Kirchen und die Unterdrückung Andersgläubiger die Ausnahme und nicht die Regel waren. Das gilt für Indien, al-Andalus, die Levante, den Balkan und viele andere Gebiete, die unter islamischem Einfluß standen. In Indien ist die Liste der Tempel, die während der 800jährigen islamischen Herrschaft zerstört wurden, nicht einmal eine Buchseite lang. Auch befindet sich darunter keine wichtige Pilgerstätte des Hinduismus, zum Teil standen diese sogar unter dem besonderen Schutz der muslimischen Herrscher (beispielsweise in Puri, Varanasi und Srirangapatnam).

Der Mythos der Zwangsbekehrung ist vermutlich das emotionalste Werkzeug der ideologischen Verfälschung. Am Anfang machten die muslimischen Eroberer in Iberien gerade einmal ein Prozent der Bevölkerung aus. Die Bekehrung der Bevölkerung verlief allmählich und dauerte Jahrhunderte, daher stellten die Muslime erst in der späteren Periode von al-Andalus die Mehrheit. Nach 500 Jahren muslimischer Herrschaft gab es in den Emiraten Iberiens immer noch einen beträchtlichen christlichen Bevölkerungsanteil. Zum Vergleich: Nach 500 Jahren christlicher Herrschaft in Spanien sind die einzigen Muslime, die dort anzutreffen sind, die illegalen Arbeiter aus dem Maghreb.

Die muslimische Obrigkeit hatte wenig Interesse an einer Massenbekehrung. Omar, der Ende des 7. Jahrhunderts den Iran eroberte, erließ den Befehl, die Perser *nicht* zu bekehren, weil mit den Steuern, die sie als Ungläubige zahlten, die Besatzungstruppen finanziert wurden. In den ersten hundert Jahren war der Islam im Iran, um mit den Worten von Karen Armstrong zu sprechen, eine »Garnisonsreligion«. Der Wesir von Istanbul wies die lokale Regierung im osmanischen Bulgarien an, die alarmierend schnelle freiwillige Konversion der Christen zu beenden. Die Bulgaren traten zum Islam über, um Steuern zu sparen; der Wesir wollte aus Sorge um den Staatshaushalt, daß sie Christen blieben. Das ist die doppelte Buchführung der Bekehrung.

Unbeeindruckt von diesen Nuancen konstruieren die Standardmythen ein Horrorszenario mit Opfern, die geistig versklavt und ihrer wahren Tradition entfremdet werden. In dieser Darstellung gibt es nur schwarz und weiß, die Entschlossenen, die sich nicht bekehren lassen und die Zwangskonvertierten. Doch selbst begeisterte Konvertiten, die für eine strenge, dogmatische Auslegung ihres neuen Glaubens berüchtigt sind, bringen ungewollt Elemente der eigenen Kultur mit ein – wie das Beispiel von Petrus Alfonsi zeigt. Bei unserer Darstellung fehlt allerdings eine dritte Gruppe: jene, die das Dazwischen bewohnen.

In kosmopolitischen Städten wie Alexandria, Bagdad, Toledo oder Palermo übernahm die Oberschicht verschiedene Traditionen. Identitäten werden meist als statisch und angeboren dargestellt, und Menschen mit heterogenen Wurzeln oder mehreren Lebensentwürfen gelten schnell als potentielle Schizophrene. »Wie können Sie zwei Seelen in Ihrer Brust vereinen?«, werden sie gefragt. Oder: »Wie können Sie ohne eine feste Heimat leben?« Die Antwort ist überaus einfach: Die meisten Menschen bestehen aus einem vielfältigen Ich, erweitern dieses durch Lernen und Anpassung, verändern ihre Identität aus taktischen Gründen oder weil es der gesellschaftliche Kontext oder ihre persönlichen Vorstellungen verlangen, passen sich den Verwerfungen vorhandener Konflikte an, ohne sich ihnen unterzuordnen.

Aus diesem Grund ist die Idee von einem Kampf der Kulturen unsinnig. Kultur ist der Teil der menschlichen Erfahrung und Ausdrucksweise, der nicht in die Primitivität von Konfrontation hineingepresst werden kann.

DIE GABEN DER WEISEN

1 Krippenspiele

Die ursprüngliche Geschichte ist täuschend einfach; nackte Fakten, die so karg sind wie die Wüstenlandschaft, in der das Ganze spielt. Mehrere Männer östlicher Herkunft folgen einem Stern am westlichen Horizont, bis sie zu einem Dorf kommen, in dem ein Neugeborenes schlafend in einer Krippe liegt. Sie huldigen dem Kind, werfen sich vor ihm auf den Boden und überreichen den Eltern Geschenke, bevor sie wieder in ihre Heimat aufbrechen. Mehr wissen wir im Grunde nicht, doch im Laufe der Zeit wurde die Begebenheit weiter ausgeschmückt. Die Männer erhielten eine unterschiedliche Abstammung sowie Namen, die legendär werden sollten, und ihre Ankunft wurde in Krippenspielen nachgestellt. Die einfache Geschichte regte so sehr die Phantasie nachfolgender Generationen an, daß der weisen Männer heute in der lutheranischen wie der orthodoxen Kirche, in Lateinamerika wie in Indien an einem zentralen Feiertag des christlichen Kirchenjahrs gedacht wird. In Deutschland wird dieser Tag, der auf den 6. Januar fällt, Heilige Drei Könige genannt, in anderen Ländern einfach Epiphaneia, ein Wort, das aus dem Griechischen stammt und »scheinen, erscheinen« bedeutet. Die symbolische Bedeutung ist klar: Die weisen Männer erkennen die universale Botschaft Christi an, obwohl sie Fremde sind im Lande Judäa. Kaspar, Melchior und Balthasar sind auf unzähligen Gemälden dargestellt, auf Mosaiken und Kirchenfenstern, der eine als Afrikaner, der zweite als Araber oder Perser und der dritte als Europäer. Ihre Geschenke in Form von Gold, Myrrhe und Weihrauch wurden zu Synonymen für die Reichtümer des Orients. Und doch hat man ihre wahre Identität und die tiefere Bedeutung ihres Besuchs im Stall falsch interpretiert. Im Originaltext des Evangeliums nach Matthäus (2,1–12) werden sie als *magoi* beschrieben, der Plural von *magos* (lateinisch *magus*), ein Wort, das von den Magiern abgeleitet ist, den zoroastrischen Priestern im Iran. Gelehrte haben darauf hingewiesen, daß das Wort zur Zeit von Matthäus im weiteren Sinne als »weise Männer« verwendet wurde. Allerdings benutzte der Evangelist nicht das gebräuchlichere und umfassendere *sophistai*; außerdem werden die Weisen als Männer aus dem Osten beschrieben. Das alles spricht für die Annahme, daß es sich um iranische Priester handelte. Denn das wenige, was wir über das Verhalten der weisen Männer wissen, deutet auf den iranischen Kulturkreis hin, der direkt an der östlichen Grenze des Römischen Reichs lag. Indem sie den neugeborenen Messias als »König der Juden« bezeichnen, verleihen sie ihrem Glauben an das Gottkönigtum Ausdruck, ein Konzept, das in Persien entwickelt wurde. Demnach mußte der Gottkönig von den Priestern geweiht werden, erst dann war seine Herrschaft legitimiert, und die kostbaren symbolischen Geschenke sind Bestandteile der Zeremonie. Diese »Königsweihe« war im persischen Reich eine wichtige Aufgabe der Magier-Priester. Selbst das Niederwerfen auf den Boden (Matthäus schreibt: »da fielen sie nieder und huldigten ihm«) ist historisch korrekt, denn so bezeugten die persischen Priester dem Gottkönig ihre Ehrerbietung. Es gibt auch eine passende Erklärung für den wandernden Stern, der skeptischen Lesern schon immer sehr esoterisch vorkam: Den persischen Priestern, die auch ausgebildete Astrologen waren, diente dieser als Leitstern. Natürlich spielte die Geschichte, über die nur der Evangelist Matthäus berichtet, schon immer eine größere Rolle in den Volkssagen als in der Theologie. Aber sie weist auf einige Quellen hin, die den Kult um den neuen Messias definierten. Denn ohne die außergewöhnliche Kreativität der iranischen Religion hätte sich nicht nur das Christentum, sondern auch ein Großteil der übrigen abrahamitischen Religionen anders entwickelt. Viele von uns wuchsen mit der Vorstellung von Himmel und Hölle, Gott und Teufel, Erlöser und Jüngstem Gericht, geflügelten Engeln und Heiligenscheinen auf. Dabei stammen diese Ideen aus der iranischen Tradition und wurden von den Juden während ihrer Gefangenschaft in Babylon im 6. Jahrhundert vor Christus übernommen.

Die iranische Religion bot ein breites Spektrum an Glaubensvorstellungen, von denen sich die meisten unter der Rubrik des Zoroastrismus zusammenfassen lassen – der Botschaft des Propheten Zarathustra. Mit einem Abstand von 3000 Jahren kann man heute nur schwer erkennen, welche religiöse Vorstellung aus dem alten Iran zu Zarathustra, dem Mithraskult oder der Verehrung Zurvans gehörte. Sicher ist, daß um das 6. Jahrhundert vor Christus bestimmte Glaubensvorstellungen existierten, die nicht nur in der Ideengeschichte revolutionär waren, sondern auch nachhaltigen Einfluß auf das Judentum, das Christentum und den Islam haben sollten.

Bei der Aufzählung der monotheistischen Religionen fehlt häufig der Zoroastrismus, obwohl er für eine frühe Form des

Monotheismus steht. Zarathustra predigte die Botschaft des obersten Gottes Ahura Mazda, der die Welt erschaffen hatte und die kosmische Ordnung aufrechthielt. Die Hebräer waren ursprünglich keine Monotheisten, weder im Verständnis der Zoroastriker noch in unserem heutigen Sinn. Typisch für eine Stammesreligion argumentierten sie nur, sie wären das auserwählte Volk eines bestimmten Gottes. In der Genesis wird der Begriff »elohim« verwendet, was in Wirklichkeit »Götter« bedeutet. Später wurde aus naheliegenden Gründen der Singular benutzt. Der amerikanische Althistoriker Morton Smith wies darauf hin, daß sich die Hebräer unterteilen lassen in diejenigen, die Jahwe neben anderen Gottheiten verehrten, und jenen, die er als die »ausschließlichen Jahwe-Verehrer« bezeichnet. (Elias zum Beispiel bedeutet »mein Gott ist Jahwe«, was nur einen Sinn ergibt, wenn im Sortiment mehrere Götter zur Auswahl standen.)

Der Zoroastrismus entwickelte das Prinzip der Dualität: den Wettstreit zwischen Gut und Böse, den grundlegenden Antagonismus zwischen den ebenbürtigen Gegnern Gott und Teufel (im Zoroastrismus steht Ahura Mazda für das Licht und Angra Mainyu für die Dunkelheit). Damit Gott die Oberhoheit über den Teufel erlangt, kann dieser Antagonismus nicht als Kampf begriffen werden, der bis in alle Ewigkeit währt; wenn Erlösung erlangt werden soll, muß die Zeit endlich sein.

Das Böse ist eine allgegenwärtige Kraft, die dem Guten in kleinen Scharmützeln vielleicht für den Augenblick unterliegt, deren Existenz aber nie bedroht ist. Daher kann die endgültige Herrschaft Gottes nur mittels eines apokalyptischen Höhepunkts erreicht werden, einer finalen Entscheidungsschlacht zwischen Gott und dem Teufel, die mit dem Triumph des Guten und dem Tod der Zeit endet. Wir kennen diese Lösung als Harmagedon, auf den das Jüngste Gericht folgt.

Aber bevor der letzte Vorhang fällt, muß noch die Figur des Vermittlers eingeführt werden, der dem Menschen eine Möglichkeit zur Errettung bietet und das Ende der Zeit verkündet – die wohlbekannte Figur des Erlösers, im Persischen der *Saoshyant*. Der *Saoshyant* führt in dieser letzten Schlacht die Kräfte des Guten und errichtet die zeitlose Zeit, die auf das Ende der Welt folgt. Zarathustra nennt diesen Himmel »*Fereshokereti*«, was mit »Das Wunderbarmachen« übersetzt wird. Der Menschheit wird die garantierte Erlösung zuteil, wie in der Hymne *Zamyad Yast* mit den Worten beschrieben wird:

Damit sie das Leben herrlich machen,
Nicht alternd, unvergänglich,
Nicht verwesend, nicht faulend
Ewig lebend, ewig gedeihend,
nach Wunsch herrschend.
Wenn die Toten auferstehen werden,
Wird lebendig machend
das Unvergängliche kommen,
Wird sich das Leben herrliches
nach Wunsch schaffen.
(Übersetzung von Almut Hintze)

Als barmherziger Erlöser und kämpferischer Richter steht der Saoshyant an der Spitze einer Tradition, die Soteriologie genannt wird, eines der einflußreichsten Konzepte, die je das religiöse Denken prägten. Im Mahayana-Buddhismus wurde der Saoshyant zu Maitreya, dem Buddha der Zukunft. Um ihn und ähnliche Erlösergestalten entwickelte sich eine Philosophie und ein Ritual, die bis heute den »Reines-Land-Buddhismus« in Ostasien definieren. Beim Übergang in den Hinduismus wurde Saoshyant zu Kalki, dem Verheißenen, dem zehnten und letzten Avatar des Gottes Vishnu.

Vor allem aber ist der Saoshyant der direkte Vorläufer des Messias im Judentum und er übertrug seine Aura auf das Neugeborene in der Krippe von Bethlehem: Ende des 2. Jahrhunderts nach Christus war der Saoshyant zum Christos geworden, dem Gesalbten. Seit dieser Zeit entstehen auf der ganzen Welt immer wieder Erlöserkulte, von denen einige zu großen Bewegungen werden und andere in die reine Scharlatanerie absinken oder noch schlimmer, ihre Anhänger in den Massenselbstmord treiben. Jahrhunderte nach Jesu Tod sickerte die Vorstellung des Verheißenen in den Islam ein. In der schiitischen und ismailitischen Version ist er der Mahdi oder Verborgene Imam, der den Menschen beim Jüngsten Gericht seine Herrlichkeit und Gnade zuteil werden läßt. Es ist sicher kein Zufall, daß die Schiiten hauptsächlich in dem Gebiet leben, in dem früher der Zoroastrismus vorherrschte – im Iran.

Der Saoshyant wird bei seinem Auftrag von den *yazatas* oder *amesha-spenta* (Amschaspand) unterstützt, den Sternenengeln und unsterblichen Geistern, entstanden aus der gedanklichen Energie Ahura Mazdas. Aus diesen Tugendwächtern entwickelten sich die Erzengel im Judentum, Christentum und Islam: Vermittler zwischen Himmel und Erde, Träger der göttlichen Offenbarung. In der Ikonographie der iranischen Religion waren diese Sternenengel mit einem besonderen Zeichen versehen: Ihre Köpfe waren von einer *khvarena*, einem Heiligenschein umgeben. Der Heiligenschein wurde weltweit zum Zeichen des Göttlichen, fast alle tragen diesen Nimbus um den Kopf: die Bodhisattvas im Buddhismus, die Tirthankaras im Jainismus, die Götter Vishnu, Shiva, Ganesha sowie die Göttin Devi im Hinduismus, Jesus Christus, die Jungfrau Maria und die Heiligen im Christentum. Wenn die Christen das Fest der Heiligen Drei Könige feiern, der Ankunft der drei Weisen aus dem Osten, gedenken sie unwissentlich der philosophischen, spirituellen und ästhetischen Gaben aus der Religion der Magier-Priester; Gaben, die sich als wertvoller erwiesen haben als Edelmetalle und Gewürze.

2 Die Segnungen der Gefangenschaft

600 Jahre bevor die Weisen westwärts nach Judäa zogen und dort dem neugeborenen König huldigten, wurden die Bewohner Judäas nach Osten ins Land der Weisen in die Gefangenschaft getrieben. Die Zerstörung des Tempels von Jerusalem und die Verschleppung der Hebräer 587 vor Christus durch den babylonischen Herrscher Nebukadnezar ist eine der großen Katastrophen in der jüdischen Geschichte. Die Zerstörung und Gefangenschaft waren traumatische Erfahrungen, doch schon nach wenigen Generationen erhob sich das Judentum wie Phönix aus der Asche. Zunächst befanden sich die Hebräer aufgrund ihrer Vertreibung und Gefangenschaft in einem Zustand der religiösen Orientierungslosigkeit. Ihr Land war verwüstet, die Grundlagen ihrer religiösen Identität waren zerstört: Ihr Stammesgott Jahwe hatte versagt. Er hatte sein auserwähltes Volk nicht beschützt, schlimmer noch, offenbar waren ihm die Götter Babylons und später Persiens überlegen (der persische König Kyros II. eroberte Babylon 539 vor Christus und schuf damit ein geeintes Reich). Nach einem genauen Studium der Berichte im Alten Testament legt der amerikanische Autor Jack Miles überzeugend dar, daß die Hebräer glaubten, ihr Gott habe sich von ihnen abgewandt. Eine Reaktion darauf war, ihn als einzigen und allmächtigen Gott neu zu gestalten, die andere bestand

darin, das menschliche Drama des jüdischen Volkes zu glorifizieren. Ein besonders radikales Beispiel für Letzteres ist das Buch Esther, eine Erzählung vom persischen Herrscherhof, in der Gott gar nicht vorkommt.

Wie jeder einzelne, so vergleicht auch eine Gemeinschaft im Exil zwischen der Tradition, die sie mitgebracht hat, und der neuen Welt, in der sie sich befindet: Stärken und Schwächen werden erkannt und analysiert, bis ein Teil der eigenen Tradition nicht mehr als kultureller Reichtum, sondern als überflüssiger Ballast erscheint, der durch die Gebräuche der neuen Umgebung ersetzt wird. Die Intensität der kulturellen Anpassung hängt natürlich von der Offenheit der gastgebenden Gesellschaft sowie den politischen und kulturellen Voraussetzungen ab. In Babylon standen die Zeichen günstig; vor allem unter Kyros II. herrschten Offenheit und Akzeptanz. Er »ließ den Juden keine Sonderbehandlung zuteil werden, sondern gewährte allen Exilanten in Babylon die Möglichkeit, in ihre Heimat zurückzukehren und die eigenen Götter zu verehren. Auch wer in Babylon blieb, wurde von Kyros wohlwollend behandelt; sein Großmut ist auf einem Zylinder aus gebranntem Ton festgehalten, der einst zu den Völkern sprach, Jahrtausende später unter den Ruinen der Stadt gefunden wurde und heute stumm in einer Glasvitrine im British Museum steht.«[1]

Inwiefern war die iranische Religion ein Vorbild für ein besiegtes und gebrochenes Volk? Zunächst einmal wurzelte die iranische Religion in einer kodifizierten Offenbarung: den *Gathas*. Zarathustra nannte sich *manthram*, einer, der Mantras oder magische Sprüche verfassen kann. »Ähnlich wie der Heilige Geist in Form einer Taube unmittelbar nach der Taufe in Jesus fährt, erlebt Zoroaster seine erste Offenbarung, als er nach einer rituellen Reinigung dem Fluß entsteigt und von einem leuchtenden Wesen in die Gegenwart Gottes geführt wird.«[2]

In der Kultur, der die Exilanten ausgesetzt waren, galt die Macht des Wortes. Unter diesem Einfluß stellten hebräische Schreiber und Schriftgelehrte ab der zweiten Hälfte des 6. Jahrhunderts die Torah in Babylon zusammen. Dieser Text wurde zum Mittelpunkt ihres Glaubens, er war der Ersatz für die verlorenen religiösen Stätten, denn die Torah war verläßlich und konnte überallhin mitgenommen werden. In Ermangelung einer heiligen Stätte für ihre Rituale lasen die Exilanten gemeinsam die heiligen Texte, fanden also Zuflucht in den Pergamentrollen statt wie in früheren Zeiten unter einem Dach aus Zedernholz. Der Tempel in Jerusalem wurde zwar weniger als hundert Jahre nach der Vertreibung wieder aufgebaut, doch die Torah bildete weiterhin das Zentrum der Gebete und Rituale.

Mit dem Tod des Stammesgottes Jahwe offenbarte sich Gott auf einer höheren, universalen Ebene. Im eigenen Land hatte der Prophet Jeremiah allen Grund gehabt zu klagen, die Hebräer würden andere Stammesgötter anbeten und sich von Jahwe entfernen. (»Doch wie eine Frau ihres Freundes wegen treulos wird, so seid auch ihr mir treulos geworden, ihr vom Haus Israel.« Jeremias 3, 20) Dies ist nur eine von vielen eifersüchtigen Anschuldigungen, die von großer Verunsicherung künden. Welch ein Unterschied zum allmächtigen Gott Jesajas (»Ich bin der Herr und sonst niemand, außer mir gibt es keinen Gott.« Jesaja 45, 5), der nur wenige Jahrzehnte später angerufen wird. Jesaja war 587 vor Christus nach Babylon verschleppt worden, und das »Buch der Prophezeiungen«, das nach ihm benannt ist, wurde wie die Bücher Daniels, Nehemias und Ezechiels im Exil verfaßt. In diesen prophetischen Liedern dominiert die Vorstellung göttlicher Allmacht. Als ob die iranischen Texte mit ihrer Götterverherrlichung als Vorbild gedient hätten und nur der Name Gottes ausgetauscht worden wäre.

In den apokalyptischen Visionen Jesajas, Ezechiels und Daniels ist es der universale Gott, der in seiner ganzen erhabenen, geradezu überwältigenden und schrecklichen Größe angerufen wird – eindeutig das Gottesbild, das im Iran vorherrschte. Diese Bücher künden von strahlenden, monumentalen, geflügelten Wesen, die auf Wolken reiten, umkränzt von einem hellen Feuerschein, der strahlt wie glänzendes Metall; ihr Erscheinen kündigt sich durch Wassertosen und Sturm an und sie sprechen mit donnernder Stimme. Was wie eine Halluzination klingt, war Teil des Alltagslebens in Babylon: Auf diese Beschreibung passen die monumentalen Statuen der babylonischen königlichen Götter Marduk und Ishtar in riesigen Tempelbezirken wie *ziggurat*, die auch bei Prozessionen zur Schau gestellt wurden, und die Mythen, die sich um sie rankten.

Mit den dramatischen einleitenden Versen zu Ezechiels prophetischen Visionen tauchen wir ein in die barocke Heiligensymbolik des Zoroastrismus. Ezechiel, der zu den ersten Juden gehörte, die im Jahr 598 vor Christus von Judäa nach Babylon verschleppt wurden (seine Visionen stammen aus der Zeit um 593 bis 571 vor Christus), berichtet von einem brennenden Rad (das Symbol Ahura Mazdas!), von Engeln mit vier Flügeln (die *fravashis*), von Greifen sowie von vier geflügelten Wesen, die das Haupt eines Mannes, eines Löwen, eines Stieres und eines Adlers trugen. Diese scheinbar bizarren Kreaturen waren typisch für den Zoroastrismus und können noch heute in den Ruinen von Ekbatana, Susa und Persepolis oder im British Museum betrachtet werden. Und erstaunt stellt man fest, daß die geflügelten Geschöpfe auch für die vier Evangelisten stehen: der Mensch für Matthäus, der Löwe für Markus, der Stier für Lukas und der Adler für Johannes! Ezechiel hat also eine fremde Bilderwelt in seine Vision von der Zukunft des jüdischen Volkes aufgenommen.

Eine besonders dramatische und einprägsame Adaption finden wir bei Daniel, einem Juden, der am Hof des Königs Nebukadnezar ein hohes Amt bekleidete. Als Oberhaupt der Magierpriester Babylons wurde er vor allen anderen Zauberern und Astrologen wegen seiner visionären Kräfte und seiner Rechtschaffenheit respektiert. Das »Buch Daniel« ist eines der außergewöhnlichsten Dokumente der Bibel: Aufgrund seiner heiligen Visionen werden zahlreiche Neuerungen eingeführt, die den jüdischen Glauben in einem persisch-hebräischen Sinn umgestalten. Entscheidenden Anteil haben daran die Visionen, die der »lebendige Gott« Daniel zuteil werden läßt: »Immer noch hatte ich die nächtlichen Visionen: Da kam mit den Wolken des Himmels einer wie ein Menschensohn. Er gelangte bis zu dem Hochbetagten und wurde vor ihn geführt. Ihm wurden Herrschaft, Würde und Königtum gegeben. Alle Völker, Nationen und Sprachen müssen ihm dienen. Seine Herrschaft ist eine ewige, unvergängliche Herrschaft. Sein Reich geht niemals unter.«[3] Im Menschensohn erkennen wir Jesus, doch seine Herkunft ist abgeleitet vom persischen Saoshyant, seine königliche Macht vom Konzept des Gottkönigtums, ein Instrument zur Legitimierung der absoluten Macht eines Monarchen, der sich im Glanz des himmlischen Herrschers badete. Der Erlöser, der auf Himmelswolken reitet und das Ende der Zeit ankündet, markiert den Horizont der hebräisch-messianischen Erwartung.

Das gesamte »Buch Daniel« kündet von der Revolution, die in Babylon stattfand, und belegt, wie Menschen in der Verbannung von ihrem neuen Umfeld durchdrungen werden können. Die Engel, wie wir sie uns heute vorstellen (die *malochim* in der Genesis waren bloße »Boten«), werden hier zuerst beschrieben: geflügelte Wesen, ausgestattet mit unvorstellbaren Kräften und konkreten Namen. Die sieben Engel aus der Zeit nach dem Exil (Gabriel, Michael, Raphael, Israfil, Israel, Uhiel und Uriel) sind eindeutig den sieben *Amesha Spenta* (»unsterblichen Geistern«) der Avesta nachgestaltet.

Bei Daniel lesen wir zum ersten Mal in der hebräischen Geistesgeschichte, daß manche Menschen nach dem Tod auferstehen und andere für ihre Sünden büßen werden. Bis zur babylonischen Gefangenschaft hatten die Hebräer ihre Vorstellung vom Leben nach dem Tod weder genau ausgeführt noch mit ethischen Überlegungen in Verbindung gebracht. Sheol, die Unterwelt, war nicht mehr als ein dunkler Ort für alle Toten, unabhängig davon, wie sie gelebt hatten. Von Zarathustra stammte sowohl die Vorstellung der körperlichen Wiederauferstehung der Toten als auch vom Jüngsten Gericht, bei dem entschieden wurde, ob die Toten zu ewiger Qual verdammt wurden oder ins Paradies durften (der Begriff »Paradies« taucht in der jüdischen Literatur um diese Zeit herum erstmals auf und wurde später von den frühen

Christen übernommen. Das Wort stammt vom persischen *peri-daeza*, dem umschlossenen Garten der Engel). »Vor dem Exil bestand unter den Hebräern kein Interesse am Leben nach dem Tod, das offenbar nur sehr vage beschrieben wurde. Das Judentum vor dem Exil war sogar ausgesprochen nicht-eschatologisch. (...) Die Juden übernahmen die eschatologische Vorstellung des Zoroastrismus, denn Belohnung und Bestrafung nach dem Tod tauchen in der hebräischen Literatur erstmals in dieser Zeit auf, und später folgt das Konzept der völligen Trennung von Gut und Böse – bekannt aus den zoroastrischen *gathas* –, das in einigen christlichen Texten zur Eschatologie an exponierter Stelle steht.«[4] Daniel fiel die Aufgabe zu, eine Warnung auszusprechen, aber auch eine Hoffnung zu verkünden; er prophezeite das kommende Gericht, aber auch die Wiederauferstehung, Bestrafung und Belohnung.[5]

Zu den Hebräern, die sich in mehreren Schüben in Babylon ansiedelten, zählten auch die Mitglieder der politischen und geistigen Elite, die als Geiseln genommen worden waren, eine damals übliche Kriegspraxis. In Babylon wurden sie nicht alle zu »Holzfällern und Wasserträgern«, wie es bei Josua heißt; viele paßten sich der örtlichen Kultur an, bis Persisch »in weiten Teilen zur Alltagssprache der Juden in Babylon wurde«.[6] Sie arrangierten sich mit dem System, nutzten die Chancen, die sich ihnen boten, mußten sich aber auch gegen Neid und den Vorwurf der Verschwörung verteidigen – Gefahren, die talentierten Exilanten stets seitens exklusiven lokalen Eliten drohen. Einige Juden wurden als Sekretäre, Schreiber, Astrologen, Hofbeamte und Rechtsgelehrte eingesetzt. Selbst ihre

Namen änderten sich: Esther stammt von der unsterblichen Muttergöttin *Ishtar* ab, und Mordechai, eine zentrale Figur im Buch Esther, ist nach dem Jubelruf benannt, der bei der jährlichen Opferung und Wiederauferstehung des persischen Gottkönigs erklang: »*Marduk khai!*« (Marduk lebt!)

Zwischen der mesopotamisch-iranischen Religion Babylons und dem hebräischen Glauben besteht eine grundlegende Verbindung. Sie wurde nach und nach von Männern aufgebaut, deren Werkzeug das Wort war, denen die Fähigkeit zu lesen, zu schreiben, Reden zu halten und wahrzusagen, Macht über das eigene Volk und auch über die Gesellschaft des Exillandes gab. Diese Kompetenz erlaubte es ihnen auch, kritische Vergleiche zwischen ihren eigenen Schriften und denen der Gastgeber anzustellen – zu ändern, anzupassen und neue Ideen zu übernehmen. Die Torah, das jüdische Gesetz, das in Babylon kodifiziert wurde, kam wahrscheinlich mit dem Priester und Schreiber Esra von Babylon nach Judäa, als dieser Geschenke des persischen Großkönigs Artaxerxes für den Tempel von Jerusalem brachte. Esra kommt eine besondere Rolle als Mittler zwischen den Religionen und Kulturen zu. Artaxerxes persönlich wählte ihn als Statthalter für Jerusalem aus: »Denn du … sollst nach dem Gesetz deines Gottes, das in deiner Hand ist, untersuchen, wie es in Juda und Jerusalem steht.«[7] Esra war dazu mit den entsprechenden Vollmachten ausgestattet: »… Alles, was der Priester Esra … von euch fordert, sollt ihr umgehend liefern.«[8] Offensichtlich war der König zuversichtlich, daß Esra als vertrauenswürdiges Mitglied der persischen Elite, das jüdische Volk gemäß den politischen Erfordernissen des Reichs befrieden würde. Er sollte dabei auf die vor kurzem zusammengestellte Torah zurückgreifen, der Artaxerxes beträchtlichen Respekt entgegenbrachte, ein eindeutiges Zeichen, daß er ihre ethischen Grundwerte in hohem Maße teilte. Esra war nicht der einzige »persifizierte« Prophet im aufkommenden Judaismus. Sein Zeitgenosse Nehemia, der ehemalige Mundschenk von Artaxerxes, diente ebenfalls als Statthalter in Jerusalem. Beide Propheten hatten im Exil vielfältige Erfahrungen gesammelt und waren von der eigenen Überlegenheit überzeugt. Sie legten den autoritativen Kanon des Judentums fest und beanspruchten ein Vorrecht vor jenen, die zurückgeblieben waren. Es mag paradox wirken, daß das Ergebnis einer weitreichenden Vermischung als wahrer Glaube verkündet wurde, den die Einheimischen, die im eigenen Land ausgeharrt hatten, übernehmen mußten. »So habe ich das Volk von allem gereinigt, was fremd war«, frohlockt Nehemia.[9] Das Althergebrachte erschien in seiner Erstarrung als fremd, das Neue wurde für authentisch erklärt. Oder wie es Rabbi Stephen S. Wise, Vorsitzender des American Jewish Congress, einmal formulierte: »Die Rückkehr aus Babylon und die Übernahme des babylonischen Talmud markieren das Ende des Hebraismus und den Beginn des Judaismus.«

3 Die ewige Baustelle

Wir wissen nicht, ob Gott ein Mann oder eine Frau ist, aber sein einziger Sohn war gewiß nicht blond, denn die Entwicklung des Christentums vollzog sich zunächst außerhalb Europas. Die wichtigen Konzilien von Seleucia, Nicäa, Alexandria und Chalcedon fanden im östlichen Mittelmeerraum statt. Die meisten Kleriker, die an diesen ersten entscheidenden Konferenzen teilnahmen, stammten aus Asien und Afrika, aus Gebieten, die sich heute in der Türkei, in Syrien, im Iran, in Ägypten, Tunesien, Libyen und Algerien befinden. Die Bezeichnung »Christentum« erhielt die neue Religion in Antiochia, wo Petrus seinen Sitz hatte. Während der ersten tausend Jahre kamen die meisten Innovationen der neuen Religion aus der Ostkirche, denn Byzanz als das »neue Rom« war weiter entwickelt als das alte Rom.

Man darf sich Religion nicht als ein Gebäude vorstellen, das genau nach den Plänen eines allwissenden Architekten errichtet wird, sondern als fortlaufendes Projekt. Am schier unendlichen Bau sind ganze Heerscharen von Architekten, Ingenieuren, Maurern, Steinmetzen und Bewohnern beteiligt, die alle ihre eigenen Vorstellungen haben. Sie arbeiten zusammen und schließen Kompromisse; sie können aber auch unterschiedlicher Meinung sein und sich erbittert wegen der Gestaltung der Fassade, der Inneneinrichtung und

Ausstattung streiten. Das steht in deutlichem Gegensatz zum Religionsmodell, das in einer Bibelschule, Madrasa, Jeschiwa, Gurukula oder einem Vihara gelehrt wird und von dort aus in die allgemeine Vorstellung eingeht. Obwohl die Anrufung Gottes ein fester Bestandteil der Religionsausübung ist, werden die vielen Namen, mit denen Er / Sie im Laufe der Geschichte beschworen wurde, sorgfältig vergessen. Ein typisches Beispiel für diese Spurenverwischung ist die Haltung des jesuitischen Theologen Hugo Rahner: »Das Christentum ist vollkommen *sui generis.* Es ist einzigartig und leitet sich von keinem anderen Kult und keiner menschlichen Institution ab, und auch sein grundlegender Charakter wurde von keinem derartigen Einfluß verändert.«[10]

Das historische Gedächtnis ist beim Bankett des Glaubens kein gerngesehener Gast, nicht einmal in säkularen Gesellschaften. Und wenn die Religion die Oberhoheit hat, wird die historische Genauigkeit schnell der Blasphemie bezichtigt; ein trotziger Versuch des Verstandes, den Anspruch der Offenbarung auf Einzigartigkeit in Frage zu stellen. Jede organisierte Religion betrachtet sich als monumentalen Tempel, erbaut aus homogenen Elementen. Aber wenn wir im Innern umhergehen, sehen wir Arkaden, die nicht mit den Pfeilern verbunden sind, und Säulen, die sich von den Sockelplatten lösen. Türen hängen schief in den Angeln und führen in Katakomben, die mit unzusammenhängenden Fresken bemalt sind. Viele Elemente reichen zurück in die Zeit vor der Ankunft des Propheten oder Lehrers, der den Tempel gründete; manche haben nichts mit seiner Vision gemein. Normalerweise bezeichnet man diesen dynamischen Prozeß mit dem Begriff »Synkretismus«, mit dem man auch eine Abweichung von der reinen Lehre oder den Versuch beschreibt, den einzigartigen Charakter einer Religion mit einer Mischung aus anderen Glaubenssystemen zu beschmutzen. Wenn man Synkretismus jedoch als Versuch definiert, verschiedene Ansichten oder Praktiken zu verbinden, in Einklang zu bringen, dann sind in Wahrheit alle Religionen synkretistisch.

Als Jesus seinen Jüngern sagte, »Im Haus meines Vaters gibt es viele Wohnungen«, hätte er auch die Levante meinen können, die um die Zeitenwende einem Basar aus konkurrierenden Kulten glich, einem Laboratorium der spirituellen Experimente. Im Judentum gab es keinen Glaubenskodex, von dem Häretiker hätten abweichen können. An der Spitze der jüdischen Glaubenspyramide stand die Tempelaristokratie, die Pharisäer und Sadduzäer, die wir aus biblischen Geschichten kennen. Doch die rabbinischen Verfasser des Talmud berichten, daß die Vorstellungskraft der jüdischen Gläubigen von mindestens 24 verschiedenen schismatischen Gruppen belegt wurde, deren vielfältige Weltanschauungen von Asketismus, Hedonismus und Platonismus geprägt waren. Es gab die Chassidim, die Herodianer, die Therapeutae, die Boethusier, die Sicarii, die Hellenes und die Zeloten.[11] Und damit ist allein die Vielfalt im Judentum benannt – die Darstellung der rivalisierenden Gruppen in Monthy Pythons *Das Leben des Brian*, die sich nur durch ihre Namenskürzel unterscheiden, ist nicht nur komisch, sondern auch historisch korrekt. Jenseits des jüdischen Obstgartens wuchsen Bäume mit üppigem, buntgefärbtem Blattwerk, die veredelt und gekreuzt wurden, bis ein Wald der vielfältigen Mischformen entstand: Die ägyptischen Kulte um Isis, Osiris, Kybele und Serapis hatten in ihrer spätrömischen Form zahlreiche Anhänger. Dabei waren in der Region bereits Adonis, der syrische Fruchtbarkeitsgott, und der iranische Sonnengott Mitra beheimatet, der zu Mithras assimiliert worden war. Der Kult des Mithras, der den Stier der Finsternis getötet hatte, zog insbesondere die Legionäre Roms an.

Jenseits dieses Waldes lagen Berge und Wüsten, in die sich einsiedlerische Gemeinschaften zurückgezogen hatten, um ihre Tage mit Gebeten und Kontemplation zu verbringen. Sie warteten auf eine Wendung des Schicksals, bei der die Korruption in den Städten beendet und die Reinheit der Seele wiedererlangt werden würde. Darunter befanden sich Prediger wie Johannes der Täufer, die sich einer messianischen Vision verschrieben hatten und ihre Stimme in der Wildnis erhoben, weil sie glaubten, das Ende der Tage sei nah und die Menschheit müsse auf die Ankunft des Herrn vorbereitet werden. Einige Einsiedler waren nachweislich von der Lehre Buddhas beeinflußt, die von Indien und Zentralasien über die Seidenstraße, die Kaschgar (im heutigen Xinjiang) mit Antiochia verband, in die Levante gekommen waren. Dieses bunte Mosaik wurde in die Architektur des Christentums eingefügt.

Religionen, die sich noch in ihrem formativen Prozeß befinden, entwickeln einen regelrechten Heißhunger auf Symbole und Dogmen. Beim letzten Abendmahl verteilt Jesus Brot unter seinen Jüngern und läßt einen Kelch mit Wein kreisen. Mit diesem Zeichen – indem sie sein Fleisch essen und sein Blut trinken – sollen sie, so sagt er ihnen, an seinem Mysterium teilhaben und das ewige Leben erlangen. Das Sakrament der Eucharistie, ein zentrales Element des christlichen Glaubens, hat seine Ursprünge in den frühen Fruchtbarkeitsreligionen, bei denen der junge Gottkönig im Frühjahr geopfert und verzehrt wurde, um eine gute Ernte und das Wohlergehen der Gemeinschaft zu gewährleisten. In diesem Zusammenhang liegt es nahe, an den syrischen Gott Adonis zu erinnern. Sein Tempel wurde »Haus des Korns« genannt, *Baith la-Haim* auf Hebräisch, also Bethlehem. Leib und Blut haben im christlichen Mythos eine lange Vorgeschichte.

Christus teilt den Tag seiner Geburt, für den in den Evangelien kein Datum genannt wird, mit einem seiner göttlichen Vorgänger. Mithras, den die römischen Legionäre und mehrere römische Kaiser aus dem Militär als *Deus Sol Invictus* verehrten, den »unbesiegbaren Sonnengott«, wurde der Legende nach am Tag der Wintersonnwende geboren: Nach dem Julianischen Kalender war das der 25. Dezember. Kaiser Aurelian (270–275 nach Christus) erklärte ihn im gesamten Römischen Reich zum Feiertag. Ende des 4. Jahrhunderts schwand die Anziehungskraft des Mithras-Kultes allmählich, und viele seiner Anhänger konvertierten zum Christentum. Dadurch ging der Höhepunkt des rituellen Kalenders in den Kult des auferstandenen Gottessohnes als Weihnachten ein.

Alle antiken Religionen verehrten die Große Mutter, das Prinzip der alles umfassenden Fruchtbarkeit: Sie wurde unter vielen Namen angebetet, als Ishtar und Innana in Mesopotamien, Isis in Ägypten, Nanaja in Zentralasien, Devi in Indien und als Demeter und Maia in Griechenland. Als die griechischen Siedler in Kleinasien auf Tempel trafen, die ihr geweiht waren, nannten sie die Göttin Artemis und übernahmen den bestehenden Kult. Aus dieser Begegnung entstand eines der sieben Weltwunder des antiken Mittelmeerraums, der Tempel der Artemis in Ephesos. Die frischgebackenen Anhänger des Christentums sehnten sich nach einer ähnlich barmherzigen Figur in ihrem neuen Glauben, der von männlichen Wesen bestimmt wurde – und so kam es nicht von ungefähr, daß beim Konzil von Ephesus im Jahr 431 der Kult um die Mutter Jesu, die Jungfrau Maria, offiziell anerkannt wurde. Damit verbunden war die Erlaubnis, sie und das Jesuskind als Bild und Statue darzustellen. Bei dem Konzil wurde auch die Verwendung des Titels *Theotokos* für Maria genehmigt: die Mutter Gottes, die bei ihrem Sohn zugunsten der geplagten Menschheit intervenierte.[12] Die Göttinnen der Antike setzten ihren rasanten Aufstieg in das neue Glaubenssystem fort und lebten in Eigenschaften der heiligen Jungfrau Maria weiter. Während der Regierungszeit Julian Apostatas wurde die heidnische Siegesgöttin Nike / Victoria erfolgreich in die Marienverehrung integriert – die in einem bestimmten Kontext auch als Maria Victoria, »Unsere Liebe Frau vom Siege« bekannt ist.

Vielleicht sollten wir in den ersten Jahrhunderten unserer Zeitrechnung von verschiedenen christlichen Glaubensgemeinschaften anstelle von einer Christenheit sprechen, zumindest, bis ein eindeutiges Dogma – festgelegt von einer kirchlichen Autorität, die sich auf kaiserliche Macht stützen konnte – den verschiedenen regionalen Ausformungen der Lehrer Jesu und des christlichen Mythos ein Ende machte. Im Grenzbereich zwischen einem vielgestaltigen Judentum und rivalisierenden christlichen Glaubensvorstellungen entstanden zahlreiche Sekten mit bizarren Lehren. Hätte sich eine davon die Unterstützung und militärische Macht eines Kaisers sichern können, wären wir wohl mit anderen christlichen Glaubensvorstellungen aufgewachsen. Die mysteriösen Elkasiten glaubten zum Beispiel, daß ihrem Gründer Elchasai oder Elchasaios (»Gottes heimliche Macht«) im Jahr 100 von zwei riesigen Engeln eine Offenbarung zuteil geworden war. Die himmlischen Boten – der eine männlich, der Sohn Gottes, der andere weiblich, der Heilige Geist; beide etwa 30 Kilometer hoch – sagten Elchasai, Christ werde Jahrhundert für Jahrhundert wiedergeboren, und zwar jedesmal von einer Jungfrau. Außerdem wiesen sie ihn an, Wasser als Quell des Lebens zu verehren, und teilten ihm eine geheimnisvolle Formel mit, die seine Anhänger verwenden sollten, würden sie von einem Hund oder einer Schlange gebissen werden.[13]

Wie ein Meisterkoch fand Elchasai Gefallen daran, sein Offenbarungsrezept mit zahlreichen Zusätzen zu würzen. Seine Anhänger folgten den alten jüdisch-mosaischen Gesetzen, beschnitten die Jungen und hielten streng den Sabbat ein. Doch Elchasai erklärte, die jüdischen Brandopfer seien ein Fehler, und tadelte auch die Zoroastrier, weil sie Feuer als Symbol des Göttlichen verehrten. Da er von der Heiligkeit des Wassers überzeugt war, behauptete er, von den Engeln wisse er, daß Gott Feuer verabscheue. Die Elkasiten wurden mit Wasser getauft und mußten zölibatär und vegetarisch leben. Elchasai verbannte Freude und Lachen, verbot seinen Anhängern jegliches Rauschmittel, aber auch Musik, Malerei und andere Künste. Besessen von ritueller Reinheit und Haß auf die Welt, zogen sich die Elkasiten in ihre Siedlungen an der Spitze des Persischen Golfs zurück, in der Nähe des heutigen Basra, und bestellten dort ihre Felder. Sie liebten Christus und haßten Paulus, den »Apostel der Heiden«, daher weigerten sie sich, seine systematische Darstellung des christlichen Glaubens und seine Briefe als Ergänzung zum Neuen Testament anzuerkennen.[14]

Intellektuelle jüdischer Herkunft wie Paulus, ehemals Saulus von Tarsus (ca. 10–ca. 67 nach Christus) und Philo Judäus, auch Philon von Alexandria genannt (ca. 25 vor–ca. 50 nach Christus) waren in einem Umfeld aufgewachsen und erzogen worden, das eher hellenisch-römisch als jüdisch war. Sie waren stolze Bürger des Römischen Reichs, sprachen Lateinisch und lasen lieber Griechisch als Hebräisch. In diesen klassischen Sprachen verfaßten sie auch ihre eigenen Texte und neigten daher eher den philosophischen Lehren Platons als den Propheten des Alten Testaments zu. Viele hellenisch-römische Juden übernahmen Sitten und Gebräuche ihrer heidnischen Nachbarn und assimilierten sich so vollständig in die römische Provinz, in der sie lebten, daß sie kaum noch als Juden in Erscheinung traten. Sie trugen hellenisch-römische Namen; manche machten mit chirurgischer Hilfe sogar ihre Beschneidung rückgängig, um auch körperlich den Heiden zu gleichen (Paulus verweist auf diese Praxis in 1. Korinther 7,18). Selbst ihr Gottesdienst wurde von der heidnischen Umgebung beeinflußt: Archäologen entdeckten in Dura-Europos am Fluß Euphrat eine Synagoge, in der die Mosaiken und Wandmalereien Szenen aus der heidnischen Mythologie darstellen.

Die romanisierten Juden, die sich dem Christentum anschlossen, brachten ihre klassische Bildung und ihre Vorlieben mit, was eine große Veränderung für die aramäischsprachigen Bauern, Fischer und Handwerker bedeutete, die die ursprüngliche Anhängerschaft Jesu stellten. Nun folgte ein Wechselspiel zwischen frühem Christentum und griechischer Mythologie, Philosophie und Religion. Unter dem Einfluß von Philosophen wie Philon machte das ethisch geprägte Modell des frühen Christentums allmählich einer eher mystischen Interpretation Platz, die auf der Erhabenheit der göttlichen Äußerung gründete: Das Wort, der Logos der griechischen Philosophie, stand nun, übertragen auf einen hebräischen Kontext, für die Weisheit Gottes, der seine absolute und unbeschreibliche Natur zum Wohle seiner Schöpfung übermittelt. Wie Werner Jaeger in *Das frühe Christentum und die griechische Bildung* schrieb: »Von den Faktoren, die die endgültige Form der christlichen Tradition bestimmten, übte die griechische Kultur einen tiefen Einfluß auf das christliche Denken aus.«[15]

Philon blieb sein ganzes Leben lang Jude und widmete sich der Interpretation des Pentateuch. Er verteidigte das Judentum gegen heidnische Kritiker, indem er es in seinen historischen, philosophischen, ethischen und rechtlichen Kontext einordnete. Doch seine Lehren, die aus dem Bedürfnis entstanden waren, den zentralen Widerspruch in seinem Leben aufzuheben, beeinflußten christliche und muslimische Denker, Mystiker und Rationalisten über 17 Jahrhunderte. Denn Philon stand für die intellektuelle Krise seiner Zeit: Er war der erste jüdische Denker, der die Freiheit des Platonismus kennenlernte, und der erste Platoniker, der an die jüdischen Glaubensvorschriften gebunden war. Als Jude war er den Schriften seiner Väter verpflichtet, übermittelt von einem Gott, der in seiner Allmacht absolut war und daher Gehorsam verlangte. Doch als Platoniker konnte er seinen Verstand ungeachtet der heidnischen Götter, die ohnehin nur symbolische Gestalten waren, frei bewegen und dem Ideal der Vollkommenheit folgen, das in einer Sphäre der Ideen residierte, in der es keinen spezifisch religiösen Kontext gab. Am Schnittpunkt zweier gegensätzlicher Traditionen war Philon der erste Philosoph, der fragte, wie sich spekulative Überlegungen mit der biblischen Offenbarung vereinbaren ließen, ob nun in der Metaphysik, der Erkenntnistheorie, Ethik oder Physik. Philons Doktrin des monotheistischen Mystizismus lehrte, daß der Mensch in der Lage ist, die Existenz Gottes, wenn auch nicht dessen Natur zu begreifen. Wie wir im Kapitel »Die Partei der Vernunft gegen die Partei des Glaubens« gesehen haben, sollte diese Spannung zwischen Vernunft und Offenbarung, zwischen Naturwissenschaft und Mystizismus die arabischen Aristoteliker im Mittelmeergebiet, die Averroisten in Europa und nahezu alle europäischen Denker bis zur Renaissance, Reformation und Aufklärung beschäftigen.

Die klassische Philosophie fand im 6. Jahrhundert nach Christus durch den christlichen staatlichen Terror in Byzanz ihr Ende. Doch in den ersten Jahrhunderten herrschten günstigere Bedingungen für die Philosophie, und die Christen waren sehr empfänglich für intellektuelle Anregungen, wodurch heidnische Philosophen großen Einfluß auf sie ausübten. Im 2. Jahrhundert nach Christus verschrieb sich Clemens von Alexandria der Aufgabe, einen tieferen christlichen Sinn in den griechischen Mythen zu finden. Männer wie Clemens konnten die neue Religion nur dann intellektuell ernst nehmen, wenn sie sich in die komplizierte Gedankenwelt des hellenisch-römischen Denkens integrieren ließ. Als Religion des subalternen Widerstands, die in erster Linie Unterdrückte im provinziellen Judäa ansprach, würde das Christentum kaum Fortschritte bei der Elite des Römischen Reichs machen. Clemens ernannte viele griechische Gelehrte und Heldengestalten, mythische wie historische, zu Christen *avant la lettre*. Orpheus bezeichnet er als den »Theologen«, und Platon sei »von Gott inspiriert« worden. Clemens' Schriften künden von seinen profunden Kenntnissen sowohl der klassischen Literatur als auch der biblischen Texte. In seinen Traktaten finden sich ausgiebige Zitate; nach der Zählung des Altphilologen Stählin zitiert Clemens 359 klassische und andere nichtchristliche Autoren, 70 biblische Texte (einschließlich der Apokryphen des Alten Testaments) und 36 Texte aus dem Neuen Testament, den Schriften der Kirchenväter sowie aus den Apokryphen (darunter auch Häretiker). Die Zahl der Zitate in seinen gesammelten Werken beläuft sich auf 8000, über ein Drittel davon stammt von heidnischen Autoren. Über die von den Griechen inspirierten christlichen Lehrer wie Clemens, die die christliche Philosophie begründeten, schreibt Jaeger: »Sie führten ihre Schüler auf den Weg zur Vergeistigung, die alle höhere Religion der Spätantike verband … Sie begannen sich daran zu erinnern, daß Plato als erster dem innern Auge die Welt der Seele sichtbar gemacht hatte, und sie erkannten, wie diese Entdeckung von Grund aus das menschliche Leben gewandelt hatte. So wurde Plato auf dem Weg zur Höhe ihr Führer und lenkte ihre Augen fort von der sinnlich-stofflichen Wirklichkeit zu einer immateriellen Welt, in der die edleren Geister der Menschheit sich heimisch zu machen suchten.«[16]

Erst einige Jahrhunderte später erreichte das Christentum

die »kritische Masse« – die richtige Mischung aus kaiserlicher Unterstützung, Anhängerzahl, kirchlicher Autorität und kodifiziertem Dogma –, um sich selbst als freistehendes Monument zu präsentieren und so fast alle Entwürfe, Versionen und Modelle zu verleugnen, die mit in das Glaubensgebäude eingeflossen waren.

Wenn Religionen diesen Zustand der Kanonisierung erreichen, haben sie die Beweglichkeit der Vorstellungskraft zugunsten der Starre der Konsolidierung aufgegeben. In diesem Stadium bildet die Religion ihre spezifische Identität durch Abgrenzung. Man versucht, andere Religionen oder Glaubensrichtungen zu widerlegen oder zu verunglimpfen, um sich so von ihnen abzuheben. Daß vieles von diesen übernommen wurde, verdrängt man lieber und erklärt statt dessen die eigene Doktrin, die eigenen Rituale und Vorschriften für einzigartig und ursprünglich – und damit allen anderen, die Anspruch auf die religiöse Wahrheit erheben, unvergleichlich überlegen. Ähnlichkeiten werden als Abweichung oder Zufall abgetan, es wird versucht, bei allem Übernommenen die Herkunft zu tilgen. Je stabiler ein neues System ist, desto empörter werden die Gaben des Zusammenflusses verleugnet. Die wichtigste Geste der Kanonisierung besteht darin, die Meißel- und Schleifspuren der heterogenen Herkunft zu übertünchen und sie durch die glatte Fassade eines Gründungsmythos zu ersetzen.

4 Eine Reise auf den Spuren des Glaubens

Die Vishwa Hindu Parishad (VHP) ist eine mächtige hindunationalistische Organisation, die auf der Überzeugung gründet, daß der Hinduismus ewig und unwandelbar ist, daß er seit Jahrtausenden in Indien besteht (die Schätzungen der VHP schwanken zwischen 8000 und 50 000 Jahren), und daß es keinerlei fremde Einflüsse oder Anleihen gibt. Der Hinduismus ist rein indisch, und Indien ist ein rein hinduistisches Land: Das ist die Logik der VHP. Doch manchmal befallen auch die Mitglieder der VHP Zweifel. Es ist schön und gut, Christen und Muslime zu verunglimpfen und sich selbst zu beweihräuchern, sagen sich die Leiter der Organisation, aber es wäre besser, wenn wir ein paar Beweise hätten, mit denen wir die spottenden Wissenschaftler zum Schweigen bringen könnten. Daher beschloß das oberste Gremium der VHP, eine Zeitreise zu finanzieren – eine streng geheime Expedition, von der die Autoren dieses Buches exklusiv berichten können –, bei der ein Forscher zurück in das glorreiche vedische Zeitalter reisen und Beweise dafür sammeln sollte, wie die Vorfahren der Hindus ihre Rituale vollführten, ihre Götter verehrten und ihren Glauben wahrnahmen.

Es begibt sich also ein eingeschriebenes Mitglied der VHP, ein Hindu mit makellosen Referenzen, auf eine Pilgerreise durch die Zeit bis ins Jahr 1500 vor Christus.

Er ist sicher sehr aufgeregt, denn schließlich soll er mit eigenen Augen das Goldene Zeitalter seines Glaubens sehen, als die Glaubensgrundsätze des Hinduismus noch unbefleckt von fremden Einflüssen waren. An den Ufern des Indus gelandet, unternimmt er sogleich einen Spaziergang, weil er es kaum erwarten kann, die Tempel zu sehen, den Göttern, die prächtig in Stein gehauen sind, seinen Respekt zu erweisen, und den Sonnenuntergang mit dem altehrwürdigen Aarti-Ritual zu begehen. Doch unser Hindu-Gesandter sucht vergeblich. Er trifft auf einige Hirten, doch keiner von ihnen kennt seinen obersten Gott Shiva. Vishnu sagt ihnen etwas, aber nur als einer von vielen Namen des Sonnengottes. Ein Schock folgt auf den anderen: Als unser Zeitreisender den liebenden Krishna erwähnt, reagieren die Hirten verärgert, denn Krishna, so erklären sie ihm, sei ein Viehdieb und der Feind ihres obersten Gottes Indra. Und als er nach Ganesha fragt, der populärsten der heutigen Gottheiten, verjagen sie ihn beinahe – dieser gefährliche Unruhestifter, flüstern sie, lasse sich nur von Schamanen aus dem Wald am anderen Ufer des Flusses besänftigen. Um seine neuen Freunde zu beschwichtigen, fragt sie der verblüffte Gast nach ihren Göttern. Sie zählen eine lange Reihe auf: Varuna, Mitra, Agni, Kubera und andere. Doch für ihn sind das nur vage Namen, schemenhafte Gestalten, die entweder vergessen oder wie im Falle Kuberas zum Kobold mutiert sind. Ich werde Trost in einem Tempel finden, denkt unser Zeitreisender, aber die Einheimischen verstehen seine Bitte nicht. Das Wort *mandir* ist ihnen fremd, ebenso *murti.* »Wo kommst du denn her?« fragen sie ihn mit wachsendem Argwohn. »Bist du überhaupt einer von uns?« Nach langem Hin und Her führen sie ihn zu einem Altar am Fluß, um den im Kreis mehrere Männer sitzen. Doch ihre schamanischen Reinigungsrituale und Lobgesänge ergeben für ihn keinen Sinn, er kennt die Schutzgeister und Fruchtbarkeitsgöttinnen nicht, die sie anbeten. Aufgewühlt und verunsichert findet er sich auf einer Lichtung im Wald wieder, wo Opfer dargebracht werden. Aber wieder entdeckt er nur unbekannte Abbildungen: Anstelle des mächtigen Shiva sieht er eine Kobra, anstelle des königlichen Vishnu erblickt er einen Fisch, eine Schildkröte und einen Eber. Und als die Sonne sinkt, ist er ganz allein, die Einheimischen machen keine Anstalten, sich zum Abendgebet zu versammeln, das zu seinem täglichen Ritual gehört, solange er denken kann. Immerhin sind die Einheimischen gastfreundlich und sitzen nach dem Abendessen (über das man besser das Mäntelchen des Schweigens wirft) zusammen mit ihm am Feuer und bemühen sich um eine Unterhaltung. Auf der Suche nach Gemeinsamkeiten erzählt der Zeitreisende seine Lieblingsmythen, so gut er es eben kann in seinem Schul-Sanskrit. Die Geschichte von Rama und Sita, die Legende vom Kampf der Pandavas und Kauravas, die Sage von den rivalisierenden Schwestern Ganga und Parvati. Seine Zuhörer sind hingerissen von den schönen Geschichten aus einem fremden Land, nicht allein wegen seines Erzähltalents, sondern auch, weil sie noch nie etwas Vergleichbares gehört haben. Selbst das grundlegendste hinduistische Konzept, das er beiläufig erwähnt – das *karma* seines Lebens – verblüfft seine »Vorfahren«. Allerdings gibt es auch einen tröstlichen Moment, als die Gastgeber ihn zu einem Opfer einladen, dem *yagna*. Erleichtert wirft er die Mischung aus Sesam, geklärter Butter und Holzspänen zum Gesang vedischer Verse ins Feuer. Doch seine Erleichterung währt nur kurz. Empört sieht er zu, wie die Priester ein Gebräu namens *soma* verteilen, das Frauen und Männer bereitwillig trinken und dann in Trance fallen. Nur allzu gern kehrt er wieder in die heutige Zeit zurück, denn ihm kommt es vor, als sei er auf dem Mond gelandet.

Aber die Anhänger der VHP geben nicht so leicht auf. Nun gut, rufen sie, vielleicht haben wir um das eine oder andere Jahrtausend übertrieben, aber das beweist noch gar nichts. Unser Forschungsreisender muß die große Hindu-Offenbarung knapp verpaßt haben – wir müssen ihn einfach noch einmal losschicken.

Doch die zweite Reise steht von Anfang an unter einem schlechten Stern. Aller Hoffnungen und Illusionen beraubt, fühlt sich unser Hindu schon bei dem Gedanken an das, was er in dem überaus fremden Land seiner Vergangenheit finden könnte, zutiefst verunsichert. Dieses Mal reist er nicht ganz so weit zurück. Seine Geduld wird erneut auf eine harte Probe gestellt. Die Rituale, deren Zeuge er wird, schockieren ihn mit ihrer Erdigkeit und ihrer mangelnden Zurückhaltung: Schlange und Penis, Gnome und Kobolde. Er erreicht das 5. Jahrhundert vor Christus, die Epoche der großen Religionsgründer Gautama Buddha und Mahavira, die nur wenige Kilometer voneinander entfernt in Nordindien geboren wurden. So wie er es aus den Geschichtsstunden weiß, sind der Buddhismus und Jainismus Seitenzweige des Hinduismus, aber er ist noch keiner Form des Hinduismus begegnet, mit der er sich identifizieren könnte, einige Hymnen und rudimentäre Rituale ausgenommen. Seitenzweige ohne einen

Stamm? Er grübelt über dieses Rätsel und rutscht noch tiefer in den Sumpf der Verwirrung, als er erkennt, daß die ersten Bauwerke, die er findet – etwa aus dem 2. Jahrhundert vor Christus – buddhistischen Ursprungs sind, die Stupas von Bharhut und Sanchi. Wenn aber die Buddhisten in jener Zeit so beeindruckende Bauwerke aus Stein errichten konnten, warum nicht auch die Hindus?

Kurz darauf zeigt sich ein Hoffnungsschimmer: eine Säule, sechs majestätische Meter aus Sandstein in Besnagar im heutigen Bundesstaat Madhya Pradesh. Darauf sind zwar keine Reliefs zu sehen, doch auf der Spitze sitzt der Adler Garuda, ein Symbol für Vishnu und damit endlich ein Zeichen, das unserem Reisenden geläufig ist. Beim Lesen der Inschrift erfährt er, daß die Säule ein Geschenk eines bekannten »Bhagvat« ist, eines Vasudeva-Verehrers. *Vasudeva!* Das bedeutet Vishnu, endlich steht er vor einem richtigen Hindu-Monument. Unser Zeitreisender atmet auf – er ist angekommen. Von seinen Gefühlen überwältigt, geht er in die Knie, und dabei fällt sein Blick auf die Inschrift. Um Himmels willen! Der Spender ist ein Ausländer: *Heliodorus, Sohn des Dion.* Unser Reisender muß sich jetzt erstmal setzen, er stützt den Kopf in die Hände und versucht, diesen grausamen Schlag seines *karma* zu verstehen, bei dem alles, was ihm heilig ist, auf den Kopf gestellt wird. Was für eine Enttäuschung! Offensichtlich war dieser Spender, Botschafter der griechischen Königreiche am örtlichen Hof, der erste Anhänger Vishnus. Der erste Inder, der Vishnu als obersten Gott verehrte, war ein Grieche!

Und Heliodorus bleibt kein Ausnahmefall, wie Münzfunde aus der Region beweisen. Sie wurden von Agathokles geprägt, einem indo-griechischen Herrscher, waren ebenfalls

Vasudeva geweiht und zeigen die erste bekannte Abbildung der Gottheit. Vasudeva, was »der strahlende Gott« bedeutet, ist ein Neuankömmling im Götterhimmel, eine vor kurzem entstandene Mischung aus Pan, Dionysos und Indra. Unser Reisender muß noch zwei weitere Jahrhunderte durchqueren, bis er schließlich eine hinduistische Darstellung findet: In Gudemallam in der Nähe des heutigen Madras stößt er auf eine wirklich prächtige Skulptur. Mit eineinhalb Metern Höhe gilt die Statue als »die früheste Darstellung Shivas in der indischen Kunst«.[17] Unser Reisender ist jedoch bestürzt: Das Lingam ist kein abstraktes Symbol, sondern ein sehr realistischer, gigantischer Penis. Der Gott ist nicht allein dargestellt, sondern tritt aus dem Lingam hervor und steht gleichzeitig auf den Schultern eines *yaksha* (Naturgeistes). In der linken Hand hält er einen Wasserkrug, in der rechten eine Antilope, auf der Schulter ruht eine Axt. Noch verwirrender ist jedoch, daß der Figur sämtliche Insignien fehlen, die normalerweise mit diesem Gott in Verbindung gebracht werden: Den Dreizack in der Hand, die Flußgöttin Ganga in seinen Locken, die Schlangen um seinen Hals und den Stier Naudi unter ihm – mit einem Wort, die frühe Darstellung steht in Widerspruch zu allen späteren Darstellungen. Selbst die Datierung auf das 1. Jahrhundert vor Christus läßt zweifeln. Sie ergibt sich aus den zweifelhaften Angaben von Kunstkennern, deren Datierungen auf einem stilistischen Vergleich basieren, die allerdings besonders ungenau sind, wenn nichts Ähnliches zum Vergleich zur Verfügung steht. Unser Zeitreisender muß sich wundern, ob er wirklich vor Shiva steht.

Erst als er die Kushana-Zeit im ersten Jahrhundert nach Christus erreicht, kann er erleichtert aufatmen. In der Hauptstadt Gandhara sieht er eine Darstellung, die er sofort als Shiva akzeptiert: Die Figur trägt einen Dreizack und reitet auf dem Stier Nandi. In Mathura findet er eine Sandsteinskulptur von Vishnu; und in beiden Städten des Kushana-Reichs erkennt er Skanda, den Kriegsgott und Sohn Shivas, eine beliebte Gottheit bei den Indo-Griechen. Und in der Darstellung Govardhanadharas – dem jungen Gott, der den Berg trägt – erkennt er endlich auch seinen eigenen Krishna! Doch die meisten Skulpturen verkörpern Buddhas und Bodhisattvas, viele davon mit Gesichtszügen von Ausländern. Unser Zeitreisender fragt sich, ob etwas mit seiner Zeitmaschine nicht stimmt. Wo ist der Hinduismus abgeblieben? Befindet er sich wirklich in Indien oder wurde er versehentlich woanders hingeschickt, in eine Art Buddhistan? Er will beim Kontrollzentrum der VHP nachfragen, doch die Kommunikation ist unterbrochen.

In einem königlichen Schrein in Kushana sieht er zum ersten Mal auf seiner Reise die heute populäre Darstellung der Göttin Durga im Kampf mit einem Dämon. »Warum sehe ich Devi hier zum ersten Mal?« fragt er den Wächter des Schreins. »Nun«, sagt der Wächter, »du siehst aus wie ein Fremder und sprichst auch so; aber wenn du es wirklich wissen willst, das ist unsere Kriegsgöttin Nanaja. Wir haben sie aus Innerasien mitgebracht, und jetzt sind die Einheimischen sehr glücklich mit ihr. Sie bringen ihr Blumen und opfern ihr Ziegen an ihrem Festtag. Wir hindern sie nicht daran. Uns wäre es zwar lieber, wenn sie in den Darstellungen einen Stier töten würde, aber die einheimischen Künstler haben es mit einem Büffel ausprobiert. Und wir sagen uns: Warum nicht, schließlich paßt das besser zum Leben in einem Monsungebiet, daher nehmen wir es hin, daß die Göttin in den Darstellungen einen Wasserbüffel-Dämon tötet.«

Unser Hindu aus der heutigen Zeit ist den ganzen Tag wie betäubt. Er betritt die anderen Schreine, die er sieht, erst gar nicht, weil er sich keinen weiteren unliebsamen Überraschungen aussetzen will. Macht nichts, sagt er sich. Immerhin bin ich der erste lebende Hindu, der in die Vergangenheit gereist ist. Mit meinen Geschichten werde ich eine große Zukunft haben. Bei dieser Aussicht entspannt er sich ein wenig.

Als er schließlich ins heutige Indien zurückkehrt, präsentiert er seine Erkenntnisse aufgeregt dem obersten Gremium der VHP. Prompt verbannt man ihn aus der Organisation und verbrennt seine Unterlagen. Nicht, weil er die Unwahrheit gesagt hat – wie soll die VHP-Führung seine Aussagen widerlegen? –, sondern weil er es gewagt hat, in aller Öffentlichkeit Fakten zu nennen, die sich nicht in die Mythos-Maschinerie einfügen lassen. Man muß nicht unbedingt die Wahrheit verteidigen, um im heutigen Indien – in weiten Teilen beherrscht von der Ideologie der Hindutva – als Verräter gebrandmarkt zu werden, aber es hilft.

5 Ein Körper für den Buddha

Einst war Buddha ein Koloß, sein Gesicht war mit Gold überzogen, sein Körper mit prächtigen Edelsteinen geschmückt. Aber die Geschichte hat ihn ausgelöscht – vom Gold und von den Edelsteinen ist keine Spur geblieben, nur die große, leere Nische, in der er sich befunden hat. Heute ist Bamiyan, einst eine geschäftige Karawanserei an der Seidenstraße, ein verlassenes Tal in Afghanistan, ein Symbol für die Apokalypse der Intoleranz.

Als die Taliban die beiden Buddhastatuen in Bamiyan im Frühling 2001 sprengten, war die Welt entsetzt über ihre barbarische Zerstörungswut. Die Skulpturen waren mehr als die größten Buddhastatuen der Welt, sie waren auch die letzten verbliebenen Symbole der großen, fast vergessenen Kultur: des Kushana-Reichs.

In ihrer Blütezeit vom 1. bis zum 4. Jahrhundert nach Christus wurde die Kultur Kushanas von den verschiedensten Quellen gespeist. Die Kushanas waren die Nachkommen einer Vermischung zwischen Yuezhi (indogermanischen Nomaden aus Nordwestchina, die eine iranische Sprache sprachen) und der lokalen Bevölkerung, die bereits indische, griechische, baktrische und skythische Vorfahren hatte. Vielfalt war das Kennzeichen des Kushana-Reichs, das auf seinem Höhepunkt unter Kaiser Kanishka das heutige Afghanistan,

Pakistan, einen Großteil Nordindiens sowie Teile des Irans und Chinas umfaßte. Kushana war das erste Reich in der Geschichte, das die Berge zwischen Zentralasien und Indien überbrückte. Am östlichen Rand hatten die Kushanas Kontakt zur indischen Gangesebene und China, am westlichen Rand zu Persien und der griechisch-römischen Welt.

Die offene Gesellschaft Kushanas leistete einen revolutionären Beitrag zur Kultur: die Darstellung Buddhas in menschlicher Gestalt. Im ersten Jahrhundert nach Christus wird Buddha zum ersten Mal figürlich abgebildet. Um die Tragweite dieser Neuerung zu verstehen, sollte bedacht werden, daß der Buddhismus anfänglich eine bilderfeindliche Religion war. Er lehrte eine Botschaft der Disziplin, bei der das Streben nach persönlicher Vervollkommnung, des Mitgefühls sowie geistige Reinheit betont wurden. Der Erleuchtete hatte seinen Schülern ausdrücklich verboten, seiner mittels Bildern zu gedenken. Dieses Verbot war sieben Jahrhunderte lang befolgt worden. Bildhauer hatten seine Anwesenheit durch Fußabdrücke dargestellt, durch den Lotus, den Baum der Erleuchtung, die Feuersäule oder den leeren Sitz des Lehrers.

Wie kam es zu diesem Wandel? Die gesellschaftlich-politische Dynamik im Kushana-Reich stellte die Buddhisten vor neue Herausforderungen. Nachdem sie zum ersten Mal Anhänger außerhalb des indogermanischen Kulturkreises gefunden hatten, mußten sie sich mit unterschiedlichen religiösen Vorstellungen arrangieren. Die wachsende Beliebtheit ihrer Lehre stärkte die Haltung jener Buddhisten, die bei den theoretischen Debatten in den *viharas*, den Klöstern, bereits argumentiert hatten, Buddha solle in einer *carita*, einer komprimierten Biographie des obersten Lehrers als für jeden ansprechbarer Guru dargestellt werden. Gleichzeitig übertrugen die neuen Anhänger den abstrakten Symbolismus der Buddhisten in eine bildliche Form, die sie von der persischen Religion kannten. Auch die prächtigen Skulpturen des antiken hellenistischen Heidentums (Apollo und Hermes, Zeus und Poseidon), mehr weltlich als heilig, mehr zur Agora denn zum Tempel gehörend, dienten als Vorbild, als die Buddhisten Kushanas schließlich entschieden, den Großen Lehrer nach ihrem Bilde zu formen. Daraus entstand der sogenannte »Gandhara-Stil«, benannt nach dem westlichen Zentrum des Reichs. Als der Unvorstellbare zu Stein, genauer gesagt zu Schiefer wurde, waren die Bildhauer nicht mehr aufzuhalten. Viele von ihnen waren wandernde Künstler aus dem römischen Orient und vom Wunsch nach ikonografischer Pracht beseelt. Ähnlich erlaubten es sich die Künstler in der östlichen Hauptstadt Mathura, gleichfalls erfüllt von volksnaher Bildhaftigkeit, bei der Darstellung Buddhas auf vorhandene Formen zurückzugreifen.

Dadurch entstand nicht nur ein neuer Stil, sondern im Grunde auch eine neue Religion. Denn die künstlerische Freiheit in Gandhara und Mathura belegt weit mehr als einen ästhetischen Wendepunkt. Sie verweist auf eine weitreichende Neubearbeitung der ursprünglichen buddhistischen Lehre, auf die Entstehung der Mahayana-Tradition, der zwei Drittel der heutigen Buddhisten angehören.

Die zentrale Figur des Mahayana ist der Bodhisattva. Wörtlich das »Wesen der Erleuchtung« ist der Bodhisattva ein Suchender, der aus dem Kreislauf der Wiedergeburt befreit ist, aber aus Mitleid auf der Welt bleibt, um anderen beim Erreichen des Nirvana zu helfen. »Der Bodhisattva will

Buddha werden, weil nur ein Buddha über das Wissen und die Mittel verfügt, möglichst viele Lebewesen zu erlösen.«[18] Im frühen Buddhismus lag der Schwerpunkt auf dem einzelnen Strebenden, dem Arhat, und seiner Erlösung durch die eigenen Bemühungen. Indem sich im Kushana-Reich die Anhängerschaft ausweitete, entstanden völlig neue Formen. Ein genauerer Blick auf die verschiedenen Bodhisattvas offenbart ihre Nähe zu zoroastrischen Vorbildern: Avalokiteshvara, der Freund und Beschützer, weist eine auffallende Ähnlichkeit mit Mithras auf, dem Gott, den die Iraner in einer direkten und persönlichen Beziehung verehrten; Maitreya, der dem Namen und seinem Wesen nach ein Abkömmling von Mithras ist, wurde nach dem Saoshyant gestaltet, dem kommenden Erlöser. Vor allem aber wurden die Bodhisattvas zum Mittelpunkt einer Frömmigkeit, die bislang in der buddhistischen Praxis gefehlt hatte – sobald die Schleusentore geöffnet werden, strömen die verschiedensten Zuflüsse herein.

Der Wandel wirkte sich auch auf den Status der bislang eher vernachlässigten buddhistischen Laien aus. Sie hatten sich zuvor Verdienste durch Essensgaben für die Mönche erworben, die sie im Gegenzug Weisheiten und Parabeln gelehrt hatten, doch davon abgesehen war der Buddhismus auf die Klöster beschränkt gewesen. Aber nun, mit dem Konzept und der Figur eines barmherzigen Beschützers, konnten sich die Gläubigen mit ihren Sorgen und Wünschen direkt an die Gottheit wenden. Durch die aktive Beteiligung der Bevölkerung entstand ein bedeutender Laienbuddhismus. Ohne diese Entwicklung hätte sich der Buddhismus wahrscheinlich nicht außerhalb der Klöster und in ganz Asien verbreitet.

Das Bedürfnis nach Anbetung erforderte Gottheiten, die

nicht nur für heilige Weisheit standen. Mit der Hinwendung zum Transzendenten richtete der Gläubige seine Erwartung auf die Zukunft, eine Zukunft, in der er persönlich erlöst werden und die Glaubensgemeinschaft die endgültige Befreiung erfahren würde. Eine ganze Reihe neuer buddhistischer Figuren diente diesem Bedürfnis nach Andacht: Maitreya, Avalokiteshvara, Manjushri, Akshobhya, Kshitigarbha und andere.

Diese zukünftigen Buddhas zählen zu den verwirrend vielfältigen Protagonisten der heiligen Texte, den umfassenden *Vaipulya-Sutren*, die alle in der Kushana-Zeit aufgezeichnet oder systematisch erfaßt wurden. Da den Mahayana-Sutren die kanonische Autorität fehlte, wurden sie von einigen Vertretern der buddhistischen Orthodoxie nicht akzeptiert, doch sie sprachen die Konvertiten an, weil sie deren Orientierungssuche berücksichtigten. Die Bodhisattvas gelangten mit Hilfe des Übersetzers Kumarajiva in den Fernen Osten und bildeten die Basis für den »Reines-Land-Buddhismus«, der heute Millionen Anhänger hat. Andrew Skilton, der sich intensiv mit der Geschichte des Buddhismus befaßt, bezeichnet die Sutren als »visionäre Dramen«, eine passende Beschreibung ihrer barocken Qualität. Während frühe buddhistische Texte knapp und präzise sind, regen die Mahayana-Texte die sinnliche Vorstellung an und führen den Zuhörer mittels ihrer Dialogform in Gebiete mythischer Pracht, bevölkert von einem vielköpfigen Ensemble legendärer Wesen. Mit ihren schmückenden Details überbrücken sie die zuvor von den Gläubigen empfundene Kluft zwischen Parabel und Epos in der buddhistischen Literatur.

Doch die *Vaipulya-Sutren* waren weit mehr als spirituelle »Bestseller«. Sie bereiteten den Boden dafür, daß die vier Ideale Liebe, Mitgefühl, Freude und Gleichmut, die bisher der Meditation gedient hatten, zu Handlungsprinzipien wurden. Indras Netz, die Girlande Buddhas und andere Metaphern für die wechselseitige existentielle Verknüpfung aller Lebewesen gewannen an Bedeutung. Diese radikalen Ideen spiegeln die komplexen gesellschaftlichen und politischen Beziehungen im Kushana-Reich. Eine Lehre, die behauptete, das Prinzip Buddhas werde von allen Lebewesen geteilt, sie alle hätten Teil an Buddhas Geist, paßte gut zu einem Reich, in dem verschiedene Kulturen, Sprachen und Traditionen durch Toleranz und Akzeptanz verbunden waren. Selten hat es – egal in welcher Stunde oder Zeit – eine vergleichbare ethnische und kulturelle Vielfalt unter den Vertretern einer Glaubensrichtung gegeben.

Natürlich benötigte ein Buddha mit einem menschlichen Körper auch eine Lebensgeschichte. Bisher hatte es in der kanonischen Literatur keine umfassende Darstellung seines Lebens gegeben: »Es ist merkwürdig, daß die kanonischen Schriften nicht sein Leben von der Geburt bis zum Tod erzählen.«[19] Der Mönch Ashvaghosha, ein Protegé des Kaisers Kanishka, schöpfte die Lebensgeschichte des Erleuchteten aus zahlreichen Legenden. Seine Hauptquellen waren zwei Schriften, das *Mahavastu* und das *Lalitavistara*, die beide anekdotische Fragmente aus dem Leben Buddhas, aber keine durchgängige Erzählung enthielten. In Übereinstimmung mit dem im Entstehen begriffenen »Personenkult« um Buddha und die Bodhisattvas erstellte Ashvagosha die erste Biographie *per se*, das *Buddhacarita – das Leben Buddhas*. Dieser Text, das erste heute noch existierende große Werk klassischer Sanskrit-Literatur hatte großen Einfluß auf die Wahrnehmung Buddhas als Person, im Buddhismus sowie auch darüber hinaus. Das *Buddhacarita* war nicht nur eine hochgeschätzte hagiographische Quelle für den historischen Buddha, sondern erweiterte auch die Basis des Buddhismus und damit seine Reichweite.

Streift man durch die Ruinen von Charsadda, Takht-i-Bahi und Taxila, fragt man sich, ob die erstaunliche Kushana-Kultur nicht nur eine Fata Morgana war, das Produkt der überhitzten Phantasie eines buddhistischen Pilgers, so fern fühlt man sich von der heutigen Realität. Die Nordwestprovinz Pakistans ist ein abgelegenes, gebirgiges Gebiet und wird oft als eine der letzten Hochburgen der von Stammesbräuchen dominierten, patriarchalischen Barbarei betrachtet. Und doch trennen nur 28 Kilometer Peshawar, die Hauptstadt der Drogenschmuggler, Waffenschieber und CIA-Schnüffler, von Pushkalavati, dem westlichen Zentrum des Kushana-Reichs. Diese Wiege der Zivilisation ist von hochrangigen Offizieren des pakistanischen Militärs geplündert worden, die nun einige der schönsten Antiquitäten besitzen und ihre Sammlungen auch aus Talibanbeständen erweitert haben. Denn die Taliban sprengten nicht nur die kolossalen Buddha-Statuen von Bamiyan, sondern führten auch die in ihren Augen heidnischen Artefakte in afghanischen Museen einem gewinnbringenderen Zweck zu. Infolge der Bombardierungsarchäologie wird heutzutage eine wahre Flut von Gandhara-Schätzen angeboten, an denen sich Museen, private Sammler und Auktionshäuser im Westen delektieren.

Das Kushana-Reich widerspricht der gängigen Vorstellung, daß Stämme, Religionen und Nationen feste Blöcke sind, die in ständigem Konflikt miteinander liegen: Paschtunen gegen Tadschiken, Muslime gegen Ungläubige, Hindus gegen Muslime, westliche Rechtsstaatlichkeit gegen orientalische Stammesbräuche. Die Funde, die die verbrannte Erde in dieser Region freigibt, erzählen eine andere Geschichte, eine Geschichte, die mit Münzen beginnt. Die kushanischen Münzpräger, die wie ihre römischen Zeitgenossen die alexandrinischen Techniken verwendeten, schlugen Gold- und Kupfermünzen, die abwechselnd Buddha, die Muttergöttin Nanaja und Oesho zeigten. Letzterer war ein neuer Gott in Anlehnung an Poseidon (Dreizack und Stier) und Herakles (Keule), der in Indien schon bald eine steile Karriere als Shiva machen sollte. Die Inschriften waren auf griechisch und sanskrit, der Kaiser stellte sich als *»Soter megas«* und *»Mahatrata«* dar und beanspruchte damit den göttlichen Status des »großen Erlösers« in zwei Sprachen. Wenn kushanische Spieler eine Münze warfen, zeigte sie nur eine Seite ihrer vielschichtigen, in sich verwobenen Identität.

Schon vor der Kushana-Zeit gab es in der Region verschiedene Kulte und Praktiken. Ältere Religionen wie der Brahmanismus und Zoroastrismus konkurrierten mit neueren Einflüssen wie dem Buddhismus und den griechischen Göttern. Auf Einladung der kushanischen Kaiser leiteten persische Magier-Priester die kaiserlichen Zeremonien beim Sonnen- und Feuerkult, in deren Mittelpunkt der Sonnengott Mitra-Surya stand. Unter der Ägide der kushanischen Herrscher standen auch buddhistische Mönche, die zahlreiche Anhänger für das damals bedeutendste Glaubenssystem gewannen. Die Wandermönche nutzten den kaiserlichen Schutz, um ihre Ideen im ganzen Reich und weiter bis nach Alexandria zu verbreiten. Unterwegs begegneten sie Händlern und lernten so schon bald, spirituellen Gewinn mit kaufmännischem Profit zu verbinden. Sie bauten Stupas und Viharas, Reliquientempel und Klöster, die zu Zentren der neuen heiligen Geographie wurden. Entlang der Karawanenstraßen entstanden Pilgerrouten, und die Reisenden mußten einen Wegzoll entrichten, der wiederum den Stupas zugute kam. Fürsten, Schmuggler, Händler und Handwerker tätigten Stiftungen oder spendeten für die buddhistischen Klöster. »Die Gläubigen, Mönche wie Laien«, schreibt der chinesische Historiker Xinru Liu, »wurden ermuntert, die Stupas mit ihrer wertvollen Ausstattung zu verehren, die über den Fernhandel leicht zu beschaffen war. Das wichtigste Gut waren Seidenstoffe, die oft als Banner über die Stupas drapiert wurden, sowie die Sieben Schätze.«[20] Die »Sieben Schätze« stehen für eine ironische Entwicklung in der Geschichte der buddhistischen Mahayana-Praxis: Wie sollte man das Materielle verehrungswürdig machen? Dieses beinahe benediktinische Problem wurde dadurch gelöst, daß man Reichtum als Symbol für die großen Schätze der spirituellen Suche darstellte: Gold, Silber, Quarz, Lapislazuli, rote Koralle, Perlen und Achat waren geschätzte Votivgaben, der Stolz des Gläubigen und Gewinn des Klosters. Bezeichnenderweise räumen buddhistische Sanskrit-Texte aus dieser Zeit Anbetung und Spenden als Möglichkeiten, sich Verdienste zu erwerben, einen höheren Rang ein als der dreiteilige Pfad der Weisheit, dem ethischen Verhalten und der Meditation. Doch vor allem ermöglichte der durch die Stupa-Wirtschaft entstandene Reichtum die Blüte einer außergewöhnlichen buddhistischen Kunst in der Kushana-Zeit.

Standardwerke zur indischen Geschichte gehen nur flüchtig über das Kushana-Reich, dieses »dunkle Zeitalter«, hinweg, ähnlich, wie konservative europäische Historiker früher das Mittelalter verächtlich abtaten. Die Kushanas werden zusammen mit ihren direkten Vorläufern und Zeitgenossen, den Indo-Griechen, Graeco-Baktriern und Indo-Skythen in die Abteilung »Zeit der Invasionen« abgeschoben und als vorübergehende Eindringlinge zwischen den ruhmreichen Dynastien der Maurya und Gupta, die als echt »indisch« gelten, abgehandelt.

Im 4. Jahrhundert hatte sich Kushana als Reich aufgelöst. Im Osten war es in kleine Herrschaftsgebiete zersplittert, im Westen von den iranischen Sassaniden besiegt. Allgemein nimmt man an, daß derartige Machtverschiebungen das Ende einer Kultur bedeuten. Die letzten Tage eines Reiches sind in Literatur und Film durchdrungen vom Widerhall der Apokalypse. Aber obwohl eine Niederlage für die herrschende Elite und ihren bevorzugten Lebensstil meist das Ende bedeutet, haben Verlierer oft die Möglichkeit, großen Einfluß auf die Sieger auszuüben, wodurch ihre Kultur in den Siegern weiterlebt. Daher endet der Einfluß einer Zivilisation nicht mit ihrer politischen Niederlage, sondern bleibt im Blutstrom nachfolgender Kulturen erhalten, ein Muster, das so komplex und manchmal so rätselhaft und unvorhersehbar ist wie die rezessiven Gene in der menschlichen DNA.

Das Kushana-Reich kann als ein Experimentierfeld für den Zusammenfluß mit nahezu perfekten politischen und gesellschaftlichen Bedingungen gesehen werden: die Mischung der Ethnien, die sich verlagernden Grenzen, das Fehlen interner Konflikte und, was vermutlich am wichtigsten war, die Einladung zum Synkretismus, ausgesprochen von einer vorurteilsfreien Herrscherschicht.

DAS
GHETTO
DES
GEISTES

1 Der Tod von Zusammenfluß und der Beginn der Vernichtung

1492 markiert einen Wendepunkt in der Geschichte der Menschheit: In diesem Jahr ließ, wie jeder weiß, wie es in der Schule gelehrt und bei Jubiläen gefeiert wird, der deutsche Tuchhändler Martin Behaim nach seiner Rückkehr von einer Expedition nach Westafrika den ersten Globus anfertigen. Der Globus oder Erdapfel, wie Behaim ihn nannte, war dicht beschrieben, er enthielt 1100 Ortsnamen und detaillierte Angaben über wirtschaftliche Konventionen und Handelsrouten sowie 48 Miniaturen von Herrschern aus der ganzen Welt. Auf Behaims Globus trieben geographische Kenntnisse und kaufmännische Interessen die Welt um. Es ist daher sicher kein Zufall, daß nur wenige Tage, nachdem der Nürnberger Kaufmann seinen Erdapfel vorgestellt hatte, Christopher Kolumbus gen Westen aufbrach, um einen Seeweg nach Osten zu finden. In komprimierter Kugelform wird der Globus zum reifen Apfel, der einem in den Schoß fällt.

Fünf Monate nach seiner Abfahrt landete Kolumbus auf den Bahamas und schickte seinen jüdischen Übersetzer Luis de Torres vor, um sich mit den erstaunlich leichtbekleideten Einheimischen zu verständigen. Leider wissen wir nicht, in welchem Moment der Kommandant dank der sprachlichen Fähigkeiten seines Dolmetschers erfuhr, daß er nicht im Osten gelandet war, wo natürlich jeder die universale Sprache der

Gebildeten gesprochen hätte – Arabisch. Als Vasco da Gama 1498 an der indischen Westküste in der Nähe von Calicut (im heutigen Bundesstaat Kerala) landete, wurde er von einem tunesischen Kaufmann empfangen, der ihn auf spanisch begrüßte: »Hol euch der Teufel! Was hat euch hierher geführt?« Da Gama hatte Indien nur erreicht, weil er in Malindi (im heutigen Kenia) einen arabischen Navigator angeheuert hatte. Zuvor hatten die Portugiesen dank jüdischer Navigationskenntnisse das Kap der Guten Hoffnung umschifft.

»Nach Vertreibung aller Hebräer aus Ihren Königreichen befahlen mir Eure Hoheiten im nämlichen Monat Januar, mit einer hinlänglich starken Armada nach den genannten Gestaden Indiens in See zu stechen … So fuhr ich am 12. Tage des Monats Mai desselben Jahres 1492, an einem Samstag, von Granada ab und begab mich nach dem Orte Palos, der ein Seehafen ist, allwo ich drei für dieses Unternehmen sehr geeignete Schiffe ausrüstete.«[1] So schrieb Christopher Kolumbus an das Königspaar Ferdinand von Aragón und Isabella von Kastilien. Demnach war ihm die Verbindung zwischen der Vertreibung der Juden und dem ersten Schritt zur weltweiten Vormachtstellung durchaus bewußt. Als er die Neue Welt erreichte, konnte er sie nicht anders verstehen als mit den Mustern der Welt, die er zurückgelassen hatte. Die ethnische Säuberung Spaniens hatte begonnen; die totalitäre Unterdrückung Andersdenkender und Andersgläubiger durch die Inquisition war bereits seit über einem Jahrzehnt in Gang. Menschen anderer Hautfarbe oder Religion wurden stigmatisiert. Die kastilischen Herrscher wollten alle Überreste und Erinnerungen an al-Andalus tilgen. 1391 war ein Pogrom gegen die Juden im christlichen Iberien initiiert worden, vorwiegend in Kastilien, bei dem Zehntausende getötet wurden. Die Überlebenden flohen ins muslimische Andalusien oder konvertierten. 1412 wurden Juden und Muslime durch ein königliches Edikt in Ghettos verbannt. 1478 führten die katholischen Herrscher die Inquisition mit dem Ziel ein, die »Gesellschaft von Nicht-Christen zu säubern«. Wer beweisen konnte, daß er seit langer Zeit Christ war und damit frei von verderblichen fremden Einflüssen, dem sollte mehr Gewicht in der Gesellschaft zukommen. Der Inhalt Tausender Bibliotheken wurde verbrannt, die Idee eines rassisch reinen Christen propagiert. Die Inquisition war gnadenlos; sogar bestimmte Tonleitern im Flamenco wurden verboten, weil diese angeblich ein »Werk des Teufels« waren. Anscheinend fürchteten die Hüter des Heiligen Grals, daß ein Sprung über drei Halbtöne, der eindeutig arabischen Ursprungs war, den Rechtgläubigen schaden könnte. Die Spanier mußten ihre Verhaftung fürchten, wenn sie sich wuschen, denn die katholischen Autoritäten brachten ein tägliches Bad mit islamischer Hygiene in Verbindung (man braucht nur an das Beispiel mit der Gabel zu erinnern!).

1492 wurden alle Juden vertrieben, die Muslime wurden sieben Jahre später zur Konversion gezwungen. Da verwundert es nicht, daß die Bewohner der Neuen Welt sofort als Fremde eingestuft wurden, als untergeordnete Primitive, die man ungestraft versklaven oder physisch auslöschen konnte. Es ist bezeichnend, daß Cortés in den 1520er Jahren die Häuser und Menschen Tenochtitlans mit »jenen Granadas bei der Eroberung der Stadt« verglich und die aztekischen Tempel als »Moscheen« bezeichnete. Und das *Requirimento,* »die Rede, die die spanischen Kommandanten verlasen, wenn sie die Herrschaft über bestimmte Gebiete und Völker der Neuen Welt beanspruchten, basierte auf dem Dokument, das zur Unterwerfung der Muslime bei der Reconquista verwendet worden war. Spanien exportierte seine militärische Aggression und religiöse Intoleranz … in die Neue Welt.«[2]

Der Rest ist leider Geschichte, und wir werden nie erfahren, wie sich die Dinge entwickelt hätten, wenn die Europäer die amerikanischen Hochkulturen im Geiste von al-Andalus als gleichberechtigt behandelt hätten. Die Azteken und Inka wurden wie Millionen andere amerikanische Ureinwohner ausgelöscht; die genauen Zahlen lassen sich unmöglich festlegen. Wenn der Zusammenfluß unterbunden wird, kommt es zum Genozid.

Die Conquista endete nicht mit der Eroberung Lateinamerikas. Im Gegenteil: Die Vorstellung einer christlich-europäischen Überlegenheit, festgeschrieben in der Natur, bestimmt von Gott, entwickelte sich zur Ideologie des imperialistischen Rassismus, die zahlreiche Völkermorde rechtfertigte. So hatten beispielsweise die Tasmanier keinen Einfluß auf die australische Kultur, weil die Ureinwohner bis auf den letzten Mann und die letzte Frau ausgerottet wurden. Weltweit gibt es viele weitere Beispiele. Zu Beginn des 20. Jahrhunderts war der sogenannte Weiße mit christlichem Glauben oder zumindest einer christlichen Erziehung auf dem besten Weg, die Welt zu unterwerfen und zu beherrschen. Selbst die Menschlichkeit, die große absolute Humanität gemäß den Idealen der Französischen Revolution wurde abgestuft: Für uns gilt das eine Gesetz, für sie ein anderes; Menschenrechte für uns, Sklavendienste für sie.

Und dann, um mit den berühmten Worten Frantz Fanons zu sprechen, verwandelte der Nazionalsozialismus Europa selbst in eine Kolonie – oder Europa verwandelte sich selbst in eine Kolonie (auch wenn die Iren da sicher anderer Meinung sind). Die Brutalität, der zuvor die Völker in den Kolonien ausgesetzt waren, richtete sich nun gegen europäische Bürger. Sie wurden nicht nur gefoltert, vertrieben, massakriert, ihre Vernichtung wurde beschlossen, geplant und durchgeführt. Wieder einmal waren die Opfer jene, die als Teil des nicht-zivilisierten Fremden definiert worden waren: Juden, Zigeuner und Slawen. Während etwa die britischen, französischen und amerikanischen Kriegsgefangenen gemäß der Genfer Konvention behandelt wurden und eine große Mehrheit von ihnen die Gefangenschaft im Zweiten Weltkrieg überlebte, wurden die russischen Gefangenen wie Sklaven behandelt. Über ein Drittel starb in den deutschen Gefangenenlagern.

Die europäische (und auch die US-amerikanische) Wahrnehmung des anderen, die Beziehung Europas zu anderen Kontinenten, definiert sich über diese Geschichte der Gewalt. Sobald sich Europa bedroht fühlt, werden die alten Klischees vom wilden, aggressiven und gefährlichen Schurken, dunkelhäutig und bösartig, wieder aus dem Pantheon des instrumentalisierten Vorurteils hervorgeholt. Und sofort werden die Ansprüche hinsichtlich der Menschenrechte gelockert. So wurden Vietnam, Laos und Kambodscha Opfer der brutalsten flächendeckenden Bombardements der Geschichte, ein Verbrechen gegen die Menschlichkeit, das nie vor Gericht kam. Auch heute akzeptieren wir nachsichtig die Tötung irakischer und afghanischer Zivilisten durch Nato-Truppen. Wenn Iraker oder Afghanen von einer Bombe getroffen werden, läßt sich das rechtfertigen, weil »Zivilisten als menschliche Schutzschilde benutzt werden«. Manchmal wird in einem Anflug von Schuldgefühlen, von »bedauerlichen Fehlern« gesprochen. Wenn hingegen eine Autobombe auf einem Markt explodiert, ist das der Beweis für die völlige Mißachtung des Lebens seitens des Gegners, für ein primitives und irrationales Verhalten. Die gefährliche und besorgniserregende Entwicklung der letzten Jahre gründet darin, daß der Westen dabei ist, seine absolute Vormachtstellung in der Welt zu verlieren, weswegen das Gefühl, angegriffen zu werden, Anlaß zu vielfältigen demagogischen Gegenstößen gibt. Die Hysterie über den Islamismus, die Mißachtung des massenhaften qualvollen Sterbens in Afrika und die wachsende Islamophobie sind Ausdruck dieser Entwicklung.

Aber nach allem, was wir in diesem Buch geschrieben haben, kommt es kaum überraschend, daß kultureller Zusammenfluß diese Spaltung weiterhin überbrückt. Das Alexandria von heute sind Weltstädte wie New York, Paris, London und Berlin, wo viele verschiedene Stimmen zusammenkommen, miteinander sprechen, singen und schreien, sich zu unerwarteten Chören vereinen, die eine neue Musik für neue Hörgewohnheiten darbieten, ungeachtet einer politischen Ideologie, die das andere als Bedrohung auffaßt. Ob in der zeitgenössischen Literatur oder Musik, der Großteil dessen, was faszinierend und belebend wirkt, fällt unter die Bezeichnung Mischform. Die weltgewandten Bürger in den Alexandrias sind typische Bewohner des Dazwischens, und ihre Zahl wächst. Ungeachtet der dynamischen Erkundung von Unterschieden durch den einzelnen propagiert die Politik der Leitkultur nach wie vor das Schwarzweißbild als

Dogma: Wir sind alle gleich / wir sind alle unterschiedlich; Menschenrechte sind allgemeingültig / Menschenrechte sind relativ; Integration / Nebeneinander der Kulturen. In unseren Gesellschaften tobt eine Schlacht um das richtige Format kultureller Koexistenz, und dieser Kampf ist unabhängig von seinem Ausgang kontraproduktiv. Denn beide Seiten heften in der Annahme, daß Unterschiede völlig statisch sind, eine multidimensionale Realität auf eine zweidimensionale Karte.

Angesichts der Debatte zwischen den Vertretern des Universalismus und des Relativismus, kann man sich des Gedankens nicht erwehren, daß diese beiden diametral entgegenstehenden Positionen das Spektrum möglicher Haltungen abdecken. Dabei repräsentieren sie zwei Seiten der gleichen Medaille: Sie behaupten, daß sich Kulturen von Natur aus streng unterscheiden und daher unmöglich eine gemeinsame Grundlage finden können. Keiner dieser Standpunkte ermöglicht es dem Westen, eine Gesellschaft oder eine Entwicklung zu verstehen, die von deutlich anderen Annahmen als den eigenen ausgeht. Dadurch sind Konflikte unumgänglich. Tatsächlich ist die relativistische Position, die manchmal so wirkt, als behandle sie das andere mit mehr Respekt, die gefährlichere der beiden. Für viele Relativisten ist nicht nur jede Kultur in sich einzigartig, vielmehr »unterscheiden sich die Gedanken, Gefühle und Motivationen der Menschen radikal von einer Kultur zur anderen. Daraus folgt, daß jeder Versuch, generelle Aussagen entweder über die Kultur oder die menschliche Natur zu treffen, falsch oder banal sein muß – es sei denn, man beschränkt sich auf die Menschen, die in einem spezifischen kulturellen System leben … Aus diesem Blickwinkel betrachtet, bleibt eine Person aus einer anderen Kultur der ›andere‹: auf ewig unverständlich.«[3]

Das gleiche gilt für die Befürworter der Integration, die eifrig die Anhänger des Multikulturalismus bekämpfen. Beide Seiten halten das andere auf Distanz, bei ihnen unterscheidet sich nur die Art und Weise, wie das andere behandelt werden soll: Ob man es aggressiv zur Integration drängt oder abgeschirmt in einem eigenen Ghetto beläßt. Keine Seite fordert eine eingehende Auseinandersetzung mit dem anderen, eine Interaktion, die – von Zeit zu Zeit – erfolgreich Differenzen überwindet.

2 Brüder im Geiste: Hindutva und Islamismus

Als Kolumbus seinem ersten karibischen Häuptling gegenüberstand, begrüßte er ihn mit höflichen Worten, die für die Herrscher Indiens gedacht waren. Sechs Jahre nach diesem Fiasko gelangte Vasco da Gama an den Hof des Samudrin, des südindischen »Herrschers des Meeres«. Zur Belustigung des Hofs bot da Gama dem Monarchen einen kläglichen Tribut in Form von Glasperlen, Korallen und anderem Tand an. Zwei Jahre später stand sein Nachfolger Pedro Alvarez Cabral, jener tapfere Ritter, der die Standarte Christi und des Königs über die Meere getragen hatte, vor dem gleichen Monarchen und machte sich zum Narren – er verlangte, daß der Samudrin alle Muslime aus seinem Herrschaftsgebiet vertreiben sollte. Eine Forderung, die der indische Herrscher schroff mit der Bemerkung ablehnte, sein Reich stehe allen offen, die dort Handel treiben und ihre Religion ausüben wollten.[4] Im heutigen Indien würden die militanten Vertreter der politischen Bewegung namens »Hindutva« Alvarez für seine Forderung begeistert umarmen. Die Hindutva ist bestrebt, die traditionell pluralistische und aufnahmefähige hinduistische Einstellung auf eine eng gefaßte, kompromißlose Identität zu verkürzen, und das alles unter dem Vorwand, den Hinduismus vor seinem »historischen Feind« zu beschützen: dem Islam (und in geringerem Maße dem Christentum).

»Um die Reinheit seiner Nation und Kultur zu erhalten, schockierte Deutschland die Welt und säuberte das Land von den Juden. Hierin zeigte sich der Nationalstolz in seiner höchsten Form«, dröhnt der Ideologe der Reinheit, und seine versammelten Anhänger jubeln ihm zu. Seine Worte werden sofort veröffentlicht, sie finden eine breite, stetig wachsende Leserschaft. »Deutschland hat gezeigt, wie unmöglich es für Rassen und Kulturen mit tief verwurzelten Unterschieden ist, sich zu einem geeinten Ganzen zu assimilieren«, fährt er fort und wird wieder mit Applaus belohnt. Seine Sätze werden in Gesprächen, Pamphleten und als Parolen zitiert, »eine gute Lektion, von der wir in Hindustan lernen und profitieren können«.

Also sprach M. S. Golwalkar (1906–1973), von seinen Anhängern ehrerbietig »Guruji« genannt, in seinem 1939 erschienenen Buch *We, or Our Nationhood Defined* (»Wir und unsere nationale Identität«). Als Junggeselle mit strengen Gewohnheiten, als Zoologie-Absolvent an einer der besten Universitäten Indiens, der einige Jahre als Sanyasin oder Mönch verbrachte, war Golwalkar sein Leben lang davon besessen, Indien von allen Verunreinigungen durch kulturelle Vermischung zu säubern. Golwalkar war der stellvertretende Oberste Kommandant des Rashtriya Swayamsevak Sangh (RSS) und sein einflußreichster und produktivster Ideologe. Der RSS wurde 1925 in Nagpur in der Nähe der geographischen Mitte des indischen Subkontinents gegründet. Er hatte drei Hauptziele, die manchmal offen erklärt und manchmal vorsichtig abgemildert wurden. Erstens: als Vorhut der Hindutva zu dienen, die als eine Form des Hinduismus dargestellt wird, die von allen Anleihen und Spuren anderer Traditionen bereinigt ist (da der Hinduismus seine Essenz unmöglich verwässert haben kann, beschreibt man diesen Vorgang lieber als Säuberung von populären Illusionen). Zweitens: die indische Kultur zu schützen – das heißt, die Hindu-Kultur, da laut Golwalkars Logik jeder Hindu ein Inder ist, und jeder Inder ein Hindu. Nur die Säuberung Indiens von allen Nicht-Hindus kann den Erfolg dieses Ziels garantieren. Golwalkar betrachtete Muslime und Christen im besten Fall als Bürger zweiter Klasse, sie konnten sich keine Hoffnungen auf Bürgerrechte machen, die nur Hindus gewährt werden sollten. Und warum? Weil nur ein Hindu Indien als Heimat seiner Vorfahren sieht, das Land, wo sich die heiligen Stätten seiner Vorfahren befinden, und wo der Glaube seiner Vorfahren entstand. Der Muslim schaut nach Mekka, wenn er religiöse Inspiration benötigt, der Christ nach Rom oder zur Levante. Damit fehlen beiden Gruppen die existentiellen Gründe, zur »Hindu-Nation« zu gehören. Es sei denn, die Fehlgeleiteten erkennen das Licht der Weisheit und werden »Hindu-Muslime« oder »Hindu-Christen«, praktizieren also ihre Religion in Übereinstimmung mit den Sitten und Gebräuchen der religiösen Mehrheit. Und die Errichtung dieser Hindu-Nation ist das dritte und langfristige Ziel des RSS.

Man braucht nur *»rashtra«* durch »Volk« zu ersetzen, und schon offenbart sich die eigentlichen Quelle von Golwalkars Überlegungen. Während sich der RSS zum Wächter des reinen, alten Hinduismus erklärt (und wir haben im Kapitel »Eine Reise auf den Spuren des Glaubens« bereits gesehen, wie rein und alt diese Tradition wirklich ist), setzt sich die Weltanschauung des RSS aus deutscher Romantik, viktorianischem Puritanismus, *hatha yoga* (körperlicher Ertüchtigung) und Nationalsozialismus zusammen. Leider funktioniert der Zusammenfluß auch bei dämonischen Elementen. Aus der politischen Interpretation der deutschen Romantik zieht der RSS die Idee, daß eine gesunde Gesellschaft aus einer homogenen Bevölkerung besteht, eine Sprache spricht und eine Religion hat (die Hindutva sprach bewundernd von »arischen« Werten, als Rassentheorien noch en vogue waren, doch dieses Motiv ist seitdem verblaßt; um möglichst viele Anhänger zu rekrutieren, mußte man auch die zahlreicheren »Nicht-Arier« ansprechen). Von der kuriosen Mischung aus viktorianischem Puritanismus und Hatha Yoga rührt Golwalkars Begeisterung für ein Leben der Selbstüberwindung her, das allem Verlangen, aller Freundschaft und Liebe entsagt, denn derartige Gefühle werden als Schwäche abgetan, die der Hingabe eines Aktivisten für die edle Sache schaden. Nur der Zölibatäre, der sich selbst vor der Welt abschirmt, weil die gerechte Sache ihm Freude genug bereitet, kann Bharat Mata, »Mutter Indien«, von ihren Fesseln befreien.

Die Hindutva tritt in verschiedenen Erscheinungsformen auf: Abgesehen vom RSS gibt es die BJP (Bharatiya Janata Party, eine Partei, die eine Koalition mit ehemaligen Sozialisten und anderen Opportunisten bildete, um Indien von 1996 bis 2002 mehr schlecht als recht zu regieren), die VHP (Vishwa Hindu Parishad, eine Interessengruppe, die die Welt mit Hindutva-Propaganda in Form von Reden, Pamphleten, Büchern und Websites überzieht) und die Bajrang Dal (die SA der Hindutva, eine Sturmtruppe, die Kinos, Theater, Konzerte, politische Versammlungen und andere Veranstaltungen überfallen, die das Mißfallen der Hindutva erregt haben). Diese Vielfalt von Erscheinungsformen ermöglicht es der Hindutva, flexibel von der Verschwörung zur Konfrontation, von der Abwehr zur Aggression zu wechseln. Alle Frontorganisationen der Hindutva eint die Vision einer tausendjährigen Geschichte: Für sie war die britische Kolonialzeit eine unbedeutende Episode, eine relativ harmlose Form der Besatzung. Die eigentliche »Fremdherrschaft« begann im Jahr 1000 mit dem Eindringen der Turkvölker und hat sich tausend Jahre lang über verschiedene Sultanate fortgesetzt; Teile von al-Hind wurden im Lauf der Zeit zurückerobert, doch die Besatzung endet erst, wenn der letzte Muslim aus der Hindu-*rahstra* vertrieben ist.

Die Weltsicht des RSS reduziert das komplizierte Beziehungsgeflecht zwischen Hindus und Muslimen auf eine comicähnliche Erzählung mit bösen muslimischen Eindringlingen und unschuldigen Hindu-Opfern, mit zerstörten Tempeln und Zwangskonversionen, mit stolzen Eigentümern, die in ihrem eigenen Land zu Sklaven erniedrigt wurden. Die Immobilien-Metapher nimmt in der Hindutva-Darstellung großen Raum ein: Golwalkars Jünger sprechen vom Hindu als einem Hausherrn und unterteilen die Minderheiten in verschiedene Kategorien: willkommene Gäste (Parsen und ironischerweise Juden), Mieter, die ihren Vertrag erneuern müssen (Christen) und Hausbesetzer, die das ganze Haus übernommen haben (Muslime). Die Agitation gipfelte 1992 in der Zerstörung der Babri-Moschee in Ayodhya. Damals wurde die Forderung erhoben, der Ort müsse den Hindus zurückgegeben werden, weil sich dort die Geburtsstätte Ramas befinde, einer heldenhaften Inkarnation des Göttlichen. Die Sprecher der Hindutva reagierten nicht gerade freundlich auf die Frage, wie das

Göttliche, das ewig und unendlich ist, auf eine Geburtsstätte festgelegt werden könne. Und dazu noch eine, die auch buddhistische und jainistische Schreine beherbergt. Aber wie kann die Archäologie es wagen, Glauben anzuzweifeln?

Ein Jahrzehnt später initiierten Sturmtruppen der Hindutva ein Pogrom gegen die muslimische Minderheit im Bundesstaat Gujarat. Hinter dieser Nachstellung der Reichskristallnacht Anfang 2002 standen sowohl kulturell-nationalistische als auch wirtschaftliche Interessen: Ziel war die Zerstörung der wirtschaftlichen Grundlage und des religiösen und kulturellen Raums. Die Unruhen begannen am 27. Februar 2002 mit einem Streit am Bahnhof der Kleinstadt Godhra, bei dem ortsansässige Muslime angeblich ein Zugabteil in Brand steckten, in dem Aktivisten der Hindutva saßen – ein Vorfall, der verdächtig nach einem *agent provocateur* riecht. Danach kam es zu »einem spontanen Ausbruch hinduistischen Volkszorns« in ganz Gujarat, der mehrere Wochen anhielt und 2000 Menschenleben forderte; in den Wohnvierteln gab es regelrechte ethnische Säuberungen, es spielten sich barbarische Szenen mit Vergewaltigungen und brutalen Morden ab. »Zuerst wurden die Häuser reicher Muslime und Unternehmen systematisch geplündert«, schreibt der Sozialreformer Harsh Mander, ein ehemaliges Mitglied des höheren Verwaltungsdienstes in Indien. »Moscheen und Dargahs (Gräber von Sufi-Heiligen) wurden zerstört und durch Statuen Hanumans und safranfarbene Flaggen ersetzt. Einige Dargahs an Straßenkreuzungen in Ahmedabad wurden über Nacht abgerissen und die Stelle mit Bauschutt aufgehäuft. Heute ergießt sich der Verkehr über die ehemaligen Dargahs, als ob es sie nie gegeben hätte.« Die Anstifter hatten Gelegenheitsmörder aus dem Lumpenproletariat angeheuert, doch auch die Wohlhabenden standen nicht zurück: »Überwachungskameras und Fernsehaufzeichnungen zeigen, wie Mitglieder wohlhabender Familien Läden plündern und dann anzünden.« (*The Hindu*, 5. Mai 2002.)

Nach diesem Pogrom wurden die obdachlosen Muslime in Flüchtlingslager verfrachtet. Ein ungeschriebenes Gesetz verbietet es ihnen, in ihr Wohnviertel zurückzukehren, gesellschaftliche Sanktionen verhindern, daß sie sich ihren Lebensunterhalt verdienen können, und aufgrund einer kafkaesken Logik wurde ihnen das Wahlrecht entzogen, weil sie sich angeblich nicht ausweisen oder keinen festen Wohnsitz nachweisen können. Gujarat genießt unter den Anhängern des Völkermords in der Hindutva den zweifelhaften Ruf eines »Experimentierfeldes«: eine klinische Beschönigung für Greueltaten, an denen auch die von der Bharaiya Janata Party (BJP) kontrollierte Regierung des Bundesstaats beteiligt war. Die Berichte über einen »spontanen Ausbruch hinduistischen Volkszorns« können nicht über die gute Vorbereitung der Angriffstruppen hinwegtäuschen; Waffenlager und Kommunikationslinien waren eingerichtet worden, außerdem hatten die Täter uneingeschränkten Zugang zu demographischen Daten. Sowohl staatliche als auch unabhängige Nachforschungen ergaben, daß Minister, Beamte, Polizisten und Richter an der Vorbereitung des Pogroms beteiligt waren. Justiz, Verwaltung und Polizei als Instrumente der Rechtstaatlichkeit wurden pervertiert und dienten dem Blutdurst der Hindutva und der Gier hinduistischer Immobilienspekulanten, die von der Enteignung der wirtschaftlich aktivsten Minderheit des Staates profitierten.

Den Blick fest auf zukünftige Einkaufszentren und Wolkenkratzer gerichtet, war man blind für die gemeinsame Vergangenheit, die hier mit Füßen getrampelt wurde. Die 180 zerstörten Moscheen waren zwar den muslimischen Gläubigen vorbehalten, doch die 240 Dargahs, die Schreine der Sufi-Heiligen, zogen Fromme aus allen Religionen an. In Ahmedabad wurde der Schrein Wali Gujaratis in einer einzigen Nacht zerstört und zubetoniert. Der Heilige zählt zu den frühesten Urdu-Poeten, ein Pionier sowohl für die Volkssprachen Dakhani als auch Gujarati: eine Inspiration für Dichter aller Glaubensrichtungen und Regionen. Der Schrein des Musikers Ustad Faiyaz Ali Khan wurde entweiht und mit qualmenden Reifen bedeckt: Er war ein Meister in der Wiedergabe der *bhajans*, Hymnen an Hindu-Gottheiten, die aber oft Ideen des Sufismus aufgriffen. Mit feiner, vielschichtiger Ironie nannte der mittlerweile verstorbene Mallikarjun Mansur, ein anerkannter Meister klassischer indischer Musik und überzeugter Hindu, als sein Lieblings-*Bhajan* ein Lied, das mit den Worten *Pratham Allah* beginnt: »Vor allem anderen kommt Allah.«

Die Struktur der indischen Gesellschaft hat traditionell Formen des Zusammenlebens unterstützt: Fertigkeiten, Erfahrungen und Wissen wurden in der Kaste und Gemeinschaft spezialisiert; das gesellschaftliche Leben bestand aus unzähligen sozialen, wirtschaftlichen und kulturellen Transaktionen zwischen diesen Gruppen. Hier war eine Polarisierung der Gemeinschaft kein Traum, sondern ein Alptraum. Die Trennung war ein Mittel der britischen Kolonialverwaltung nach dem Aufstand von 1857. Mit Hilfe gezielter Bevorzugung, getrennter Wahlbezirke und der Betonung der vermeintlich unversöhnlichen religiösen Unterschiede kreierten die Briten einen »tausendjährigen Konflikt zwischen Muslimen und Hindus«. Ultranationalisten in beiden Gemeinschaften übernahmen die Problematik und machten daraus eine selbsterfüllende Prophezeiung, die in den postkolonialen Nationalstaaten Indien und Pakistan mündete: »Midnight's Twins«, beide bedroht von ungelösten internen Konflikten, beide besessen von der Ablehnung des anderen.

Indische Muslime sind regelmäßig Verleumdungskampagnen der Hindutva-Propaganda ausgesetzt, in denen behauptet wird, sie seien seit der Unabhängigkeit Nutznießer der »Appeasement-Politik« und der Großzügigkeit säkularer Regierungen. Man müsse davon ausgehen, daß alle indischen Muslime pakistanische Spione oder potentielle Terroristen seien. 2006 enthüllte ein von Richter Rajinder Sachar geleiteter Untersuchungsausschuß, daß indische Muslime mit einem Mangel an Bildungs- und Arbeitschancen zu kämpfen haben. Die sogenannte Appeasement-Politik der Behörden erstreckt sich hauptsächlich auf eine tyrannische muslimische Klerikerelite, die nur dafür sorgt, daß ihre Herde rückständig und weiter im Ghetto bleibt.

Wenn man das andere in ein Ghetto abschiebt, errichtet man für sich selbst ebenfalls ein Ghetto, selbst wenn das eigene Ghetto so groß wie ein Land oder ein ganzer Kontinent ist. Leider ist kein Gebiet groß genug, als daß man es nicht in den engen Rahmen einer Politik zwängen könnte, die andere ausgrenzt oder vernichtet.

Golwalkar war keineswegs der einzige nichtwestliche Intellektuelle, der sich von westlichen autoritären Ideologien inspirieren ließ und versuchte, eine traditionelle Religion zu einer modernen politischen Waffe umzugestalten. Ende des 19. und Anfang des 20. Jahrhunderts glaubten die Bewohner der Kolonien, daß ihre Erniedrigung auf den moralischen Niedergang der Bevölkerung oder wahlweise deren intellektuelle Schwäche oder mangelnden körperlichen Mut zurückzuführen sei: eine Verweichlichung, die mit Disziplin und Ordnung überwunden werden müsse. Wenn wir die Laufbahn eines Mannes betrachten, der zu den geistigen Gründervätern des Islamismus zählt – der für den Islam das ist, was die Hindutva für den Hinduismus ist – stoßen wir auf eine ähnliche ideologische Entwicklung wie bei Golwalkar.

Der ägyptische Lehrer und Journalist Sayyid Qutb (1906–1966) ist wahrscheinlich der einflußreichste Theoretiker des globalen Jihad. Entgegen der weitverbreiteten Annahme, der Islamismus sei das Spezialgebiet rückwärtsgerichteter Seminaristen, die abgesehen vom Koran und den Hadithsammlungen über keine weiteren Kenntnisse verfügen, beschäftigte sich Qutb zunächst mit moderner Literatur, obwohl er eine klassische muslimische religiöse Erziehung genossen hatte. Er wurde Mitglied der Diwan-Gruppe in Kairo, die sich an englischen literarischen Vorbildern orientierte, und eifrig Übersetzungen europäischer und amerikanischer Literatur las. Qutb etablierte sich als Literat und Literaturkritiker und arbeitete für das ägyptische Bildungsministerium. Mitte der vierziger Jahre wandte er sich enttäuscht vom ägyptischen Nationalismus ab, weil sich dieser in seinen Augen durch die Kollaboration mit den britischen Imperialisten im Zweiten Weltkrieg diskreditiert hatte. Qutb war zudem empört über die großflächige Ansiedlung von Juden in Palästina, hinter der er nicht zu unrecht eine britische List vermutete, einen verläßlichen Verbündeten in der Region zu stationieren und gleichzeitig die im Entstehen begriffenen arabischen Staaten in beständiger Unruhe zu halten. In seinen politischen Äußerungen blieb er jedoch gemäßigt. 1948, dem Jahr der offiziellen Staatsgründung Israels, erhielt er ein Stipendium der Regierung, um das amerikanische Bildungssystem vor Ort zu studieren. Die knapp drei Jahre, die Qutb in Greeley, Colorado, verbrachte, zerstörten seine aus der Ferne gehegte Bewunderung für die USA: Bei seiner Rückkehr empfand er tiefe Abneigung gegen die Gesellschaft und Kultur Amerikas. Er haßte Jazz, die sexuelle Freizügigkeit und das in seinen Augen zügellose Verhalten der Frauen in der Öffentlichkeit und verurteilte die offene Zurschaustellung ihrer Sexualität. Tatsächlich erklärt seine Unfähigkeit, Frauen als eigenständige menschliche Wesen zu sehen, warum er wie Golwalkar sein Leben lang Junggeselle blieb.

Nachdem er dem kolonialen Blick auf die Eingeborenen unterworfen worden war, konnte Qutb nur mehr diese argwöhnische und selektive Sichtweise der Welt spiegeln. Auf den Orientalismus, der ihm entgegenschlug, reagierte er mit einem ähnlich vorurteilsgeprägten Okzidentalismus.

Als Qutb 1951 aus den USA nach Ägypten zurückkehrte, trat er der Muslimbruderschaft bei, einer radikalen Gruppierung, die 1928 nach dem Zusammenbruch des Osmanischen Reiches mit dem Ziel gegründet wurde, den Islam durch die Errichtung eines panislamischen Staates neu zu beleben. Nachdem Qutb aufgrund seines politischen Engagements seine Stellung im Bildungsministerium verloren hatte, stürzte er sich voller Elan in die Agitation gegen die Regierung. »Ich wurde 1951 geboren«, sagte er dazu in späteren Jahren.[5] Bei einem Polizeiverhör – in den 15 Jahren, die ihm blieben, sollte er noch oft mit der Polizei zu tun haben, das war der Tribut, den er für seine islamistische *vita nuova* zahlen mußte – sagte er: »Heute verbündet sich die ganze Welt zu großen, ideologischen Formationen, die auf bestimmte Ansichten und Glaubensvorstellungen basieren. Daher entspricht es dem Zeitgeist, wenn wir für eine islamische Einheit kämpfen.«[6] Qutb entwickelte eine programmatische Abneigung gegen die beschleunigte Verwestlichung der ägyptischen Gesellschaft Anfang der fünfziger Jahre, in der er nur die Nachahmung der vorherrschenden Strömungen in Paris, London oder New York sah, egal ob es um Geistesleben, Kleidung oder Verhalten ging. Für ihn gab es nur eine mögliche Quelle der Erlösung für eine Gesellschaft, die falsche Götzen und ränkeschmiedende Propheten anbetete: den Islam.

Doch Qutbs Islam war ein abstrakter Apparat, der all seiner kulturellen Verfeinerungen und regionalen Variationen entkleidet war. Qutb betrachtete den Islam als Blaupause für eine ideale Gesellschaft, in der jeder Mann wußte, daß sein Wille der Wille Gottes war, und jede Frau ihren Platz kannte. Und der einzige Weg zur Verwirklichung dieses Paradieses auf Erden bestand darin, sich dem Feind mit Worten und Taten entgegenzustellen, in einem Krieg, der solange andauern würde, bis der wieder erstandene Islam den Feind vernichtet haben würde. Qutb unterhielt kurze Zeit Kontakte zu den »Freien Offizieren«, die den Staatsstreich von 1952 durchgeführt und eine panarabische Regierung eingesetzt hatten, trennte sich jedoch wieder von seinen neuen Freunden, als klar wurde, daß sie säkulare Vorstellungen hatten und keinen islamischen Staat errichten würden: Der kulturelle Berater der Revolution wurde zum gefährlichsten Feind der Revolution.

Qutbs Konzepte »wurzelten in einem romantischen Ideal des ästhetisch Höchsten«, das mehr auf Kant und Coleridge zurückging als auf die traditionelle islamische Philosophie.[7] Seine Weltanschauung war eine abstruse Mischung aus Kulturpessimismus, einem optimistischen Glauben an die Erneuerung der Gemeinschaft durch extreme Akte der Selbstbestätigung und dem Wunsch, die Idole konventioneller politischer Weisheit zu stürzen. Seine Anregungen holte er sich dabei weniger aus dem Koran oder der Hadith als vielmehr von Nietzsche, Kierkegaard und Heidegger. Vor allem seine nietzscheartige Begeisterung für das »Philosophieren mit dem Hammer« stieß bei den Behörden auf wenig Gegenliebe. 1954 wurde er unter dem Vorwurf festgenommen, er sei an einem gescheiterten Attentat auf Nasser beteiligt gewesen. In seiner Zeit im Gefängnis schrieb er einige seiner einflußreichsten Werke, darunter *Zeichen auf dem Weg*, das islamistische Gegenstück zu Fanons *Die Verdammten dieser Erde*. Seine Analyse des verderbten Zustandes, in dem er die islamische Welt sah, und die Aufforderung, den Islam durch engagiertes Handeln zu retten, dienen auch heutigen Mudschaheddin als Inspiration. In der Haft war Qutb Folter und Verrat ausgesetzt und wurde schließlich 1966 von der Regierung Nasser hingerichtet.

Für die Unterdrückten in der kolonialisierten und halbkolonialisierten Welt, sei es nun in Ägypten, Indien, China oder Indonesien, war die bolschewistische Revolution von epochaler Bedeutung. 1917 wurde zum Vorbild für Revolutionäre jeder Couleur; die russischen Revolutionsführer prägten weltweit Theorien, Strategien und Taktiken. Qutb hätte es nie zugegeben, aber er hatte die Lehren von »Imam Trotzki« verinnerlicht und sich am Brunnen der Leninschen Karawanserei erquickt. Seine Vorstellung einer islamistischen Vorhut, mit der er den Sieg über *Jahiliyah*, den Hedonismus, erringen wollte, leitete sich eindeutig von Lenins Konzept einer Avantgarde ab, die die Arbeiterschaft aufrühren und die »Diktatur des Proletariats« vorbereiten sollte. Dem leninistischen Geist verhaftet, lehnte Qutb energisch die traditionelle islamische Sichtweise ab, daß die höchste Form des *Jihad* geistiger Art sei: der Kampf des einzelnen gegen Versuchung und Schwächen und seine Hingabe an ein reines, ethisches Leben.

Statt dessen trotzte Qutb den *ulema* und sogar dem Koran (der Angriffskriege verbietet) und bestand auf einer militanten Interpretation des *Jihad*. Durch Qutb und einige seiner Mitdenker hat der *Jihad* eine politische Bedeutung als Guerillakrieg der Gerechten gegen die Ungerechten erhalten. Dieser fortwährende Krieg, der erst enden kann, wenn die gesamte *umma* von Tyrannei und Hedonismus gesäubert ist, erinnert an Trotzkis Konzept der permanenten Revolution, ein Konzept, das der frommen muslimischen Hoffnung aufgepfropft wurde, daß eines Tages die ganze Welt die Offenbarung Mohammeds annehmen würde. Trotzki fiel zwar in Mexiko einem Attentat zum Opfer, doch sein Geist lebt weiter im Hause des Islam, namenlos, aber um so bezwingender.

In den sechziger und siebziger Jahren, als die sozialistischen Intellektuellen in islamischen Ländern das Emanzipationspotential ihres Volkes im Licht von Konzepten wie Revolution, Avantgarde, Bewußtseinsbildung und Massenmobilisierung betrachteten, gelangten linke Ideen über diesen alternativen politischen Kanal in die islamische Welt. Der iranische Soziologe und Kritiker des Konsumkapitalismus Ali Shari'ati (1933–1977) zum Beispiel war ein führender Vertreter des islamischen Modernismus: Er arbeitete an einer Synthese aus Elementen des Islam und der linken Tradition und erklärte, Gesellschaft und Gott seien eins. Seine Lehren lieferten die theoretische Grundlage für die erste säkulare Phase der Iranischen Revolution im Jahre 1978. Anders als Shari'ati betrachtete sich Qutb jedoch in erster Linie als religiöser Lehrer. Seine Schriften zur *tafsir*, der Exegese des Korans, zählen zu den einflußreichsten Beiträgen der islamischen religiösen Gelehrsamkeit des 20. Jahrhunderts. Sein vierbändiger Kommentar *Im Schatten des Koran* »hat zahlreiche Muslime stark beeinflußt, vor allem die jüngere Generation im Nahen Osten«.[8] Qutbs Haltung wurde von seiner Reaktion auf das bestimmt, was er als die intellektuelle Belagerung des islamischen Denkens durch den Westen bezeichnete. Dieser mißlichen Lage wollte er ein Ende bereiten. Muslimen, die weiterhin an der geistigen Interpretation des Jihad festhielten, warf er vor, »apologetisch und defätistisch zu sein, den ›verschlagenen Angriffen der Orientalisten‹ zu erliegen, die das Konzept des islamischen Jihad verzerren«. Qutbs Haß auf das Andere und seine felsenfeste Überzeugung, sein Außenseiterdasein sei völlig berechtigt, finden sich auch in den Erklärungen Osama bin Ladens und den Ermahnungen Ayman al-Zawahiris, in der Entschlossenheit, mit der die Mitglieder von al-Kaida ihren Forderungen Nachdruck verleihen, und den Terroranschlägen in New York, Mumbai, Madrid, Bali und London.

Qutbs Lehren wurden zum Leitstern für Menschen, die

sich in der Dunkelheit verloren haben: für den Palästinenser, der kein Land hat, das er Heimat nennen kann, für den Afghanen, dessen Familie durch einen amerikanischen Luftangriff ausgelöscht wurde, für den Handwerker in einer abgelegenen Gasse in Kairo, den Aufständischen in Algier und sogar für einen jungen Mann, der als Prinz in Saudi-Arabien aufwuchs. Tragischerweise manifestiert sich das Gefühl der Ungerechtigkeit, das sich einstellt, wenn der Westen im eigenen Land einmarschiert, wenn man von westlichen Marionettenregimes regiert wird, in gewalttätigen Anschlägen auf unschuldige Menschen irgendwo auf der Welt, die mit dem Zug zur Arbeit fahren, die tägliche Herausforderung ihres Acht-Stunden-Tages meistern oder gerade Urlaub machen. Die wahren Schuldigen sitzen geschützt hinter Polizeiabsperrungen und bombensicheren Mauern (wenn man den Anschlag auf das Pentagon vom 11. September einmal ausnimmt), während sie die Zivilbevölkerung in der islamischen Welt ermorden und die Zivilbevölkerung in ihren eigenen Ländern Vergeltungsschlägen aussetzen.

In diesem Zusammenhang wirkt es besonders bizarr, daß die Ideen Qutbs mit Hilfe der CIA erfolgreich in die Praxis umgesetzt wurden. Während des afghanischen Bürgerkriegs gegen die sowjetische Besatzung gab die CIA radikalen Islamisten die Mittel an die Hand, Netzwerke einzurichten und sich Gehör zu verschaffen. Zum ersten Mal nach über einem Jahrhundert (seit dem Mahdi-Aufstand im Sudan, um genau zu sein) wurde ein Konflikt wieder öffentlich zum *Jihad* erklärt. Zehntausende junger Männer aus der gesamten islamischen Welt wurden mit dem Geld der amerikanischen Steuerzahler zu Terroristen ausgebildet. »Der Afghanistankrieg war die Verwirklichung des Traums von […] Sayyid Qutb: Er sorgte für die Ausbildung und Verbindung einer internationalen Avantgarde des Jihad aus Algerien-Afghanen, Ägypten-Afghanen, Indonesien-Afghanen, Philippino-Afghanen, Briten-Afghanen etc. Das Bedeutsame dieser Avantgarde lag in der Tatsache, daß ihre Mitglieder eine Erfahrung teilten, die ihre ideologische und politische Perspektive prägte.«[9]

Qutb entfernte sich vom Geist des Korans und übernahm westliche autoritäre Modelle wie die Verunglimpfung der freiheitlichen westlichen Kultur; er lehnte das rationalistische Erbe Ibn Sinas und Ibn Rushds ab und verhalf damit der Partei des Glaubens zum Sieg über die Partei der Vernunft. Darin weist Qutb eine erstaunliche Ähnlichkeit mit Golwalkar auf, dessen Weltanschauung so gut wie nichts gemein hat mit den Veden, den Upanishaden, der Bhagavad Gita oder den Puranas. Qutb und Golwalkar vertreten ganz ähnliche Themen und Positionen: Beide glauben, daß ihre jeweilige Gesellschaft, Kultur oder Religion in Apathie oder Degeneriertheit erstarrt ist; daß dies die Folge kolonialer Unterdrückung und angeborener Schwäche ist; daß diese Situation nur durch konzentrierte Akte der Selbsterneuerung mit revolutionären und gewalttätigen Mitteln überwunden werden kann; daß eine Avantgarde den Rest der Gesellschaft führen muß; daß keine Gefangenen gemacht werden sollen, denn das gesamte betroffene Gebiet, sei es nun Indien oder das Haus des Islam oder gar die ganze Welt, muß für die Reinen zurückerobert werden, während die Unreinen vernichtet werden. Die Denkschemata der Hindutva und des Islamismus sind antimodern, weil sie sich gegen die Modernität des

Westens richten, gleichzeitig gehen sie aber genealogisch auf die Revolutionstheorien, -strategien und -organisationen zurück, die im 19. und 20. Jahrhundert im Westen entstanden. Aus diesem Grund sind sie sehr weit entfernt vom rückständigen Stammesdenken einiger Gesellschaften, mit denen oft die islamistische Aggression erklärt wird.

Die Intoleranz und Gewalt von Hindutva und Islamismus sind stärker vom modernen politischen Denken und den Revolutionsstrategien des Westens beeinflußt als von den Überlieferungen des hinduistischen beziehungsweise islamischen Glaubens. Die Kulturen des Hinduismus und des Islam entwickelten sich als Flußsysteme, die verschiedene Gruppen mit ihren manchmal widersprüchlichen Gedankenströmen aufnahmen: Pantheismus und Atheismus, Logik und Hingabe strömen im Hinduismus zusammen; Offenbarung und Vernunft, Mystizismus und Weltlichkeit fließen im Islam nebeneinander und manchmal auch ineinander. Hindutva und Islamismus hingegen sind strikt gegen jede Form des Zusammenflusses: Der Kontakt, Dialog oder Austausch mit anderen religiösen oder philosophischen Traditionen wird nicht toleriert, es sei denn aus taktischen Gründen, aber auch das ist selten, denn solche Gesten des Entgegenkommens würden zwangsläufig die Essenz der Wahren Botschaft verwässern, die in doktrinären Schlachten und durch politische Militanz gereinigt wurde. Hindutva und Islamismus werden von kleinen Gruppen gelenkt, die behaupten, die große Mehrheit zu vertreten, und denen abstrakte Ziele wichtiger sind als Menschenleben. Wenn der Westen diesen Anspruch akzeptiert, erkennt er damit eine fanatische Randgruppe an. Den Islamismus mit dem Islam gleichzusetzen, heißt, die eigene Verantwortung gegenüber der Aufklärung zu verraten. Für viele Menschen in jenen Gesellschaften, die zuerst die Umwälzungen der Kolonialherrschaft und dann der Globalisierung durchgemacht haben, die ihrer traditionellen Umgebung entrissen und durch den wirtschaftlichen Wandel entwurzelt wurden, bieten Hindutva und Islamismus die Sicherheit einer klar umrissenen Identität, auf die man kollektiv stolz sein kann und die durch Akte der Aggression gefestigt wird. Die Opfer des historischen Wandels lassen sich täuschen und glauben bereitwillig, daß sie den Lauf der Geschichte ändern können, wenn sie andere zu Opfern machen.

Es ist daher ein Fehler, die Hindutva und den Islamismus als »fundamentalistisch« zu bezeichnen, denn keine der beiden Weltanschauungen bezieht sich auf »fundamentale« Aspekte der Religion oder Geschichte, in deren Namen sie sprechen. Genau wie die christliche Rechte – die wir hier nur aus Platzgründen außen vor gelassen haben – sind Hindutva und Islamismus politische Ideologien, geschmiedet in der Glut des autoritären und totalitären Denkens, das Ergebnis einer Lehre, die die Bewohner der ehemaligen Kolonien in den Werkstätten des Bolschewismus, Nationalsozialismus, Nihilismus und Existentialismus absolviert haben.

3 Die Nonsens-Mantras unserer Zeit

Ein Heiliger Krieg braucht immer auch eine Kriegstheologie, die ihn stützt und rechtfertigt. Der Krieg gegen den Terror bildet da keine Ausnahme.

Die Kreuzfahrer erklärten die Befreiung des Heiligen Landes von den sarazenischen Ungläubigen zu ihrem Ziel: Der Kreuzfahrer ist der einzig wahre Christ, einer, der sich nicht fürchtet, im Namen Gottes auch zu morden. Qutbs Jihad sollte das Haus des Islam von christlichen und jüdischen Besetzern befreien: Der Mudschahid ist der einzig wahre Muslim und schreckt nicht davor zurück, die Feinde des Islams zu töten. Golwalkars Suche nach der Hindu-*rashtra* sollte Mutter Indien von der »islamischen Herrschaft« säubern: Der Hindutva-Aktivist ist der einzig wahre Hindu, gewillt zu töten zum Schutz der hinduistischen Reinheit.

Die Kriegstheologie scheidet das gute Selbst vom bösen anderen und versichert dem guten Selbst, daß es die konventionellen Verhaltensregeln überschreiten darf, um die Welt vom bösen anderen zu befreien (zum Beispiel indem Uranmunition und Napalmbomben in beiden Golfkriegen verwendet wurden). Die Theologen des Kriegs gegen den Terror betrachten somit alle Muslime als potentielle Terroristen, genehmigen die großflächige Bombardierung muslimischer Länder und den Sturz unnachgiebiger westasiatischer Regierungen, die die Kooperation verweigern, wenn es um Öl und Militärstützpunkte geht. Präventionsschläge gegen mutmaßliche Terrorherde sind ebenso erlaubt wie die Untergrabung der Freiheit in Diktaturen und Kriegsherrenenklaven, die mit den Kriegern gegen den Terror gemeinsame Sache machen. Aber es werden inzwischen auch in den USA und Europa Grundrechte außer Kraft gesetzt.

Wenn in der pseudoreligiösen Sprache von Bush und bin Laden jemand als böse definiert wird, heißt das, daß seine Vernichtung gefordert wird. So nützlich die Kategorie Böse in der Metaphysik vielleicht sein mag, als kultureller oder politischer Begriff dient sie der Entmenschlichung des Feindes, ganz im Geiste von Bernhard von Clairvaux, der erklärte, wer einen Ungläubigen umbringe, sei kein Menschenmörder, sondern sozusagen ein Mörder der Bosheit, daher sei so ein Mord nicht nur erlaubt, sondern diene dem Ruhme Gottes. Der erste Schritt zur Menschlichkeit besteht darin, seine Feinde nicht mehr zu verunglimpfen.

Weite Verbreitung findet die Rechtfertigung des Krieges gegen den Terror durch die Filmindustrie in Hollywood. Warum kriegen es die Blockbuster nie richtig hin – nicht ein einziges Mal, nicht aufgrund von respektvollem Fleiß und nicht einmal mit Hilfe des guten alten Zufalls? Sie zeigen die *salat*, das islamische Gebet nie so, wie es praktiziert wird. In *Einsame Entscheidung (Executive Decision)*, einem absurden Thriller mit Kurt Russell und Steven Seagal, vollführen die Terroristen beim Gebet bizarre Gymnastikübungen. In *Black Hawk Down* findet die *fadschr*, das Gebet vor Morgendämmerung, statt, als die Sonne bereits dramatisch am Horizont aufgeht. In *Spy Game – Der finale Countdown* hat das Gebet schon begonnen, obwohl der *adhan*, der Gebetsruf, noch erklingt. Wahrscheinlich wollte der Regisseur so für die richtige Atmosphäre sorgen. In den meisten Filmen ist der Gebetsablauf – *raka* in der *salat* – völlig falsch dargestellt. Das Gebet wirkt nie würdevoll, nie schön, nie bedeutungsvoll. Im Gegenteil: Meist wird es als lächerliche, fremdartige Verrenkung präsentiert, passend zu den Wilden, die den amerikanischen Kosmos bedrohen und nach langer Verfolgungsjagd und erbitterten Gefechten von den Marines zur Strecke gebracht werden. Das islamische Gebet im Film ist fiktiv, Ähnlichkeiten mit der Realität sind rein zufällig.

Wenn die Mächtigen jemanden vernichten wollen, stellen sie ihn zunächst als Wilden oder als Narren dar. Hollywoods Darstellung von Muslimen beim Gebet führt eine altehrwürdige Tradition fort, fremde Kulturen als Jahrmarktsattraktion zu präsentieren: Indianer, die mit Federn geschmückt einen Regentanz vollführen; Hindus, die um häßliche Götzen herumtanzen, um dann die unglückselige Blondine zu opfern, die sie an einen Pfahl gebunden haben; Afrikaner, die meterhohe Masken tragen und sich in manischer Trance hin- und herwiegen; Scharen unverständlich schnatternder Wilder, die mal im Lendenschurz, mal im Baströckchen, mal völlig nackt über die Leinwand schwärmen, bis sie vor dem Blick aus stahlblauen Augen oder dem unfehlbaren Schuß des einsamen europäischen oder nordamerikanischen Helden das Weite suchen.

Die Einstellung Hollywoods zum Islam, die in Filmen wie *Einsame Entscheidung, Spy Game* und *Black Hawk Down* zum Ausdruck kommt, spiegelt ein Islamfeindbild, das die

Öffentlichkeit in Nordamerika und Europa beherrscht. Dabei werden Gemeinplätze über Natur und Geschichte des Islam verbreitet und nicht weiter hinterfragt – Gewißheiten, die so dogmatisch sind wie die angeblichen Dogmen, die sie ablehnen. Die Kritik der Medien am Islam behauptet, »zentrale westliche Werte« zu verteidigen, die auf den Prinzipien der Aufklärung gründen und angeblich das Fundament einer zivilisierten Auseinandersetzung bilden. Eigentlich umfassen diese grundlegenden westlichen Werte auch die Methode des radikalen Zweifels und die Fähigkeit, mehrere Meinungen in Betracht zu ziehen, sowie die Bereitschaft, sich auf verschiedene Standpunkte einzulassen, bevor man Schlußfolgerungen zieht. Daraus sollte eine Öffentlichkeit entstehen, die zentraler Bestandteil der Philosophie der Aufklärung ist – von Spinoza und Descartes bis zu Habermas und Foucault. Die Methode des radikalen Zweifels hilft uns, Religion als Ideologie zu entlarven, die offenkundigen Praktiken und verborgenen Motive der Ideologie zu untersuchen, die Art, wie sie eine bestimmte Machtstruktur und die Interessen der herrschenden Klasse tarnt. Die Empfänglichkeit für verschiedene Standpunkte erlaubt es uns, die Realität in ihrer ganzen Dichte und Vielfalt zu begreifen, ihre sichtbaren und verborgenen Bedeutungen, die offenkundigen Auswirkungen und versteckten Möglichkeiten. Öffentlichkeit bietet uns den Luxus, verschiedene Theorien und Meinungen zu jedem beliebigen Thema abzuwägen und dann unseren eigenen Standpunkt zu bilden.

Leider verläuft die derzeitige Debatte zum Islam in völligem Widerspruch zu diesem Erbe. Wir dämonisieren den Islam und tun damit genau das, was wir den anderen vorwerfen: Wir mystifizieren, schotten uns ab und flüchten uns in Verallgemeinerungen. Kurz: Wir verraten die Aufklärung. Wenn wir dagegen darauf bestehen, den Islam in seiner ganzen Komplexität wahrzunehmen, würden wir die Aufklärung verteidigen.

Einige führende Intellektuelle können es mit den Filmmogulen Hollywoods aufnehmen, wenn es darum geht, die öffentliche Meinung im Krieg gegen den Terror zu beeinflussen. Der Nobelpreisträger V. S. Naipaul etwa wiederholt immer wieder seine These, daß der Kontakt mit dem Islam für andere Kulturen stets eine Katastrophe bedeutet hat – der Islam habe alle Spuren der von ihm verdrängten Kulturen ausgelöscht. Dieses Vorhaben sei noch nicht vollendet, der Islam warte nur auf die Gelegenheit, die Weltherrschaft zu übernehmen. Naipaul projiziert hier einfach die Ziele und Methoden des europäischen Kolonialismus auf den Islam. Wir müssen uns nur vergegenwärtigen, daß die Muslime in Indien nach Jahrhunderten politischer Dominanz immer noch in der Minderheit sind und der Hinduismus blüht. Wir müssen nur auf die prächtigen Statuen Ganeshas und Garudas hinweisen, die es im muslimischen Indonesien so zahlreich gibt; Vishnus geflügeltes Reittier Garuda hat der staatlichen Fluggesellschaft sogar Symbol und Namen gegeben. Ganz zu schweigen von den melodiösen Sanskrit-Namen, die Indonesiens Muslime tragen, Meghawati, Sudarsano, Sukarno, und voller mythischer Hindu-Assoziationen stecken. Und die buddhistische Tempelanlage von Borobudur steht noch in voller Pracht, zwar von einem Erdbeben, aber nie von muslimischen Fanatikern beschädigt, und wird von den Indonesiern stolz als nationales Symbol betrachtet.

Das weltweit erfolgreichste Instrument intellektueller Agitation ist aber die These vom »Clash of Civilizations«, dem »Kampf der Kulturen«. Ursprünglich wurde die Formulierung von Bernard Lewis geprägt, einem langjährigen Beobachter des Islams, bei dem sich einfühlsames Interesse im Lauf seiner Karriere in gehässige Verbitterung gegenüber den Menschen, der Religion und den Gesellschaften verwandelte, die er fast 60 Jahre lang studierte. Vom jungen britischen Gelehrten von einst, der sich geehrt fühlte, daß er als erster Westler in den fünfziger Jahren Zugang zu den Archiven des Osmanischen Reichs erhielt, entwickelte sich Lewis zum patriarchalischen Kalifen der Islamwissenschaften in Nordamerika. Er glaubt heute, eine Art Demokratie von oben, aufgezwungen in einer Art und Weise, die Sheriff Wyatt Earp gefallen hätte, sei die beste Lösung für die Probleme der islamischen Gesellschaft. Kurz und knapp formuliert lautet Lewis' Lösung so: Schickt die Marines ins Land, schaltet die Unruhestifter aus, die derzeit regieren, und ersetzt sie durch eine Regierung westlichen Stils, die mit zuverlässigen Leuten besetzt ist und anstandslos Öl liefert. Diese »Lösung« wurde zur offiziellen Richtlinie und bildete die Grundlage für die Doktrin der Regierung Bush vom »Regimewechsel« in Afghanistan, im Irak und demnächst wahrscheinlich auch im Iran und in Syrien. Lewis' wichtigste These, der »Kampf der Kulturen«, wurde von Samuel Huntington aufgegriffen und zu einem populären Schlagwort, mit dem man den Krieg gegen den Terror rechtfertigt.

Kurz zusammengefaßt besagt die Lewis-Huntington-These, daß die Menschheit in »acht oder neun« kulturell-politische Blöcke unterteilt ist, die willkürlich als »Kulturkreise«

definiert werden. Die These betont die Verwerfungslinien zwischen diesen »Kulturen«, die aufgrund tiefgreifender unterschiedlicher Werte in einem Zustand des Konflikts leben. Aus Huntingtons Sicht ist der große Konflikt unserer Zeit, der anstelle des Kalten Krieges zwischen den USA und der UdSSR getreten ist, der Konflikt zwischen dem Islam und dem Westen. Nach dem 11. September wurde Huntington unkritisch als der Prophet seiner Zeit gepriesen.

Huntingtons Darstellung ist unzusammenhängend und in sich widersprüchlich. Er schreibt, ein Kulturkreis sei »die größte kulturelle Einheit. Dörfer, Regionen, ethnische Gruppen, Nationalitäten, religiöse Gruppen besitzen auf unterschiedlichen Ebenen der kulturellen Heterogenität ihre je eigene Kultur.« Darüber hinaus ist ein Kulturkreis »die höchste kulturelle Gruppierung von Menschen und die allgemeinste Ebene kultureller Identität des Menschen unterhalb der Ebene, die den Menschen von anderen Lebewesen unterscheidet. Sie definiert sich sowohl durch gemeinsame objektive Elemente wie Sprache, Geschichte, Religion, Sitten, Institutionen als auch durch die subjektive Identifikation der Menschen mit ihr.« Daher sei der Kulturkreis »die allgemeinste Ebene der Identifikation, mit der sich [der einzelne] nachdrücklich identifiziert«.[10] Dieses Element der Selbstidentifikation an sich steht in Widerspruch zur deterministischen Hauptstütze seines Arguments, es sei denn, Auswahl wird durch die freiwillige Aufhebung der Wahl ausgeübt. Typisch westliche Errungenschaften sind laut Huntington Christentum, Demokratie, Pluralismus, Individualismus und Rechtsstaatlichkeit. Wir haben bereits festgestellt, wo die philosophischen Quellen, die persönlichen Beispiele, die mythische Infrastruktur und das Grundgerüst dafür liegen – nämlich im Mittelmeerraum, in al-Andalus, im arabischen Aristotelismus und in den Gedanken, Geschichten und Manuskripten, die unbeschwert von einer Gesellschaft in die andere wechseln, ohne Rücksicht auf die angeblich absoluten Verwerfungslinien zwischen den kulturellen Blöcken zu nehmen. Was die Rechtsstaatlichkeit angeht, muß man daran erinnern, daß die Scharia als allgemeines Rechtssystem eingeführt wurde, um die Variationen und Unsicherheiten der Stammesgebräuche abzuschaffen, egal, ob man mit ihren Bestimmungen einverstanden ist oder nicht. Und zur Demokratie läßt sich ergänzen, daß Huntington vielleicht noch nichts von den basisdemokratischen Strukturen so genannter primitiver Gesellschaften gehört hat, etwa den unabhängigen Systemen in Afrika oder der freiheitlichen Verfassung der Irokesen, um nur zwei Beispiele zu nennen.

Die Wahrheit ist weniger dramatisch, wenn auch nicht weniger gewalttätig. Sie hat mehr mit der unterschiedlichen wirtschaftlichen und politischen Machtverteilung zu tun als mit fundamentalen kulturellen Unterschieden. Zivilisationen sind erstaunliche Mischformen: Sie waren nie reine, in sich geschlossene Einheiten. Historisch gesehen entwickelten sie sich durch Austausch und Synthese, durch die Begegnung verschiedener Rassen, Religionen und Philosophien. Bei der Betrachtung von Zivilisationen und Kulturkreisen sind die Unterschiede, die die Menschen trennen, bei weitem nicht so wichtig wie das Erbe, das die Menschen über Grenzen hinweg verbindet. Haltbarer als die These vom »Kampf der Kulturen« ist die Sichtweise, daß die Fronten quer durch unsere Gesellschaften und nicht zwischen Kulturkreisen und Nationalstaaten verlaufen. Ein amerikanischer Pazifist, der an die soziale Gerechtigkeit glaubt, ist Welten entfernt von einem amerikanischen Investmentbanker, zu dessen Kunden Lockheed und Unocal gehören, und der meint, jeder sei seines Glückes Schmied. Ein urbaner Westeuropäer, der Yoga macht und sich für afrikanische Kunst interessiert, Reggae hört und auf der Suche nach kultureller Inspiration durch die Welt reist, ist vom westeuropäischen Skinhead ebensoweit entfernt wie vom Straßenkämpfer der Bajrang Dal in Indien.

Leider werden die Annahmen des Westens, die auf binären Modellen basieren, weiterhin auf die ehemaligen Kolonien projiziert, was nicht selten den verheerenden Effekt einer selbsterfüllenden Prophezeiung hat. Das schlimmste Beispiel für diese Tendenz läßt sich mit den Worten zusammenfassen: »Das Prinzip der Ethnizität ist Grundlage des politischen Konflikts.« Von westlichen Mächten bereits im Libanon oder in Ruanda umgesetzt, kam das Prinzip auch bei der Besatzung des Iraks sehr gelegen, als die von den USA geführten Invasoren ein schiitisches Regime errichteten, in dem es von korrupten Geschäftemachern nur so wimmelte (von denen einige von ihren amerikanischen Beschützern später den Wölfen zum Fraß vorgeworfen wurden), und sich daran machten, die sich in der Mehrheit befindlichen Schiiten von den Sunniten zu trennen und gleichzeitig den Kurden zu helfen, sich vom Land abzuspalten. Und all das, während sie sich gleichzeitig vergeblich mühten, die aggressiv antiamerikanische schiitische Regierung im Nachbarland Iran zu bekämpfen. Wie vorauszusehen war, hat der »Aufstand« charismatische schiitische Führer gefunden, die eine bedauerliche Undankbarkeit gegenüber den westlichen »Befreiern« an den Tag legen; dabei haben die Befreier nur ihre Moscheen zerbombt und ihre Wasserspeicher zerstört, um ihre Seelen für die Demokratie zu retten. Kein Zweifel, die Marines sollten alle töten, der Geist der Freiheit wird die seinen schon erkennen.

Im Hintergrund und bei Fernsehdiskussionen murmeln die Intellektuellenpäpste weiter ihre unsinnigen Mantras: Sehen Sie, die Schiiten, die Sunniten, die Kurden, die Marsch-Araber und die chaldäischen Christen sind ganz unterschiedliche Volksgruppen, die nur durch die Unterdrückung und die Baath-Partei zusammengehalten wurden. Aber es bestehen grundlegende Unterschiede zwischen ihnen, sehr grundlegend, absolut und prägend. Uneinigkeit und Gewalt sind an der Tagesordnung: Sie streiten seit Jahrzehnten, das gegenseitige Mißtrauen und der Haß schwelen seit Jahrhunderten. Die armen Befreier stehen vor einer schweren Aufgabe, wenn sie verhindern wollen, daß sich diese Wilden gegenseitig an die Kehle gehen. Die tatsächlichen Gründe für das, was die selbsternannten Experten und ihre politischen Schüler als »ethnischen Konflikt« bezeichnen, sind im Machtvakuum zu suchen, das durch den Sturz der irakischen Regierung entstand, in der Zerstörung der Infrastruktur und den hungersnotähnlichen Zuständen im Land durch das vorangegangene Embargo. Dazu kommt, daß die Besatzungsmächte den verschiedenen Bezirken absichtlich ein unterschiedliches Maß an Schutz, Unterstützung und Sicherheit zukommen lassen.

Heute weiß man, daß »Stämme« oft von Völkerkundlern erfunden wurden, wenn sie in ihrer Klassifizierungsmanie unbekannte Gebiete einordnen wollten (die ersten britischen

Forschungsreisenden in Australien erfanden in ihrem Eifer, auf ein Paradies zu stoßen, sogar ganze Gebiete mit Flüssen, Wäldern und Weiden; natürlich wurden die Aborigines, die dieses Idyll störten, schon bald zusammengetrieben und ausgelöscht, oder aber ihre Kinder wurden braven christlichen Siedlern aus dem Westen übergeben, damit ihre Seelen gerettet wurden). Wen störte es schon, daß die Identitäten vor Ort oft fließend oder verwischt waren, die Sprache oft eine Zugehörigkeit, das Clansystem eine zweite, die religiöse Sekte eine dritte und die politische Loyalität eine vierte darstellte. Identitäten und Verpflichtungen konnten sich ändern, wodurch die ohnehin ungenaue Klassifizierung noch sinnloser wurde; doch die sogenannten Stammesunterschiede wurden, wenn sie erst einmal ins westliche Wissenschaftssystem aufgenommen worden waren, von den Kolonialmächten gerne ausgenutzt. Dabei kam die unrühmliche imperialistische Formel zum Einsatz: Teile und herrsche! Bis zum Einmarsch der Sowjets spielte die ethnische Zugehörigkeit nur eine untergeordnete Rolle im modernen afghanischen Bewußtsein. Doch 1978 errichteten und unterstützten die fremden Mächte, die in Afghanistan eingriffen (und den Bürgerkrieg schürten), Milizen, die nach ethnischen Kriterien organisiert waren. Der Erfolg der Taliban war unter diesen Umständen nur möglich, weil sie die Vertretung der ins Abseits gedrängten Paschtunen übernahmen. Dennoch begrüßte die paschtunische Einwohnerschaft Kabuls die tadschikischen und usbekischen Truppen der Nordallianz nach dem Sturz der Taliban. Offenbar waren die Menschen trotz des brutalen Vorgehens der Nordallianz bei der letzten Besetzung der afghanischen Hauptstadt zufrieden mit der aktuellen Entwicklung.

Aber da die ausländischen Besatzungsmächte in der Zeit nach der Talibanherrschaft an bizarren ethno-föderalistischen Strukturen mit Quoten, Vetorechten und Proporzregeln festhielten, schlitterte Afghanistan in die Katastrophe. Am schlimmsten haben darunter die Frauen zu leiden, die einst stolz auf ihre Errungenschaften waren: Sie haben ihre Unabhängigkeit verloren und sind den Launen der patriarchalischen Warlords ausgesetzt. Soviel zum Eingreifen des Westens, der sich doch der Demokratie und den Rechten des einzelnen verschrieben hat, dem Pluralismus und der Rechtsstaatlichkeit.

Die Vorstellung einer festgelegten Identität ist eine Schimäre. Kulturelle Existenz ist ein kumulativer Prozeß. Die Politik der Identität versucht, jeden einzelnen von uns in eine bestimmte Schublade zu pressen, auf der fein säuberlich Rasse, Religion und Nationalität vermerkt sind; wohingegen das Leben uns einlädt, ja sogar verpflichtet, uns auf eine Achterbahnfahrt durch das Auf und Ab der Unterschiede zu begeben – wir haben keine Identitäten, sondern dynamische Positionen. Mehr als je zuvor ist Kultur nicht an ein bestimmtes Gebiet gebunden. Und wie sollen wir Stellung gegen das andere beziehen, wenn das andere in uns selbst ist? Wie können wir überhaupt anfangen, jemanden oder etwas als fremd und außenstehend zu klassifizieren, wo wir doch in der Welt des Schmetterlingseffekts leben, in der alles miteinander verbunden ist – wo Maßnahmen gegen Frauen in Algier Reaktionen in Paris auslösen können, weswegen dazu Stellung in Den Haag bezogen und ein Protest in Chicago organisiert wird? Truppenbewegungen in Bagdad können zu Bombenanschlägen in Madrid führen, Luftangriffe in Kandahar lösen Selbstmordattentate in London aus. Ähnlich ruft die ungeheure Ausbeutung der Natur in China Proteststürme in Kanada, Großbritannien und Indien hervor. In einer Welt, die durch Reisen, Internet und unablässige Kommunikation miteinander verwachsen ist, kann eine Stadt auf der anderen Erdhalbkugel näher sein als eine Stadt auf der gegenüberliegenden Seite des Flusses. In einer globalen Gesellschaft, die von Migrantenströmen geprägt ist, kann die ideale Sicherheit, die man nur im eigenen Heim empfindet, einen Ozean weit entfernt liegen, während die potentiellen Gefahren der Ferne an der nächsten Straßenecke lauern. Unter solchen Umständen kann die alte Trennung zwischen »uns« und »den anderen« nur zur Grausamkeit gegen das andere führen, zur Brutalisierung des Selbst und zur »beiderseitigen Bereitschaft zur gegenseitigen Vernichtung«, dem Leitmotiv des Kalten Krieges (das in den Stellvertreterkriegen in der »Dritten Welt« brutal umgesetzt wurde). Die alte Maxime – für den Westen gilt die eine Regel, für den Rest eine andere –, diese antiliberale Haltung, die gar nicht zum freiheitlichen Ideal paßt, hat ausgedient. Moralisch und strategisch ist es höchste Zeit zu akzeptieren, daß es nur eine Regel für uns alle geben kann: die Regel des gegenseitigen Mitgefühls und Verständnisses.

In unserem Buch haben wir nach den Verbindungen gesucht, die manchmal untergegangen sind oder zu einem Hintergrundgeräusch verzerrt wurden, die jedoch Menschen über die sogenannten Verwerfungslinien zwischen Zivilisationen und Kulturen hinweg zusammengeführt haben. Wir wollten zeigen, daß Zivilisationen miteinander verwoben sind. Diese Weltsicht ist sehr schön mit dem buddhistischen

Bild vom »Netz Indras« beschrieben. Jeder Knoten im Netz, in dem sich die Schnüre kreuzen, ist ein Einzelwesen; und jedes dieser Wesen spiegelt alle anderen um sich herum. Individuen werden sich ihrer selbst durch ihre Verbindungen zu anderen bewußt – und nicht indem sie vor lauter Selbstüberschätzung die Bedürfnisse der anderen gar nicht mehr wahrnehmen. Wenn wir uns im Netz Indras betrachten, sind wir nicht nur das Selbst, das unseren eigenen Körper bewohnt, sondern auch eine Reihe von Reflektionen und Möglichkeiten – der Geist der anderen, den wir fühlen können, die Körper der anderen, die wir durchwandeln, ihre Vorstellungen, mit denen wir unsere erweitern können. Eine Festung ist hin und wieder ein sicherer Ort, in dem wir aber letztlich ersticken. Sie ist das Ghetto, das wir uns selbst schaffen, wenn wir andere in Ghettos zwingen. Viel besser ist es da, den Wegen der Pilger und Reisenden, Geschichtenerzähler und Troubadoure zu folgen und unterwegs das wahre Erbe der Menschheit zu finden: die Erkenntnis, daß Kulturen nicht im Konflikt miteinander liegen, sondern zusammenfließen. Deswegen müssen wir uns gegen all jene wehren, die uns im Namen des Unterschieds gegeneinander aufbringen und uns für die globale Kriegsmaschinerie rekrutieren wollen.

Den Zusammenfluß anzunehmen, heißt den Kampf abzusagen; den Kampf abzusagen, heißt den Zusammenfluß anzunehmen.

Eine notwendige Aufklärung in verwirrten Zeiten
Ein Nachwort von Pankaj Mishra

Vor einigen Jahren war ich in Rishikesh, der ersten Stadt, auf die der Ganges trifft, wenn er sich auf die lange Reise von seiner himalayischen Heimat durch die nordindischen Ebenen begibt. Ich besuchte meine Tante, die sich vor kurzem in einen der am Fluss gelegenen Aschrams zurückgezogen hatte. Ihr Leben war alles andere als leicht gewesen; bereits mit Mitte dreißig Witwe, hatte sie sich, um ihre drei Kinder durchzubringen, als Lehrerin von einer schlecht bezahlten Anstellung zur nächsten gehangelt. Noch immer kann ich sie vor mir sehen, wie sie mittags in der weißglühenden Sommerhitze an einer ungeschützten, ländlichen Bushaltestelle steht. Erst spät im Leben hatte sie Komfort, sogar ein wenig Luxus kennengelernt. Ihre Kinder, die zur neuen, global agierenden Unternehmerelite Indiens gehören, reisen geschäftlich um die ganze Welt, zu Hause halten aufgeweckte Enkelkinder sie auf Trab. Aber am glücklichsten sei sie in Rishikesh, sagte sie, wo sie so spartanisch lebte, wie sie es den Großteil ihres Lebens getan hatte und sich auf den letzten Abschied vorbereitete.

Offenbar konnte sie jedoch nur schwer Abstand gewinnen, wie auch der sich nach Spiritualität Sehnende nur schlecht von E-Mails lassen kann. Ich musste lediglich die politische Lage erwähnen – damals drohte Indien Pakistan mit einem Angriff –, da giftete sie auch schon: »Diesen Muslimen muss eine Lektion erteilt werden. Wir Hindus sind schon seit langem viel zu nachgiebig.«

In den letzten zehn Jahren sind derartige antimuslimische Ansichten unter den Hindus der Mittelschicht und der oberen Kasten gang und gäbe, sowohl in Indien als auch in den Auslandsgemeinden, den treusten Wählerschaften der regierenden hindu-nationalistischen Bharatiya Janata Party. Wahrscheinlich hätte ich den antimuslimischen Ausbruch meiner Tante nicht als besonders merkwürdig empfunden, wäre ich nicht später in ihre spartanische Zelle hochgegangen, eine von vielen, die um einen Blumengarten angeordnet waren, und mir dort das große, girlandengeschmückte Porträt eines bekannten westindischen Sufi-Heiligen ins Auge gefallen.

War ihr bewusst, dass sie einen Muslim verehrte? Wahrscheinlich nicht. Der Volksglaube, zu dem der Sufi-Heilige gehört und dem immer noch Millionen Inder anhängen, kennt moderne politische Kategorien wie »Hindu« und »Muslim« nicht. Wahrscheinlich sieht nur ein Außenstehender den Widerspruch zwischen dem Glauben meiner Tante und ihrem Verhalten, die Diskrepanz zwischen kleingeistigen, nationalistischen Vorurteilen, die ihrer Schicht und ihrer Klasse geschuldet sind, und den großherzigen Neigungen ihrer inneren Welt von Andacht und Gebet.

Dieser verblüffende Widerspruch ist nicht leicht verständlich, aber erklärlich: Seit dem 19. Jahrhundert waren alle vormodernen Lebensweisen und Glaubensformen drastischen Wandlungen und Neubelegungen unterworfen, aus denen sie als klar definierte Religionen und Ideologien hervorgingen, deren von Konfluenz geprägten pluralen Vergangenheiten getilgt worden waren.

Die terroristischen Angriffe von Menschen, die sich selbst als Muslime bezeichnen, haben in den letzten Jahren wieder vermehrt Aufmerksamkeit auf die Rolle der Religion im öffentlichen Leben gezogen, nachdem man sie jahrzehntelang auf dem Rückzug vor der Modernisierung wähnte. Aber die daraus resultierende Besessenheit mit den globalen Auswüchsen des Islams hat einige äußerst wichtige Tatsachen in den Hintergrund gerückt: Vor dem 19. Jahrhundert gab es so etwas wie »den Islam«, »den Hinduismus« und »den Buddhismus« nicht.

Das Konzept der »Weltreligion« oder der »Religion«, wie wir sie heute kennen, entstand erst Ende des 18., Anfang des 19. Jahrhunderts, als Gegenstand akademischer Forschung zu einer Zeit, in der Westeuropa größtenteils säkularisiert war, wie es Trojanow und Hoskoté in »Kampfabsage« beschreiben. Religion, so der von der Aufklärung inspirierte Gedanke, sollte als Glaube studiert und auf diese Weise Vernunftgründen zugänglich gemacht werden. Aber akademische Forschung, gleich welcher Art, bürdet ihrem Gegenstand systemimmanente Beschränkungen auf, erschafft gewissermaßen den Forschungsgegenstand als intellektuelle Einheit.

Die frühen europäischen Religionswissenschaftler verpassten allem ein Etikett, ordneten unterschiedlichste religiöse Praktiken in ein einziges Glaubenssystem ein und erschufen so buchstäblich die »Weltreligionen«, also auch Hinduismus und Buddhismus.

Nicht nur der Hinduismus, das Wort Hindu selbst ist nichthinduistischen Ursprungs. Zum ersten Mal wurde es von den alten Persern benutzt, die damit die in der Nähe des Indus (Sindhu auf Sanskrit) lebenden Menschen bezeichneten. Dann wurde es zum praktischen Kürzel für die muslimischen und christlichen indischen Herrscher, indem es diejenigen bezeichnete, die weder Muslime noch Christen waren. Mittlerweile weiß die moderne Wissenschaft über die Kasten, religiösen Sekten, Hoch- und Volkskulturen, philosophische Traditionen und Sprachen, die auf dem indischen Subkontinent existieren oder existierten, sehr viel mehr. Doch obwohl Indien die drittgrößte muslimische Bevölkerung der Welt hat, gilt es den meisten immer noch als Land der Hindus. In der angloamerikanisch zentrierten Weltsicht Samuel Huntingtons firmiert es sogar unter »hinduistischem Kulturkreis«.

Gewiss verspürten die wenigsten Hindus das Bedürfnis, sich selbst genau zu benennen, außer wenn sie sich auf amtlichen Formularen mit Fragen zur Religion konfrontiert sahen, und definierten sich weiterhin über das vielfach verschränkte Zugehörigkeitsgefühl zu Familie, Kaste, sprachlicher Zugehörigkeit, Region und Glaubenstradition. Für sie war Religion vielmehr unreflektierte Sitte denn starres Glaubenssystem, aus diesem Grund bietet die indische Theologie Raum für Atheismus und Agnostizismus. Ihre Rituale und Gottheiten, oftmals durch Kaste und Geographie definiert, waren stets flexibel: Sogar heute noch bereichern neue Göttinnen das Pantheon. So gibt es eine Aids-Göttin, die offensichtlich sowohl die Krankheit verursacht als auch heilt. Schlangen wie auch die unendliche Realität des Universums wurden gleichzeitig verehrt, manchmal sogar von ein und derselben Person. Nur selten, anders als bei Muslimen oder Christen, verlangte die Religion die Befolgung von Regeln, die sich auf einen einzigen Propheten, ein Buch oder eine kirchliche Autorität beriefen.

Die Notwendigkeit der Erschaffung neuer politischer Gemeinschaften veränderte alles. Angesichts der beispiellosen Macht Europas, in moralischer, intellektueller und militärischer Hinsicht, mussten sich asiatische und afrikanische Gesellschaften entweder anpassen oder widersetzen. In beiden Fällen wurden schlussendlich althergebrachte Lebensweisen, ethische Verhaltenskodexe und Kulturen europäisch modern interpretiert. Oftmals wurden diese neuen in sich geschlossenen Glaubenskonstrukte ihrer alten Jenseitsvorstellungen beraubt und von westlich geprägten Asiaten und Afrikanern mit politischen Visionen, Reformgeist und sogar revolutionärem Gedankengut angereichert.

Wenig erstaunlich, dass sogar in Thailand, Sri Lanka und Burma nationalistische, oftmals demagogische und militaristische Vereinigungen entstanden, die sich auf buddhistischen Wurzeln berufen und viele rassisch, religiös und ethnisch »Andere« stigmatisieren. Ein verblüffendes Phänomen, denn eigentlich scheint buddhistisches Gedankengut mit seiner Hinwendung auf das Jenseits, seinem Misstrauen gegenüber Begierde nicht für Hass und Ressentiments empfänglich.

Doch das Bedürfnis politische Trennlinien aufrechtzuerhalten, kann jede Philosophie ins Gegenteil verkehren. Wie Hindu-Nationalismus und Hinduismus, Islam und Islamismus wurden »Buddhismus« und buddhistischer Nationalismus von im Westen ausgebildeten einheimischen Eliten als Antwort auf die Macht des Westens geschaffen oder um verschiedenen »Anderen« eine eigene Gemeinschaft entgegenzusetzen. Immer häufiger setzen sie globale Kommunikationstechniken ein, finden Unterstützung durch Auswanderergemeinden. Bei den militanten buddhistischen Bewegungen in Sri Lanka, Burma und Thailand können wir heute eine neue Phase der »Selbsterfindung« beobachten, die zur Homogenisierung und Globalisierung der einheimischen Lebensweise und vieler unterschiedlicher Glaubensausrichtungen führt.

Europa, der Verursacher dieses weltweiten Sich-neu-Erfindens, erweist sich alles andere als immun gegenüber diesem Prozess. Seit Ende des 18. Jahrhunderts brachte es Theoretiker neuer Identitäten und die kultische Verehrung der Antike und ihrer Sprachen hervor. Die kulturelle Hegemonie Frankreichs und sein Anspruch auf universale Zivilisation beschwor zuerst unter den grollenden Deutschen herauf, was wir heutzutage »kulturellen Nationalismus nennen«: die Behauptung, Kultur sei tief im nationalen oder regionalen Wesen, in Geschichte und sozialen Verhältnissen verankert, im Zugehörigkeitsgefühl zu einer bestimmten, wenn nicht gar überlegenen organischen kulturellen Einheit. Auch schufen die Deutschen des 18. Jahrhunderts den Mittelalterkult, ehe hundert Jahre später muslimische Länder das angeblich goldene Zeitalter der ersten Kalifen wiederaufleben lassen wollten. Es erstaunt nicht, dass die Hindus der oberen Kasten, die auf die lange Tradition eines einheitlich hinduistischen Indiens beharrten, in dem die Muslime lediglich als Eindringlinge zu betrachten sind, sich bei ihrer Argumentation mehr auf die Schriften romantischer Nationalisten wie Herder, Fichte und Mazzini stützten und weniger auf die Veden und Upanischaden.

Auch in Europa empfanden diejenigen, die die unbedingten Vorzüge ihrer nationalen oder kontinentalen Identität herausstellen wollten, die dringliche Notwendigkeit die jahrhundertelangen Einflüsse des Islams aus ihrer Vergangenheit zu tilgen. So stellten die größten Denker der spanischen Moderne, José Ortega y Gasset und Miguel de Unamuno den Islam als unglückselige Unterbrechung der europäischen Geschichte dar, bestritten vehement jeglichen arabischen Beitrag zur europäischen Kultur. Wie auch der Hinduismus war die Vorstellung einer rein europäischen Kultur vor der Erfindung der modernen Geschichtsschreibung im 19. Jahrhundert nahezu inexistent, es gab das Christentum, aber kein Europa. Diese Ausrichtung wurde durch die wissenschaftliche Entdeckung der Antike begleitet, verbunden mit den politischen und philosophischen Errungenschaften der Aufklärung und der Französischen Revolution.

Heute sieht sich Europa, während seine sozialdemokratischen Institutionen schwächeln, wieder einem Aufschwung der Partikularidentitäten gegenüber. Der Nationalismus mit seiner engstirnigen Weltsicht erfundener Rassen und Ethnien steht massiv der Einsicht im Wege, dass unsere Kulturen per se Schnittstellen und Zusammenflüsse sind und die menschliche Identität, wie die religiöse Treue meiner Tante zeigt, durchlässig und widersprüchlich ist.

Weder Hindu-Nationalisten noch europäische Chauvinisten haben ein statisches Ich – die Projektionen ihrer Ängste, Wünsche und Erwartungen werden, wie alles Menschliche, fortwährend von der ihnen innewohnenden Widersprüchlichkeit sowie den politischen und kulturellen Konflikten entzaubert.

Um das zu verstehen, bedürfen wir dringend einer neuen intellektuellen und spirituellen Geschichtsschreibung, die sich der menschlichen Wandelbarkeit bewusst ist und intellektueller und kultureller Kreativität den Vorzug gibt, nicht der Jagd nach Reichtum und Macht. »Kampfabsage« ist dieser seltene Text in unseren verwirrten Zeiten, der einer einseitigen Sichtweise die notwendige Aufklärung entgegenhält.

Übersetzt von Susann Urban

Anmerkungen

Die Entstehung Europas

1 Bertrand Russell. *History of Western Philosophy.* London 1966. S. 33, 48.
2 Walter Burkert. *Die Griechen und der Orient.* München 2003. S. 5.
3 Ebenda, S. 27.
4 William Dalrymple. *From the Holy Mountain.* London 1997. S. 66.
5 Ebenda, S. 385.
6 *Birds through a Ceiling of Alabaster: Three Abbasid Poets.* Übersetzt von G. B. H. Wightman und A. Y. al-Udhari, Harmondsworth 1975. S. 19.
7 Albert Hourani. *Die Geschichte der arabischen Völker.* Frankfurt am Main 2014. S. 119.
8 Steven Runciman. *A History of the Crusades.* Cambridge 1951. Bd. 1, S. 75; deutsch: *Geschichte der Kreuzzüge.* München 1957. Bd. 1, S. 85.
9 Boase in: Salma Khadra Jayyusi (Hg.). *The Legacy of Muslim Spain.* 2 Bde., New York 1994. S. 466.
10 Ibn Hazm al Andalusi. *Von der Liebe und den Liebenden.* Übersetzt von Max Weißweiler. Frankfurt am Main 1995. S. 23.
11 Maria Rosa Menocal. *Die Palme im Westen: Muslime, Juden und Christen im alten Andalusien.* Übersetzt von Henning Thies. Berlin 2003. S. 99.
12 Andrew Skilton (Dharmachari Sthiramati). *A Concise History of Buddhism.* Birmingham 1994. S. 199.
13 zitiert in Joseph Campbell. *The Masks of God. Bd. IV. Creative Mythology.* New York 1968. S. 129 f.
14 Miguel Asin y Palacio. »Die muselmanische Eschatologie und die Divina Comedia« in: *Deutsches Dante-Jahrbuch.* Bd. 7, Weimar 1923. S. 24–28.
15 Franco Ferrucci. *The Poetics of Disguise: The Autobiography of the Work in Homer, Dante, and Shakespeare.* Ithaca 1980. S. 96.
16 Hillenbrand in: Salma Khadra Jayyusi (Hg.). *The Legacy of Muslim Spain.* S. 121.
17 Howard R. Turner. *Science in Medieval Islam.* Austin 1997. S. 201.
18 Joan M. Lewis. *Religion in Context.* Cambridge 1986. S. 7.
19 Howard R. Turner. *Science in Medieval Islam.* Austin 1997. S. 23.
20 James Kritzeck. *Peter the Venerable and Islam.* Princeton 1964. S. 161.

21 Joseph Campbell. *The Masks of God. Bd. IV. Creative Mythology.* New York 1968. S. 396 f.

22 Richard W. Southern. *Das Islambild des Mittelalters.* Stuttgart 1981. S. 42.

23 Richard Fletcher. *Moorish Spain.* Berkeley 1993. S. 134.

24 Hernández in: Salma Khadra Jayyusi (Hg.). *The Legacy of Muslim Spain.* Leiden 2000. S. 797.

25 Giovanni Pico della Mirandola. *Oratio de hominis dignitate* (Rede über die Würde des Menschen). Übersetzt von Gerd von der Gönna. Stuttgart 1997. S. 1.

26 Burnett in: Salma Khadra Jayyusi (Hg.). *The Legacy of Muslim Spain.* S. 1051.

27 Jerry Brotton. *The Renaissance Bazaar. From the Silk Road to Michelangelo.* Oxford 2002. S. 137 f.

28 Lisa Jardine und Jerry Brotton. *Global Interests. Renaissance Art between East and West.* New York 2000.

29 Jerry Brotton. *The Renaissance Bazaar. From the Silk Road to Michelangelo.* Oxford 2002. S. 199.

30 Jack Goody. *Islam in Europe.* Cambridge 2004. S. 58.

31 Howard R. Turner. *Science in Medieval Islam.* Austin 1997, S. 48.

32 Maria Rosa Menocal. *Die Palme im Westen: Muslime, Juden und Christen im alten Andalusien.* Übersetzt von Henning Thies, Berlin 2003. S. 225 ff.

33 Jacques Le Goff. *Die Intellektuellen im Mittelalter.* 3. Aufl. Stuttgart 1991. S. 27.

34 Franco Cardini. *Europa und der Islam.* München 2000. S. 21 und 22.

35 Ebenda. S. 114.

36 Zitiert in Maria Rosa Menocal. *Die Palme im Westen: Muslime, Juden und Christen im alten Andalusien.* Übersetzt von Henning Thies, Berlin 2003. S. 93.

Die Gaben der Weisen

1 Paul Kriwaczek. *In Search of Zarathushtra. The First Prophet and the Ideas That Changed the World.* New York 2003. S. 182.

2 Paul William Roberts. *Journey of the Magi.* New York 1995. S. 156.

3 Daniel 7, 13–14.

4 Peter Clark. *Zoroastrianism: An Introduction to an Ancient Faith.* Sussex 1999. S. 153 f.

5 Daniel 12, 2.

6 www.jewishencyclopedia.com.

7 Esra 7, 14.

8 Esra 7, 21–23.

9 Nehemia 13, 30.

10 Zitiert in: M. I. Finley. *Aspects of Antiquity.* Harmondsworth 1977. S. 171.

11 Paul Kriwaczek. *In Search of Zarathushtra. The First Prophet and the Ideas That Changed the World.* New York 2003. S. 165 f.

12 James C. Russell. *The Germanization of Early Medieval Christianity.* Oxford 1994. S. 26 f.
13 William Dalrymple. *From the Holy Mountain.* London 1997. S. 66 f.
14 Paul Kriwaczek. *In Search of Zarathushtra. The First Prophet and the Ideas That Changed the World.* New York 2003. S. 98.
15 Zitiert in: M. I. Finley. *Aspects of Antiquity.* Harmondsworth 1977. S. 170.
16 Werner Jaeger. *Das frühe Christentum und die griechische Bildung.* Übersetzt von Walther Eltester. Berlin 1963. S. 34.
17 George Michell. *Hindu Art and Architecture.* London 2000. S. 40.
18 Andrew Skilton (Dharmachari Sthiramati). *A Concise History of Buddhism.* Birmingham 1994. S. 110.
19 Edward Conze (Hg.). *Buddhist Scriptures.* Harmondsworth 1959. S. 34.
20 Xinru Liu. *Silk and Religion.* New Delhi 1998. S. 13.

Das Ghetto des Geistes

1 Christoph Kolumbus. *Bordbuch.* Übersetzt von Dr. Anton Zahorsky. Zürich 1941.
2 Jerry Brotton. *The Renaissance Bazaar: From the Silk Road to Michelangelo.* Oxford 2002. S. 180.
3 Robert Edgerton. *Sick Societies.* Boston 1992. S. 42.
4 Amitav Ghosh. *In an Antique Land.* New Delhi 1992. S. 286.
5 Emmanuel Sivan. *Radical Islam: Medieval Theology and Modern Politics.* New Haven 1990. S. 22.
6 Zitiert in ebenda. S. 32.
7 Malise Ruthven. *A Fury for God: The Islamist Attack an America.* London 2002. S. 82.
8 Ahmad von Denffer. *Ulum Al-Qur'an. An Introduction to the Sciences of the Quran.* Leicester 1983. S. 141.
9 Mahmood Mamdani. *Guter Moslem, böser Moslem: Amerika und die Wurzeln des Terrors.* Übersetzt von Sophia Deeg. Hamburg 2006. S. 176.
10 Samuel P. Huntington. *Kampf der Kulturen: Die Neugestaltung der Weltpolitik im 21. Jahrhundert.* Übersetzt von Holger Fliessbach. 4. Aufl. München 1997. S. 54 f.

Bibliographie

Die Bibel. Altes und Neues Testament in der Einheitsübersetzung. Stuttgart 1980.

Sacred Books of the Jews. Harry Gersh (Hg.). New York 1972.

The Gathas of Zarathushtra. Hymns in Praise of Wisdom. Piloo Nanavutty (Hg.). Ahmedabad 2006.

Die Gathas des Zarathustra. Helmut Humbach (Hg.). Heidelberg 1959.

The Zend Avesta (Sacred Books of the East). F. Max Mueller (Hg.). London 2001.

Der Zamyad-Yast. Herausgegeben, übersetzt und kommentiert von Almut Hintze. Wiesbaden 1993.

Avesta: Die Heiligen Bücher der Parsen. Übersetzt von Fritz Wolff. Straßburg 1910.

The Bhagavad Gita. Übersetzt von Eknath Easwaran. Harmondsworth 1988.

Bhagavadgita. Übertragen und kommentiert von Leopold von Schröder. Düsseldorf 1978.

The Rig Veda. Übersetzt von Wendy Doniger O'Flaherty. Harmondsworth 1982.

Der Rig-Veda. Übersetzt und kommentiert von Karl Friedrich Geldner. Cambridge, Mass. 2003.

The Upanishads. Übersetzt von Eknath Easwaran. Harmondsworth 1989.

Upanishaden. Münster 2003.

Buddhist Scriptures. Edward Conze (Hg.). Harmondsworth 1959.

The Dhammapada. Übersetzt von Eknath Easwaran, Notes by Stephen Ruppenthal. Harmondsworth 1988.

Dhammapada: Die Weisheitslehren des Buddha. Übertragen und kommentiert von Munish B. Shiekel. Freiburg 2002.

Mahavastu. Übersetzt von J. J. Jones. London 1952.

The Voice of the Buddha, Lalitavistara Sutra. Übersetzt von Gwendolyn Bays. Berkeley 1983.

Al-Qur'an. Übersetzt von Ahmed Ali. Princeton 1994.

Der Koran: die heilige Schrift des Islam in deutscher Übertragung, mit Erläuterungen nach den Kommentaren von Dschalalain, Tabari und anderen hervorragenden klassischen Koranauslegern. Ahmad von Denffer (Hg.). 5., verb. Aufl. München: Islamisches Zentrum München, 1998.

Poems of Arab Andalusia. Übersetzt von Cola Franzen. San Francisco 1989.
Arabic Andalusian Casidas. Übersetzt von Joan Penelope Cope. Kent 1953.
Das Wunder von al-Andalus. Übersetzt von Georg Bossong. München 2005.
Birds through a Ceiling of Alabaster: Three Abbasid Poets. Übersetzt von G.B.H. Wightman und A.Y. al-Udhari. Harmondsworth 1975.
Gesta Romanorum. Ausgewählt und eingeleitet von Hermann Hesse. Frankfurt am Main 1978.
Die Trobadors: Leben und Lieder. Übersetzt von Franz Wellner. Bremen 1942.
Hazrat Ali. *Living and Dying with Grace.* Übersetzt von Thomas Cleary. Boston 1996.
Kwame Anthony Appiah. *Cosmopolitanism: Ethics in a World of Strangers.* New York 2006.
A.J. Arberry. *The Spiritual Physick of Rhazes.* London 1950.
Karen Armstrong. *Muhammad: Religionsstifter und Staatsmann,* München 1993.
Karen Armstrong. *Kleine Geschichte des Islam,* Berlin 2001.
Miguel Asin y Palacios. *La Escatologia musulmana en la »Divina Comedia«.* Madrid 1919.
Miguel Asin y Palacios. *Dante y el Islam.* Madrid 1927.
Miguel Asin y Palacios. *Islam and the Divine Comedy.* Übersetzt von Harold Sunderland. London 1968.
Miguel Asin y Palacios (Asin Palacio). »Die muselmanische Eschatologie und die Divina Comedia.« In: *Deutsches Dante-Jahrbuch.* Bd. 7. Weimar 1923. S. 21–38.
Averroes. *Averroes on Plato's Republic.* Übersetzt von Ralph Lerner. Ithaca 2005.
Averroes. *Philosophie und Theologie.* Übersetzt von Marcus Joseph Müller. Weinheim 1991.
Lothar Baier. *Die große Ketzerei: Verfolgung und Ausrottung der Katharer durch Kirche und Wissenschaft.* Berlin 1991.
Benjamin R. Barber. *Coca Cola und Heiliger Krieg: Wie Kapitalismus und Fundamentalismus Demokratie und Freiheit abschaffen.* München 1996.
Robert Bartlett. *Die Geburt Europas aus dem Geist der Gewalt: Eroberung, Kolonisierung und kultureller Wandel von 950 bis 1350.* Übersetzt von Henning Thies. München 1996.
Urs Bitterli. *Alte Welt – neue Welt: Formen des europäisch-überseeischen Kulturkontaktes vom 15. bis zum 18. Jahrhundert.* München 1992.
T. Richard Blurton. *Hindu Art.* London 1992.
James A. Boon. *Affinities and Extremes.* Chicago 1990.
Osmund Bopearachchi. »On the So-called Earliest Representation of Ganesa«, in: Marie-Françoise Boussac und Jean-François Salle (Hg.), *Athens, Aden, Arikamedu: Essays on the Interrelationships Between India, Arabia and the Eastern Mediterranean.* New Delhi 1995.
Jerry Brotton. *The Renaissance Bazaar. From the Silk Road to Michelangelo.* Oxford 2002.

Walter Burkert. *Die Griechen und der Orient: Von Homer bis zu den Magiern.* München 2003.

Richard Burton. *King Vikram and the Vampire. Classic Hindu Tales of Adventure, Magic, and Romance.* London 1893, Nachdruck Rochester, Vt., 1992.

Charles E. Butterworth. *Averroes' Three Short Commentaries on Aristotle's »Topics«, »Rhetoric« and »Poetics«. Studies in Islamic Philosophy and Science.* New York 1977.

Gazi Caglar. *Der Mythos vom Krieg der Zivilisationen.* München 1997.

Joseph Campbell. *Die Masken Gottes.* Bd. IV *Schöpferische Mythologie.* Übersetzt von Hans-Ulrich Möhring. Basel 1992.

Franco Cardini. *Europa und der Islam.* München 2000.

Miguel de Cervantes. *Leben und Taten des scharfsinnigen Edlen Don Quixote von La Mancha.* Übersetzt von Ludwig Tieck. Zürich 1987.

R. H. Charles. *The Chronicle of John, Bishop of Nikiu, translated from Zotenberg's Ethiopic Text* (1916). Merchantville, New Jersey 2007.

K. N. Chaudhuri. *Trade and Civilisation in the Indian Ocean: An Economic History from the Rise of Islam to 1750.* Cambridge 1984.

Noam Chomsky. *Rogue States. The Rule of Force in World Affairs.* London 2000.

Youssef M. Choueiri. *Islamic Fundamentalism.* (Überarbeitete Ausgabe). London 1997.

Rosa Maria Cimino (Hg.). *Ancient Rome and India.* New Delhi 1994.

Peter Clark. *Zoroastrianism: An Introduction to an Ancient Faith.* Sussex 1999.

Norman Cohn. *Das neue irdische Paradies: Revolutionärer Millenarismus und mystischer Anarchismus im mittelalterlichen Europa.* Übersetzt von Eduard Thorsch. Überarbeitete Ausgabe der 1970 erschienenen Ausgabe. Reinbek bei Hamburg 1988.

Linda Colley. *Captives. Britain, Empire and the World 1600–1850.* London 2002.

Olivia Remie Constable (Hg.). *Medieval Iberia: Readings From Christian, Muslim and Jewish Sources.* Philadelphia 1997.

Ananda K. Coomaraswamy. *History of Indian and Indonesian Art.* New York 1985.

Hernán Cortés. *Die Eroberung Mexikos: Eigenhändige Berichte an Kaiser Karl V. 1520–1524.* Stuttgart 1984.

Alfred W. Crosby. *Die Früchte des weißen Mannes: Ökologischer Imperialismus 900–1900.* Übersetzt von Niels Kraditzke. Frankfurt am Main 1991.

William Dalrymple. *From the Holy Mountain.* London 1997.

William Dalrymple. *White Moghuls. Love and Betrayal in 18th-century India.* London 2002.

Dante Alighieri. *Die göttliche Komödie.* Übersetzt von Karl Witte. Köln 2005.

Ashin Das Gupta. *The World of the Indian Ocean Merchant.* Neu Delhi 2001.

Ahmad von Denffer. *Ulum Al-Qur'an. An Introduction to the Sciences of the Quran.* Leicester 1983.

Albrecht Dihle. *Die Griechen und die Fremden.* München 1994.
A. J. Dunning. *Extremes. Reflections on Human Behaviour.* New York 1992.
Robert Edgerton. *Sick Societies.* Boston 1992.
Ainslie T. Embree und Friedrich Wilhelm. *Indien. Geschichte des Subkontinents von der Induskultur bis zum Beginn der englischen Herrschaft.* Frankfurt am Main 1969.
Ashgar Ali Engineer. *The Origin and Development of Islam.* Hyderabad 1980.
Roxanne L. Euben. *Enemy in the Mirror: Islamic Fundamentalism and the Limits of Modern Rationalism.* Princeton 1999.
Franco Ferrucci. *The Poetics of Disguise. The Autobiography of the Work in Homer, Dante, and Shakespeare.* Ithaca 1980.
M. I. Finley. *Aspects of Antiquity.* Harmondsworth 1977.
Richard Fletcher. *Moorish Spain.* Berkeley 1993.
Richard Fletcher. *Ein Elefant für Karl den Großen: Christen und Muslime im Mittelalter.* Übersetzt von Dirk Ötzmann. Darmstadt 2005.
Richard N. Frye. *The Golden Age of Persia: The Arabs in the East.* London 2003.
Clifford Geertz. *The Interpretation of Cultures.* New York 1973.
Clifford Geertz. *Local Knowledge.* New York 2000.
Jane S. Gerber. *The Jews of Spain.* New York 1994.
Amitav Ghosh. *In an Antique Land.* New Delhi 1992.
James Cross Giblin. *From Hand to Mouth.* New York 1987.
Thomas F. Glick. *Islamic and Christian Spain in the Early Middle Ages.* Leiden 2005.
M. S. Golwalkar. *We, or Our Nationhood Defined.* Nagpur 1939.
Jack Goody. *Islam in Europe.* Cambridge 2004.
Juan Goytisolo. *Kibla. Reisen in die Welt des Islam.* Frankfurt am Main 2000.
Stephen Greenblatt. *Wunderbare Besitztümer: Die Erfindung des Fremden. Reisende und Entdecker.* Berlin 1994.
Chhaya Haesner. »A Cultural Diffusion«, in: *Marg: Hind and Hellas*, Bd. XXXVII, Nr. 2. Mumbai 1990.
Fred Halliday. *Islam and the Myth of Confrontation.* London 1996.
Charles Homer Haskins. *The Renaissance of the Twelfth Century.* Cambridge, Mass. 1927.
Bridget Anne Henisch. *Feast and Fast: Food in Medieval Society.* Philadelphia 1976.
Herodot. *Das Geschichtswerk.* Übersetzt von Theodor Braun. Leipzig 2001.
Hugh Honour und John Fleming. *A World History of Art.* London 1991.
Deborah Howard. *Venice and the East. The Impact of the Islamic World on Venetian Architecture 1100–1500.* New Haven 2000.
Asaf Hussain. *Political Terrorism and the State in the Middle East.* London 1988.
Solomon Ibn Gabirol. *Selected Poems.* Übersetzt von Peter Cole. Princeton 2001.
Ibn Arabi. *Urwolke und Welt. Mystische Texte des Größten Meisters.* München 2002.
Ibn Tufayl. *Hajj ibn Jaqzan der Naturmensch.* Leipzig 1983.

Ibn Tufayl. *Hayy Ibn Yaqzan.* Übersetzt von L. E. Goodman. New York 1972.

Robert Irwin (Hg.). *Night and Horses and the Desert: Classical Arabic Literature.* London 1999.

Lisa Jardine und Jerry Brotton. *Global Interests. Renaissance Art between East and West.* New York 2000.

Werner Jaeger. *Das frühe Christentum und die griechische Bildung.* Übersetzt von Walther Eltester. Berlin 1963.

Peter Jay. *Das Streben nach Wohlstand: Die Wirtschaftsgeschichte des Menschen.* Berlin 2000.

Gilles Kepel. *Der Prophet und der Pharaoh: Das Beispiel Ägypten. Die Entwicklung des muslimischen Extremismus.* München 1995.

Salma Khadra Jayyusi (Hg.). *The Legacy of Muslim Spain.* 2 Bde. New York 1994.

St. John of the Cross (San Juan de la Cruz). *Alchemist of the Soul.* Übersetzt von Antonio T. de Nicolas. York Beach 1989.

Ebba Koch. *Mughal Architecture.* München 1991.

Christoph Kolumbus. *Bordbuch.* Übersetzt von Dr. Anton Zahorsky. Zürich 1941.

D. D. Kosambi. *Myth and Reality: Studies in the Formation of Indian Culture.* Mumbai 1962.

James Kritzeck. *Peter the Venerable and Islam.* Princeton 1964.

Paul Kriwaczek. *In Search of Zarathushtra. The First Prophet and the Ideas That Changed the World.* New York 2003.

Eckehard Kulke. *The Parsees of India.* München 1974.

Hermann Kulke und Dietmar Rothermund. *Geschichte Indiens.* München 1998.

Amitava Kumar. *The Humour and the Pity: On V. S. Naipaul.* New Delhi 2002.

Stanley Lane-Poole. *The Moors in Spain.* London 1887.

Jacques Le Goff. *Die Intellektuellen im Mittelalter.* 4. Aufl. Stuttgart 1991.

Henry Charles Lea. *The Moriscos of Spain.* Philadelphia 1901.

Bernard Lewis. *Der Untergang des Morgenlandes: Warum die islamische Welt ihre Vormacht verlor.* Übersetzt von Friedel Schröder. Bergisch Gladbach 2002.

Joan M. Lewis. *Religion in Context.* Cambridge 1986.

George Lipsitz. *Dangerous Crossroads. Popular Music, Postmodernism and the Poetics of Place.* London 1994.

Xinru Liu. *Ancient India and Ancient China.* New Delhi 1998.

Xinru Liu. *Silk and Religion.* New Delhi 1998.

Amin Maalouf. *Mörderische Identitäten.* Frankfurt am Main 2000.

Tim Mackintosh-Smith. *Travels with a Tangerine: A Journey in the Footnotes of Ibn Battutah.* London 2002.

Mahmood Mamdani. *Guter Moslem, böser Moslem: Amerika und die Wurzeln des Terrors.* Übersetzt von Sophia Deeg. Hamburg 2006.

Vivian B. Mann, Thomas F. Glick und Jerrilynn D. Dodds. *Convivencia. Jews, Muslims and Christians in Medieval Spain.* New York 1992.

Ali Yahya Mansoor. *Die arabische Theorie. Studien zur Entwicklungsgeschichte des abendländischen Minnesangs.* Heidelberg 1966.

María Rosa Menocal. *Die Palme im Westen: Muslime, Juden und Christen im alten Andalusien.* Übersetzt von Henning Thies. Berlin 2003.

George Michell. *Hindu Art and Architecture.* London 2000.

Jack Miles. *Gott: eine Biographie.* Übersetzt von Martin Pfeiffer. München 1996.

Giovanni Pico della Mirandola. *Oratio de hominis dignitate: Rede über die Würde des Menschen.* Herausgegeben und übersetzt von Gerd von der Gönna. Stuttgart 1997.

Hormazdyar Mirza. *Outlines of Parsi History, Zoroastrian Religion and Ancient Iranian Art.* Bombay 1999.

Partha Mitter. *Indian Art.* Oxford 2002.

Seyyed Hossein Nasr. *Islamic Art and Spirituality.* New Delhi 1990.

A. G. Noorani. *The RSS and the BJP. A Division of Labour.* New Delhi 2000.

F. E. Peters. *The Hajj: The Muslim Pilgrimage to Mecca and the Holy Places.* Princeton 1994.

Plotinus. *Enneads.* Übersetzt von S. MacKenna. Harmondsworth 1991.

Vijay Prashad. *Everybody Was Kung Fu Fighting. Afro-Asian Connections and the Myth of Cultural Purity.* Boston 2002.

Syed Azizur Rahman. *The Story of Islamic Spain.* New Delhi 2002.

Hugo Rahner. *Griechische Mythen in christlicher Deutung.* München 1961.

Paul William Roberts. *Journey of the Magi.* New York 1995.

Rudolf Rocker. *Nationalismus und Kultur.* 2 Bde. Bremen o. J.

Romain Rolland. *The Life of Ramakrishna.* Calcutta 1992.

Steven Runciman. *Geschichte der Kreuzzüge.* München 1957.

Bertrand Russell. *History of Western Philosophy.* London 1966.

James C. Russell. *The Germanization of Early Medieval Christianity.* Oxford 1994.

Malise Ruthven. *A Fury for God: The Islamist Attack an America.* London 2002.

Ernst R. Sandvoss. *Geschichte der Philosophie.* München 1989.

Adolf Friedrich von Schack. *Poesie und Kunst der Araber in Spanien und Sicilien.* Nachdruck der Ausgabe von 1865, Hildesheim 1979.

Annemarie Schimmel. *Mystische Dimensionen des Islam.* Frankfurt am Main 1995.

Heinz Schlaffer. *Die kurze Geschichte der deutschen Literatur.* München 2002.

Raoul Schrott. *Die Erfindung der Poesie.* Frankfurt am Main 1998.

William Henry Scott. *Looking for the Prehispanic Filipino.* Quezon City 1992.

Idries Shah. *Learning how to Learn. Psychology and Spirituality in the Sufi Way.* London 1993.

Idries Shah. *The Sufis.* New York 1971.

Jyotirmaya Sharma. *Hindutva. Exploring the Idea of Hindu Nationalism.* New Delhi 2003.

Jyotirmaya Sharma. *Terrifying Vision. Golwalkar, the RSS and India.* New Delhi 2007.

Yoginder Sikand. *Sacred Spaces. Exploring Traditions of Shared Faith in India.* New Delhi 2003.

Emmanuel Sivan. *Radical Islam: Medieval Theology and Modern Politics.* New Haven 1990.

Andrew Skilton (Dharmachari Sthiramati). *A Concise History of Buddhism.* Birmingham 1994.

R. W. Southern. *Western Views of Islam in the Middle Ages.* Cambridge 1980.

Trevor Stanley. *The Quest for Caliphate. Islamist Innovation from Qutb to al-Qaeda.* Melbourne 2003.

Condie Stephans (Übers.). *Fairy Tales of a Parrot.* London/New York o. J.

Gotthard Strohmaier. *Avicenna.* München 2006.

Sanjay Subrahmanyam. *The Career and Legend of Vasco da Gama.* Cambridge 1998.

Romila Thapar. *Interpreting Early India.* New Delhi 1992.

Romila Thapar. *Somanatha: The Many Voices of a History.* New Delhi 2004.

Howard R. Turner. *Science in Medieval Islam.* Austin 1997.

Dominique Urvoy. *Ibn Rushd. Averroes.* Übersetzt von Olivia Stewart. London 1991.

Siddharth Varadarajan (Hg.). *Gujarat: The Making of a Tragedy.* New Delhi 2002.

Ludovico de Varthema. *Reisen im Orient.* Sigmaringen 1996.

Voltaire. *Philosophical Dictionary.* Ausgewählt und übersetzt von H. I. Woolf. New York 1924.

Jason Webster. *Andalus: Unlocking the Secrets of Moorish Spain.* London 2004.

Andrew Wheatcroft. *Infidels: A History of the Conflict between Christendom and Islam.* London 2003.

Andre Wink. *Al-Hind: The Making of the Indo-Islamic World, Bd. I: Early Medieval India and the Expansion of Islam, 7th–11th Centuries.* Leiden 1990.

Andre Wink. *Al-Hind: The Making of the Indo-Islamic World, Bd. II: The Slave Kings and the Islamic Conquest 11th–13th Centuries.* New Delhi 1999.

Heinrich Zimmer. *Philosophie und Religion Indiens.* Zürich 1961.

Heinrich Zimmer. *Indische Mythen und Symbole: Schlüssel zur Formenwelt des Göttlichen.* Düsseldorf 1981.

http://www.brown.edu/Departments/Italian_Studies/pico
http://www.cathares.org
http://etcweb.princeton.edu/dante/pdp/